imp. la notice en tête du vol.

COLLECTION
DES MÉMOIRES

RELATIFS

A L'HISTOIRE DE FRANCE.

HISTOIRE DE LA GUERRE DES ALBIGEOIS.— CHRONIQUE DE GUILLAUME DE PUY-LAURENS.—DES GESTES GLORIEUX DES FRANÇAIS DE L'AN 1202 A L'ANNÉE 1311.

PARIS, IMPRIMERIE DE LEBEL,
Imprimeur du Roi, rue d'Erfurth, n. 1.

COLLECTION
DES MÉMOIRES

RELATIFS

A L'HISTOIRE DE FRANCE,

DEPUIS LA FONDATION DE LA MONARCHIE FRANÇAISE JUSQU'AU 13e SIÈCLE;

AVEC UNE INTRODUCTION, DES SUPPLÉMENS, DES NOTICES
ET DES NOTES;

PAR M. GUIZOT,

PROFESSEUR D'HISTOIRE MODERNE A L'ACADÉMIE DE PARIS.

A PARIS,

CHEZ J.-L.-J.-BRIÈRE, LIBRAIRE,

RUE SAINT-ANDRÉ-DES-ARTS, N° 68.

1824.

HISTOIRE

DE LA GUERRE

DES ALBIGEOIS.

Comme entre toutes les choses qu'a formées le Créateur, il a premièrement créé et formé les intelligences, l'intelligence est angélique et humaine; angélique, pour songer et méditer sur les choses divines; humaine, pour qu'elle s'exerce avec grand travail et étude, et même découvre les choses desquelles on n'a jamais eu aucune notion. Ladite intelligence est sujette à décheoir quand la nature s'affaiblit. Avoir souvenir de tout est une chose plus divine qu'humaine, comme le dit la loi. A ce défaut de l'humanité ont voulu suppléer et pourvoir les bons et sages docteurs du temps passé, comme veulent y suppléer et pourvoir ceux du temps présent, qui, avec grande étude et travail, ont rédigé et rédigent par écrit, en leurs œuvres, les actions tant bonnes que mauvaises, afin qu'elles servent d'exemple aux méchans et de consolation aux bons : c'est aussi pourquoi beaucoup de gens et docteurs ont réduit en ouvrage les faits qui se sont passés en beaucoup de royaumes, monarchies et provinces, villes et cités de grand renom;

mais ils n'ont point fait mention des grands faits d'armes et combats subis par la très-grande, très-renommée et très-noble cité de Toulouse, et les monarchies de Languedoc et de Provence, et autres provinces et monarchies circonvoisines; et notamment de ce qui s'est fait depuis l'an 1202, auquel temps régnait pour pontife à Rome Innocent IIIe du nom, qui occupa ce siége durant dix-huit ans, quatre mois et vingt-quatre jours, Philippe-Dieudonné étant alors roi de France, et le comte Raimond étant comte de Béziers et de Carcassonne. Il y avait aussi un nommé le comte de Montfort, et un frère Arnaud, abbé de Cîteaux, légat dudit saint Père, et aussi le glorieux monseigneur saint Dominique, premier fondateur de l'Ordre des Prêcheurs, dont le couvent fut dans ladite ville de Toulouse. Il y eut entre ces princes de grandes et mortelles guerres, comme il sera dit ci-après, moyennant la grâce de Dieu et du Saint-Esprit, de la Vierge Marie et des saints et saintes du paradis.

Et pour en venir à la véritable narration et intention de l'auteur, il se trouva que l'an dont j'ai parlé, fut très-grande l'hérésie qui régnait dans le pays de Béziers, Carcassonne, le Lauraguais et autres, tant que c'était grande pitié, et le saint Père de Rome en fut averti et assuré; pour y donner ordre et y pourvoir, il manda à toute l'Église militante, comme ses cardinaux, évêques, archevêques et autres prélats, tous généralement, de venir vers lui à Rome, pour tenir conseil avec lui sur ce cas, afin de voir comment on devait se gouverner et procéder afin d'abattre et chasser cette hérésie. En ce conseil se trouvèrent tous lesdits prélats, ainsi que le leur avait mandé le saint Père;

et en ce temps régnait en France Philippe II, quand l'abbé de Cîteaux fut fait légat pour aller contre les hérétiques. L'histoire et le livre rapportent qu'en la délibération du concile tenu à Rome par ledit saint Père et lesdits prélats, il fut dit et arrêté que ledit abbé de Cîteaux dont on a fait mention ci-dessus, lequel était un grand clerc, serait envoyé en ces pays, et ledit saint Père le fit son légat pour cette affaire, avec autant de puissance que si ledit saint Père y eût été en sa propre personne, et cela pour qu'il vînt réduire et ramener lesdits pays et leurs habitans à bon port et à bonne vie.

Cette décision fut donc apprise et déclarée audit abbé, et lui fut baillé par lettres le pouvoir de légat; aussitôt qu'il eut toutes ces dépêches, il partit de Rome accompagné d'un beau cortége de prélats que lui donna ledit saint Père pour l'accompagner en tout et partout. C'étaient les archevêques de Narbonne et l'évêque de Maguelonne et ceux de Barcelone, de Lérida et de Toulouse, et plusieurs autres qui partirent avec lui de Rome; le saint Père lui donna aussi pour le servir une quantité d'autres gens, tant gentilshommes que autres, parmi lesquels était un grand et noble homme appelé Pierre de Castelnau, lequel était son maître-d'hôtel; et voyageant tant de nuit que de jour, ils arrivèrent à Saint-Gilles en Provence, où se tenait alors le comte Raimond.

Quand le légat eut demeuré à Saint-Gilles un certain nombre de jours, il arriva que Pierre de Castelnau, ci-dessus nommé, eut, sur le sujet de ladite hérésie, quelques paroles et disputes avec un serviteur et gentilhomme du comte Raimond; et leur dispute alla si loin qu'à la fin ledit gentilhomme, serviteur du comte Raimond, donna d'une épée à travers le corps à Pierre de Castelnau, et le tua et fit mourir; lequel événement et meurtre fut cause d'un grand mal, comme on le dira ci-après. Pierre de Castelnau fut enseveli dans le cimetière de Saint-Gilles, et le légat fut ainsi que toute sa compagnie, très-marri et courroucé de ce meurtre et homicide.

Or l'histoire dit que quand le gentilhomme eut commis ledit meurtre, il s'enfuit à Beaucaire, vers ses parens et amis; car si le comte Raimond eût pu l'avoir, il en eût fait faire une telle justice et punition que ledit légat eût été content; car ledit comte Raimond était si courroucé et fâché de ce meurtre comme ayant été fait par un homme à lui, que jamais il ne fut si courroucé de chose au monde.

Quand le légat vit qu'on avait ainsi tué cet homme à lui, il manda incontinent le cas au saint Père, et comment cela s'était fait et d'où était venue la querelle; et quand le saint Père apprit la nouvelle de ce meurtre, il en fut si courroucé et mal content qu'il fit incontinent partir des lettres pour ordonner la croisade, afin de prendre vengeance de cette action, et aussi pour forcer ces hérétiques à rentrer dans le bon chemin.

Quand le légat eut reçu desdites lettres et pouvoirs pour ordonner la croisade, il partit de Saint-Gilles avec toute sa suite sans aucun délai, ainsi que le lui mandait le saint Père, et ne prit pas même en partant congé du comte Raimond. Il tira vers son abbaye de Cîteaux, et quand il y fut arrivé, il convoqua un chapitre général, ordonna que tous les moines, abbés et princes dépendans de son abbaye vinssent incontinent et sans délai audit chapitre. Ils y furent tous arrivés en peu de temps, et le légat tint le chapitre pour y prêcher et dénoncer ladite croisade contre les hérétiques et leurs alliés.

La croisade étant donc prêchée et dénoncée comme on l'a dit ci-dessus, il s'y croisa tant de gens que personne ne le saurait nombrer ni estimer, et cela à cause des grands pardons et des absolutions que le légat avait donnés à tous ceux qui se croiseraient pour aller contre les hérétiques ; entre autres se croisa le duc de Bourgogne d'alors, avec tous ses gens, et aussi se croisèrent le comte de Nevers, le comte de Saint-Pol, le comte d'Auxerre, le comte de Genève, le comte de Poitiers, le comte de Forez, et d'autres grands seigneurs, et tous, ainsi que tous leurs gens croisés avec eux, se rendirent devers le légat, si bien armés et si bien montés qu'on ne le saurait dire.

Les nouvelles de la croisade arrivèrent au comte Raimond, qui en fut fort ébahi, et non sans cause, car il se doutait de ce que voulait faire le légat à cause du meurtre dont j'ai parlé. Étant donc averti, comme on l'a dit, que le légat avait assemblé un grand concile à Aubenas en Vivarais, le comte Raimond prit avec lui pour se rendre à Aubenas une belle et noble compagnie, entre laquelle était son neveu le vicomte de Béziers ; ce qu'il fit pour aller démontrer audit conseil que si on le voulait accuser du meurtre ou de l'hérésie, il en était innocent en tout et pour tout, et n'en avait point eu connaissance.

Quand le comte Raimond fut arrivé à Aubenas avec sa compagnie, il y trouva sa seigneurie le légat, et le concile. Le comte Raimond alla donc vers le concile et vers sa Seigneurie, présenter ses raisons touchant le meurtre et aussi touchant l'hérésie, et montra comme il en était innocent en tout et pour tout, et que le légat s'en devait informer et enquérir avant de lui faire aucune insulte, mal ni outrage; qu'il était et se tenait vrai serviteur de l'Église; qu'il voulait pour elle vivre et mourir; que si un homme à lui avait commis ce meurtre, il n'en était cause ni coupable, ainsi qu'on le pourrait reconnaître.

Quand le concile eut entendu et écouté bien et au long tout ce que le comte Raimond eut voulu dire et exposer, ils lui firent réponse que le légat ni le concile n'y pouvaient rien faire, mais qu'il s'en allât à Rome devers le saint Père, car il n'y avait rien à faire avec le légat, et qu'il ne pouvait se réconcilier autrement.

Quand le comte Raimond eut ouï cette réponse, il en fut si mal content qu'il ne s'en pouvait consoler; il partit d'Aubenas avec toute sa compagnie, et tira droit vers Arles : alors le vicomte de Béziers, neveu, comme je l'ai dit, du comte Raimond, et qui était aussi allé à Aubenas, commença à dire au comte Raimond, son oncle, que, d'après la réponse que lui avait faite le légat, il était d'avis qu'ils mandassent leurs parens, amis et sujets, et que tous leurs gens arrivassent pour leur donner aide et secours contre le légat et son armée, et qu'ils missent de bonnes garnisons dans toutes leurs terres et places, afin de se garder et défendre au cas que le légat et son armée leur voulussent venir sus pour leur faire outrage et les chasser. Le comte Raimond refusa absolument ce que lui proposait le vicomte de Béziers, puis se départit de son neveu, et s'en alla droit à Arles. Le vicomte demeura fort courroucé et fâché contre son oncle le comte Raimond, pour avoir refusé de faire ce qu'il voulait; ce qui fut cause que le vicomte commença à faire la guerre au comte son oncle.

Lorsque le comte Raimond fut arrivé à Arles, il se mit à songer en lui-même, pour voir de quelle manière il se pourrait gouverner en cette affaire, car son neveu, le vicomte de Béziers, avait commencé à lui faire la guerre; et d'autre part, il pensait à la réponse que lui avaient faite le légat et son concile. Toutes ces choses le mettaient en grand souci, et non sans raison; il ne savait bonnement comment se conduire ni que faire; mais, après qu'il eut songé et rêvé à son affaire, il avisa et délibéra d'envoyer devers l'archevêque d'Auch et l'abbé de Condom et le prieur de l'Hôpital, et aussi vers le seigneur de Rabastens, en Bigorre, lesquels étaient tous ses grands amis et alliés; il leur envoya ses messagers avec des lettres, où il leur mandait qu'au vu desdites lettres, ils vinssent incontinent devers lui à Arles; et, ayant vu les lettres, incontinent et sans aucun délai, ils se mirent en chemin, et allèrent à Arles devers le comte Raimond, ainsi qu'il le leur avait mandé.

Or l'histoire dit que lorsqu'ils furent tous venus et arrivés à Arles devers le comte Raimond, il leur dit et exposa toute son affaire, ainsi que les choses s'étaient passées et dites, tant le meurtre commis par un homme à lui sur la personne de Pierre de Castelnau, serviteur du légat, que la guerre que commençait à lui faire son neveu, le vicomte de Béziers, et cela, par la raison qu'il ne voulait pas s'allier avec lui pour

faire la guerre au légat et à son armée; et d'autre part, il leur dit la réponse que le légat et son conseil lui avaient faite à Aubenas, quand il s'était voulu purger et justifier, tant du meurtre que de l'hérésie dont on l'accusait, et dont il était pur et innocent; mais que le légat et son concile ne l'avaient point voulu admettre à se justifier ni à prouver ses sentimens, et qu'ils l'avaient envoyé au pape et à son conseil, disant qu'il ne ferait rien avec eux, mais qu'il s'en allât à Rome, comme on l'a dit. « C'est pour cela, dit-il, que
« je vous ai envoyé chercher, parce que je veux que
« vous autres alliez devers le saint Père, lui remon-
« trer tout mon cas, ainsi que je vous l'ai dit et ra-
« conté. Vous lui porterez mes lettres et lui parlerez
« comme si j'y étais en propre personne, ainsi que
« je vous en donnerai pouvoir et autorité par mes
« lettres et sceaux, pour reconnaître tous les actes
« que vous pourrez faire auprès du saint Père et de
« son conseil, et je vous promets d'avoir pour agréa-
« ble tout ce que vous autres aurez fait et dit, de et
« le tenir pour conclu, comme si j'y étais en pro-
« pre personne; et je resterai ici pour résister à la
« folie de mon neveu, le vicomte de Béziers, et
« aussi pour donner ordre à mon affaire, en cas que
« le légat voulût venir attaquer ma terre et mes
« gens. »

Quand tout cela fut fait et dit en la façon et manière qu'on a dite ci-dessus, ceux dont j'ai parlé quittèrent le comte Raimond, pour aller à Rome vers notre saint père le Pape, accompagnés d'une belle et bonne suite que leur donna le comte Raimond, tant de gentilshommes que d'autres. Ils allèrent droit à

Rome, et firent tant qu'ils y arrivèrent; et quand ils furent arrivés et se furent reposés, ils se retirèrent par devers le saint Père et son conseil, remirent leurs lettres audit saint Père, et firent auprès de lui leur ambassade et message, ainsi qu'ils en avaient été chargés par le comte Raimond auprès de leur seigneur le pape et son conseil. Ils furent bien et dûment écoutés par ledit saint Père et son conseil en tout ce qu'ils voulurent dire et proposer, et il leur fut répondu par le saint Père et son conseil, touchant les lettres qu'ils avaient apportées du comte Raimond, et aussi sur ce qu'ils avaient dit et proposé, qu'on leur ferait plus tard réponse sur le tout, ainsi qu'on le devrait et qu'il appartiendrait.

La cause fut, comme on l'a dit, portée au conseil par le saint Père : le tout fut débattu et bien remanié, et le conseil dit et déclara aux ambassadeurs que le Pape et son conseil consentaient à prendre à merci le comte Raimond, attendu que, de son bon vouloir, il était venu se soumettre à l'Église, selon son ordonnance, pour faire tout ce qui serait contre lui porté et ordonné, et qu'ainsi le saint Père et son conseil l'avaient admis et admettaient à prouver son innocence, afin que lui fût donnée et baillée son absolution, à condition qu'il baillerait et mettrait entre les mains de l'Église les châteaux les plus forts et les meilleurs qu'il aurait en sa terre, jusqu'à ce qu'il fût justifié et déchargé de l'acte qui lui était imputé, ce que les ambassadeurs acceptèrent et consentirent au nom de leur seigneur le comte Raimond, le tout en la forme et manière que le saint Père l'avait dit et ordonné; et le saint Père donna aux ambassadeurs, pour prendre possession et seigneurie desdites places et châteaux, un nommé le seigneur Milon, qui s'en vint pour cela avec eux.

Quand les ambassadeurs eurent fait tout ce qu'ils voulaient faire, et eurent reçu leur absolution et l'accommodement, ils se mirent en chemin, partirent de Rome, et voyagèrent tant qu'ils arrivèrent à Arles. Le comte les y attendait; les ambassadeurs vinrent trouver le comte, accompagnés du seigneur Milon, envoyé par le saint Père pour prendre possession des châteaux et places, ainsi qu'il était convenu entre eux. Les ambassadeurs dirent et exposèrent au comte, en présence du seigneur Milon, tout ce qu'ils avaient fait et dit auprès du saint Père, et lui baillèrent son absolution et les conditions telles qu'on les a vues ci-dessus. De quoi le comte Raimond fut très-joyeux et allègre, et aussi remercia les ambassadeurs de la peine qu'ils avaient prise; fit également grand accueil et grand'chère au seigneur Milon, le recevant et traitant comme si c'eût été le saint Père en propre personne.

Or l'histoire dit que quand le seigneur Milon eut séjourné un temps à Arles, une certaine maladie le prit, dont il alla de vie à trépas. Il fut fort regretté par le comte Raimond et ses gens, car s'il eût vécu, ni le comte ni ses gens n'auraient éprouvé les tribulations et ruine qu'ils eurent ensuite, comme il sera dit en son lieu.

Quand donc le comte vit que le seigneur Milon était allé de vie à trépas, il prit les lettres, le traité et l'absolution, et s'en alla devant le légat et son armée. Le légat était alors dans la ville de Montpellier; le comte Raimond lui montra son traité et son absolution, dont ledit légat ne fut pas, du moins à ce qu'il parut, fort joyeux ni content. Il dit donc au comte Raimond qu'il le conduisît dans le pays du vicomte de Béziers, car il le voulait prendre et détruire, parce qu'il était plein d'hérétiques et de routiers; ce que fit le comte Raimond pour être toujours obéissant à l'Église; et à compter de ce moment, il conduisit toujours le légat et son armée par le pays de Béziers, ainsi qu'il sera raconté plus amplement, et en eut à la fin mauvais guerdon et récompense, comme on le dira ensuite. Quand tout cela eut été fait en la façon et manière qu'on vient de dire, le vicomte de Béziers ayant appris que le comte Raimond avait fait son traité et accord avec le saint père le Pape, et que ledit comte était et allait avec le légat et le conduisait avec son armée à travers sa terre, il vint bien accompagné à Montpellier, où était alors encore le légat; et arrivé dans cette ville, se retira devers le légat et son conseil, lui exposa et remontra tout son cas, disant qu'il n'avait ni ne voulait avoir coulpe ni tort envers l'Église; que si ses gens et officiers avaient recelé et soutenu quelques hérétiques ou autres dans ses terres, il en était innocent et non coupable, que c'était à eux à payer et satisfaire, et non pas à lui, vu son intention; et que c'était toujours les mêmes officiers qui avaient gouverné ses terres jusqu'à l'heure présente. Il pria donc et supplia le légat et son conseil de le vouloir prendre à merci, car il était serviteur de l'Église, pour laquelle il était résolu de vivre et mourir envers et contre tous.

Quand le légat et le concile eurent écouté bien au long le vicomte et tout ce qu'il voulut dire et proposer comme on vient de le voir, le légat lui répondit qu'il n'y avait pas à lui parler de tout cela, ni à s'excuser, mais qu'il s'en tirât du mieux qu'il pourrait ou saurait, car il ne ferait rien avec lui : c'est que le légat voulait un grand mal au vicomte de Béziers. Et quand le vicomte et ceux de ses gens qui l'avaient accompagné eurent ouï cette réponse, ils furent grandement courroucés et mal contents, et s'en retournèrent à Béziers. Le vicomte, lorsqu'il fut à Béziers, assembla tout son conseil, tant des gens de la ville que de ses amis et des seigneurs auxquels il était allié en ce temps; et les ayant assemblés, il leur exposa tout ce que le légat avait fait et dit. Tous ceux qui étaient présens au conseil dirent et conclurent qu'il fallait que le vicomte mandât incontinent ses amis, alliés et sujets, et qu'au vu de la présente, chacun vînt équipé, en armes et avec toutes ses forces, pour lui donner secours, et défendre sa terre et vicomté, que le légat et son armée lui voulaient venir prendre, saisir et piller.

Quand le conseil eut donc ainsi dit et conclu comme on vient de le rapporter, le vicomte fit faire des lettres à tous ses amis et alliés, pour leur mander et les prier que chacun lui vînt donner aide et secours pour défendre sa terre. Ils vinrent aussitôt qu'ils eurent ouï et vu le mandement du vicomte de Béziers; et il était venu tant de gens au secours de Béziers, que ceux qui les voyaient disaient qu'il y en avait pour combattre le monde tout entier, et d'autre part la ville était si forte qu'elle était quasi comme imprenable. Le vicomte fut grandement joyeux et content du secours et des gens qui lui arrivaient; aussi mit-il de grandes et bonnes garnisons dans tous les châteaux et places de sa vicomté, pour la défendre et garder; et quand il eut, ainsi qu'on l'a dit, mis ses garnisons et donné ordre à toute son affaire, ainsi que le doit faire un sage et vaillant homme, bien qu'il fût grand jour, il prit une quantité de gens des plus vaillans qu'il sût trier et choisir, et s'en alla demeurer et s'établir en la cité de Carcassonne, car elle lui parut la plus forte ville de sa vicomté et seigneurie, et laissa à Béziers une bonne et grande garnison : et quand la garnison et les habitans de Béziers virent que leur seigneur les avait ainsi laissés et s'en était allé à Carcassonne, ils furent très-marris et courroucés, non sans raison, se doutant de ce qui devait leur arriver.

Or l'histoire et le livre racontent que pendant tout ceci, le légat fit partir et marcher l'armée qu'il avait préparée à Montpellier, et qu'il envoya cette armée droit à Béziers parce qu'il fut informé que le vicomte y avait mis une grande garnison de gens pour la défendre et garder. Quand donc l'évêque de Béziers qui était avec le légat et sa suite, ainsi que les autres prélats, vit et comprit que le légat venait, décidé ainsi que son armée à prendre et détruire Béziers, dont il était pasteur et évêque, comme homme sage et attaché aux intérêts des habitans de Béziers, il s'en vint droit au légat, le priant et suppliant qu'il voulût avoir pitié du pauvre peuple qui était dans Béziers, vu que comme on l'en avait informé, leur seigneur les avait laissés et abandonnés, et qu'il lui plût de lui donner congé et licence d'aller vers ledit Béziers, afin de montrer aux habitans et gens qui étaient dedans le grand danger qu'ils couraient; auquel évêque, comme il était homme sage et grand clerc, le légat consentit pour l'amour de lui, à lui donner congé pour aller à Béziers, et faire comme il voudrait. Quand l'évêque eut ainsi congé, il vint en petite compagnie devers Béziers, où les habitans le reçurent. Il fit venir les habitans et autres dans l'église de Saint-Nazaire; et là, après plusieurs paroles, il leur dit et exposa le grand danger où ils étaient, et comment leur seigneur, qui les devait protéger et défendre, les avait abandonnés, s'était allé mettre dans la cité de Carcassonne, et les avait laissés là en grand danger de leurs personnes et de leurs biens; il leur donnait donc pour avis et leur conseillait de remettre leur ville au légat, leur promettant qu'ils ne perdraient rien de ce qu'ils avaient, pas seulement la valeur d'un denier, et s'engageant à les dédommager des pertes qu'ils pourraient faire. Il les en pria très-affectueusement, car autrement, disait-il, ils étaient en grand danger, eux et leur ville.

Quand ledit évêque eut dit et démontré aux habitans tout ce que je viens de rapporter, ils lui répondirent tous d'une voix, qu'avant de se rendre et donner au légat et à son armée, ils mangeraient plutôt leurs enfans, car ils avaient une ville bonne et forte, étaient d'ailleurs beaucoup de gens pour la défendre, et que de plus, leur seigneur leur donnerait secours s'il était besoin; qu'ils n'avaient donc point l'intention de se rendre, et que personne ne leur en parlât plus en rien ni pour rien.

Lors donc que l'évêque eut entendu la réponse des habitans et leur volonté, il sortit de Béziers, très-fâché et affligé, voyant le grand danger où il les laissait, et la perte et dommage qui devait s'ensuivre s'ils étaient pris par force; s'en étant retourné vers le légat et son armée, il leur dit en quelle résolution il avait trouvé les habitans de Béziers, et que par remontrance ni exhortation il n'en avait rien pu obtenir, et qu'ils étaient grandement obstinés dans leur malice et perversité. Quand le légat eut ouï cette réponse rapportée par l'évêque, si auparavant il était plein de colère et de mauvaise volonté contre la ville, il le fut davantage; il jura qu'il ne laisserait à Béziers pierre sur pierre, ferait tout mettre à feu et à sang, tant hommes que femmes et petits enfans, et n'en recevrait pas un seul à merci; ce qu'il fit, comme il sera dit tout au long ci-après.

Pendant que tout cela se faisait et traitait, il s'était levé au pays d'Agen une autre armée de croisés qui avait pour chef et principaux commandans le comte Gui d'Auvergne, le vicomte de Turenne, l'évêque de Limoges, l'évêque de Bazas, l'archevêque de Bordeaux, l'évêque de Cahors, l'évêque d'Agen, et aussi Bertrand de Cardaillac, et..... de Gordon, seigneur de Castelnau de Montratier, qui conduisait tous les gens du Quercy. Cette armée marcha vers le Puy-Laroque, assiégea cette place et enfin la prit et démolit, car il n'y avait personne pour la défendre et la garder; quand ils eurent, comme je l'ai dit, détruit le Puy-Laroque, ils marchèrent vers une autre place forte et imprenable, appelée Chasseneuil : c'était un fort château où était une bonne et grosse garnison de vaillans hommes, ainsi qu'ils le montrèrent bien, ne se laissant ébahir de rien. Cette garnison était composée de Gascons. Les assiégeans vinrent dans l'ancien château, mais les Gascons qui étaient dedans les firent retourner à grands coups de traits, dont ils savaient bien s'aider et se défendre, et force fut auxdits seigneurs, surtout au comte Gui, principal chef de cette armée, de traiter avec ces Gascons qui tenaient la place de Chasseneuil, et de convenir que leur capitaine, appelé de son nom Seguin de Bologne, et tous ses compagnons sortiraient de la place vie et bagues sauves, et s'en iraient où il leur plairait d'aller : tous les autres seigneurs, tant prélats que autres, furent grandement courroucés contre le comte Gui, parce qu'il avait fait cet accommodement sans les appeler ni les consulter, comme il était raison de le faire.

Quand le château fut pris et rendu, et que les Gascons s'en furent allés et eurent vidé la place, les seigneurs dont on a parlé y entrèrent avec une partie de leur armée, et firent brûler beaucoup d'hommes et de femmes, parce que, ni pour prédication ni pour avertissement, ils ne voulaient renoncer à leurs folies et erreurs; et après cela l'armée reprit sa route, et marcha droit vers le légat pour se joindre à lui et lui donner secours. Tandis que cette armée marchait pour se joindre à celle du légat, se formait vers le Puy une autre grande armée plus forte que la première, dont était chef et commandant l'évêque du Puy. Elle vint, après plusieurs marches, attaquer Caussade et le bourg Saint-Antonin, dont l'évêque tira une grande somme d'argent pour les laisser tranquilles; ce qu'il fit et en fut fort blâmé : pendant que tout cela se faisait, quelques mauvais garnemens s'en allèrent à ceux qui gardaient le château de Villemur, leur dire que toute l'armée venait pour leur donner assaut et les prendre, et qu'on avait délibéré de faire de cette place comme des autres qu'on avait mises à feu et à sang sans y recevoir à merci aucune ame vivante. Les gens de Villemur eurent à cette nouvelle si grande peur et frayeur, qu'ils résolurent entre eux d'abandonner la place et d'y mettre le feu partout, ce qui fut fait. Un lundi donc à la nuit, au moment où la lune commençait à luire, on mit le feu au château et à la place de Villemur; et ce fut grande pitié et dommage de brûler et perdre une telle place, car l'armée n'avait pas l'intention d'aller à Villemur, mais cheminait et avançait tant qu'elle pouvait pour aller joindre les autres armées, marcher vers ledit légat, et lui donner secours pour prendre Béziers.

Pour suivre le fil de l'histoire commencée, je retourne au légat et à son armée. Quand ils se furent tous réunis, ce fut la plus grande et plus incroyable chose que jamais on ait vue; car de toutes les parties du monde il était venu des gens pour gagner le pardon. Le guide et conducteur de cette armée était, comme on l'a dit, le comte Raimond, parce qu'il connaissait le pays. Il la conduisit ainsi sur la vicomté de Béziers. Quand donc toutes ces armées furent, comme je l'ai dit, assemblées, elles se mirent en route pour aller tout droit à Béziers, et lorsqu'elles y furent arrivées, on mit le siége tout à l'entour; l'armée des assiégeans était si nombreuse, il y avait tant de pavillons et de tentes, qu'il semblait que le monde tout entier s'y fût réuni. Ceux de la ville de Béziers commençaient à s'en ébahir grandement, car ils avaient pris pour railleries les avertissemens qu'était venu leur donner leur évêque. Ce qui les ébahissait le plus, c'était que leur seigneur les eût abandonnés, comme on l'a dit ci-dessus; en sorte qu'ils n'avaient ni chef ni seigneur, ce qui était la cause de leur ébahissement; mais il était tard pour s'en repentir. Voyant donc que force leur était de se défendre ou de mourir, ils prirent courage entre eux, et allèrent s'armer chacun du mieux qu'il pût; quand ils furent armés, ils sortirent pour attaquer les assiégeans, et en sortant rencontrèrent un des croisés qui était venu courir jusque sur le pont de Béziers. Ils se jetèrent sur lui et le précipitèrent tout mort du pont dans la rivière. Quand l'armée des assiégeans le vit ainsi mort, et jeté du pont en bas, elle commença à se mettre en mouvement, tellement qu'elle faisait trembler la terre, et marcha droit à Béziers pour attaquer les ennemis qui venaient d'en sortir. Quand ceux de Béziers virent tout ce grand monde qui venait contre eux, ils se retirèrent dans leur ville, fermèrent et barricadèrent leurs portes, et montèrent sur la muraille pour se défendre. Les assiégeans avancèrent et donnèrent tellement l'assaut, qu'ils entrèrent dans les fossés malgré tous les efforts de ceux de la ville. Les uns se mirent donc à porter des échelles, les autres des planches pour faire des échafauds, et les autres, à coups de pics, à miner et rompre les murailles. Ils firent tant les uns et les autres qu'ils entrèrent dans la ville de Béziers malgré toute la défense et résistance des gens de la ville. Là se fit le plus grand massacre qui se fût jamais fait dans le monde entier; car on n'épargna ni vieux ni jeunes, pas même les enfans qui tétaient : on les tuait et faisait mourir. Voyant cela, ceux de la ville se retirèrent, ceux qui le purent, tant hommes que femmes, dans la grande église de Saint-

Nazaire : les prêtres de cette église devaient faire tinter les cloches quand tout le monde serait mort; mais il n'y eut ni son ni cloche, car ni prêtre vêtu de ses habits, ni clerc ne resta en vie; tout fut passé au fil de l'épée, pas un seul n'en échappa. Ce meurtre et tuerie furent la plus grande pitié qu'on ait depuis vue ni entendue. La ville fut pillée; on mit le feu partout, tellement que tout fut dévasté et brûlé, comme on le voit encore à présent, et qu'il n'y demeura chose vivante. Ce fut une cruelle vengeance, vu que le comte n'était pas hérétique ni de la secte. A cette destruction furent le duc de Bourgogne, le comte de Saint-Pol, le comte Pierre d'Auxerre, le comte de Genève, appelé Gui-le-Comte, le seigneur d'Anduze, appelé Pierre Vermont; et aussi y étaient les Provençaux, les Allemands, les Lombards; il y avait des gens de toutes les nations du monde, lesquels y étaient venus plus de trois cent mille, comme on l'a dit, à cause du pardon.

Quand tout cela fut fait, l'armée, non contente de la destruction de Béziers, marcha droit à Carcassonne où était pour lors le vicomte, fort marri et affligé de la destruction de Béziers. Ce fut vers la Madeleine que l'armée arriva un mardi soir, bannières déployées, devant Carcassonne. On mit autour de la ville un camp de siége, grand et respectable; et le lendemain matin le vicomte, étant dans la ville, monta sur la plus haute tour avec ceux de ses barons qui étaient avec lui, et de là se mit à regarder l'armée des assiégeans, dont il fut ébahi, voyant tout ce qu'il y avait de monde, et ce qui en arrivait toujours pour donner secours au légat. Quand le vicomte eut regardé quelque temps l'armée assiégeante, et ce qu'il y avait de monde, il serait sorti pour aller l'attaquer, si ses gens avaient voulu le croire et suivre : car il était vaillant, quoique jeune, comme on l'a dit ci-dessus.

Un de ses hommes, lequel était sage et vaillant, et s'appelait Pierre Roger, seigneur de Cabaret, place forte, lui dit : « Seigneur vicomte, si vous me voulez « croire, d'après mon conseil, vous ne ferez pas ainsi, « mais tout autrement; mon idée est de demeurer dans « la ville pour ne les pas attirer; en cas qu'ils appro- « chent nous songerons alors à nous défendre et à leur « montrer que nous ne les craignons guère, car je « pense qu'ils voudront nous ôter l'eau et emporter les « fossés : s'ils font ainsi, je suis d'avis que nous sortions « contre eux, et que chacun se montre comme il le « doit, pour défendre notre droit et querelle, laquelle « est bonne et juste; d'ailleurs nous avons de braves « gens tous tant qu'ils sont, c'est pourquoi nous ne « devons craindre en rien nos ennemis. » Tous donc s'accordèrent à ce qu'avait dit Pierre Roger, et chacun alla chez soi apprêter son harnais et tout ce dont il aurait besoin en cas de nécessité; et la nuit on fit bonne garde par la ville et sur la muraille, où le vicomte était en personne, armé et accoutré comme un des plus petits.

Quand vint le lendemain matin, toute l'armée des assiégeans se mit en mouvement, et faisait un tel bruit qu'il semblait que ce fût la fin du monde. A ce bruit, les gens de la cité montèrent sur les murailles, bien armés et accoutrés comme gens accoutumés à cette affaire; et lorsqu'ils virent leurs ennemis qui venaient, apportant fagots et bagages pour aplanir et combler les fossés de ladite ville afin de lui donner l'assaut, voyant tous ces préparatifs et aussi le courage et la valeur de leurs ennemis, ils se mirent en belle ordonnance, et sortirent de la ville contre les ennemis, non pas comme des enfans, mais comme gens vaillans et courageux, décidés à se défendre jusqu'à la mort; et ils attaquèrent et frappèrent de telle sorte qu'il en tombait de chaque côté beaucoup de morts et de blessés; ils tombaient de telle façon que jamais ils ne se levèrent ni bougèrent de l'endroit, car chacun se montrait vaillant et s'attachait à emporter la victoire sur son ennemi, et ils firent si bien qu'on ne savait qui avait du meilleur; qui les aurait vus à cette heure les uns et les autres aurait dit que le monde entier allait prendre fin, car le vicomte faisait de son corps les plus grands faits d'armes que jamais homme puisse faire; et quand ses gens voyaient son maintien et déportement, le plus couard en prenait courage de frapper et se mettre en avant : ils frappèrent et combattirent tellement que les ennemis reculèrent, ayant plus perdu que gagné à leur assaut; et n'eût été la nuit qui les vint surprendre, ils auraient en cette escarmouche pris fin les uns et les autres, car depuis le matin jusqu'au soir, ils n'avaient cessé de combattre : c'est pourquoi, d'un côté comme de l'autre, ils avaient bon besoin de repos. Ils se retirèrent donc chacun de son côté, les uns vers le camp, les autres vers la cité, sans savoir qui, pour cette fois, avait eu dans l'escarmouche du meilleur ou du pire.

Quand ceux de l'armée des assiégeans se furent retirés et désarmés, ils reconnurent qu'ils avaient fait une grande perte, et délibérèrent entre eux que, vu le grand mal et dommage qu'ils avaient reçu de ceux de la ville, ils iraient le lendemain pour en prendre vengeance, détruire tout le faubourg de Carcassonne, mettre le feu partout, brûler jusqu'au pied de la ville, et en même temps lui ôter l'eau ; ce qui fut fait comme ils l'avaient dit, et fut grand dommage et destruction pour ledit faubourg, lequel en fut tout brûlé et démoli. Ils resserrèrent tellement le siége de la ville, qu'il n'est pas possible de le croire ; ils firent dresser des pierriers et des calabres pour tirer contre la ville, et c'était grande pitié de voir le mal qu'y faisaient incessamment ces engins la nuit comme le jour. Cela se passait à la fin du mois d'août 1209.

Pendant que ceci se passait, il fut dit et raconté au roi d'Aragon que le légat et son armée avaient pris et détruit Béziers, tout brûlé et démoli, tué les hommes, les femmes et les enfans, sans épargner une créature vivante ; et que, pour le présent, ils tenaient le vicomte de Béziers assiégé dans Carcassonne, tellement qu'il n'était pas possible d'en sortir. Quand le roi d'Aragon eut entendu tout ceci, il fut grandement affligé de ce fait et de cette destruction, car le vicomte était son allié et son grand ami. C'est pourquoi il partit tout incontinent de son pays avec une belle et bonne suite de chevaliers et gentilhommes, pour venir au siége de Carcassonne, non pas dans l'intention de faire la guerre à l'un ou à l'autre, mais pour voir s'il pourrait mettre quelque paix et bon accord entre les deux partis ; il voyagea tant qu'il arriva au siége, et alla descendre droit à la tente du comte Raimond, avec tous ses gens, lesquels étaient beaux à voir. Le roi et le comte Raimond étaient beaux-frères, car le comte avait pour femme la sœur du roi d'Aragon. Quand le roi se fut un peu reposé, il alla devers le légat et les autres seigneurs, qui lui firent, à sa venue, grand honneur et accueil. Le roi leur commença à dire et montrer qu'il n'était pas venu dans l'intention de faire la guerre contre les uns ni les autres, mais seulement de voir s'il pourrait mettre entre eux la paix et le bon accord; ce pourquoi il venait supplier grandement les prélats et seigneurs qui lui donnaient assistance, qu'ils voulussent prendre le vicomte à merci, et lui accorder de bonnes conditions, car, en raison de sa jeunesse, il leur devait bien suffire du grand mal qu'ils lui avaient fait à Béziers et aussi à Carcassonne.

Quand le roi eut dit ce qu'il voulait dire et proposer, et que le légat et les seigneurs qui étaient présens eurent entendu ses paroles et son vouloir, on lui demanda pour réponse s'il avait parlé au vicomte, et si celui-ci lui avait donné charge de dire ce qu'il venait de leur dire et proposer. Le roi leur répondit que, quant à lui, il n'avait point encore parlé au vicomte, et ne l'avait point vu, car il voulait d'abord savoir leur intention et vouloir. On lui dit qu'avant de lui faire réponse il fallait savoir le vouloir du vicomte et de ses gens; qu'il allât donc lui parler dans la ville, et que, pour l'amour du roi, ils feraient en partie ce qu'il voudrait. Le roi quitta donc le légat et ses gens, et s'en alla dans la ville trouver le vicomte. Quand le vicomte sut que le roi voulait lui parler, il fit abaisser les ponts, ouvrir les portes, et vint au-devant du roi avec la plupart de ses barons et chevaliers. Ils s'accueil-

lirent mutuellement avec la plus grande chère qu'on vit jamais deux hommes se faire, et entrèrent dans la ville; quand ils furent en leur logis, le roi commença à parler au vicomte de son affaire, et lui dit comment il en avait parlé au légat et aux autres barons et seigneurs, car il était venu pour cela tout exprès et sans autre motif qui le pressât, aussitôt qu'il avait su la nouvelle, pour parler de son affaire au légat et aux seigneurs, bien qu'il n'eût pas pu encore s'entretenir avec lui; et le légat et les seigneurs l'avaient envoyé à lui pour voir quels traités et conditions il voudrait faire avec eux. Quand le vicomte eut entendu tout ce que le roi lui voulut dire, il le remercia grandement de ce qu'il avait pris tant de peine pour lui et ses gens, que de venir de son pays jusque là; et après tous les remercîmens, il continua : « Sei-
« gneur, je ne saurais que faire ni que dire, mais
« s'il se peut trouver quelque bon accommodement à
« conclure avec le légat et ses gens, je vous prierai
« fort que ce soit votre plaisir d'en traiter, et cela en
« la forme et manière qu'il plaira à votre seigneurie; je
« tiendrai tout pour bon, sans aucune contradiction,
« car je vois bien qu'à la longue nous ne pourrons te-
« nir ni résister. Il y a dans cette ville tant de gens
« du pays, hommes, femmes et enfans, que je n'en
« saurais dire le nombre; ils meurent tous les jours
« par troupes; s'il n'y avait que moi et mes gens, je
« vous jure, seigneur, que jamais je ne me rendrais
« au légat et à son armée, et me laisserais plutôt
« mourir de malefaim : mais ce peuple enfermé ici,
« comme je vous l'ai dit, me contraint d'avoir com-
« passion de lui; c'est pourquoi je vous prie, sei-

« gneur, que vous veuilliez agir ainsi que vous avez
« commencé, car je mets en vos mains moi, mes
« gens et mon affaire; faites-en, seigneur, comme
« des vôtres, je m'en remets du tout à vous. »

Quand le roi eut parlé et discuté bien au long avec le vicomte, il sortit de la ville et s'en retourna au camp, vers les seigneurs et le légat, lesquels étaient tous réunis dans la tente du légat, pour attendre le roi et la réponse qu'il leur devait apporter du vicomte. Le roi arrivé vers eux, leur commença à dire et à montrer comment le vicomte voulait consentir à un accommodement raisonnable, les priant d'avoir compassion de lui, vu que c'était un jeune enfant; que jamais il n'avait été pour rien dans l'hérésie, n'y avait en rien consenti et n'avait donné aux hérétiques ni secours ni faveurs, mais se tenait pour vrai catholique et serviteur de l'Église; que si ses officiers l'avaient, comme on dit, soutenue sans sa permission et à son insu, on devait aucunement l'en absoudre; d'ailleurs il leur pouvait suffire de la ruine de Béziers, et aussi de celle du faubourg de Carcassonne, et ainsi devaient le recevoir à merci, pourvu qu'il se soumît; que si le légat ou son armée avaient reçu quelque mal ou dommage, il offrait d'y satisfaire au dire des seigneurs et barons.

Quand donc le roi eut dit et montré bien au long tout ceci au légat et barons, et plus encore que je n'en ai touché par écrit, ils se regardèrent les uns les autres, et entrèrent en conseil sur ce que le roi leur avait dit et montré. Après avoir bien débattu l'affaire entre eux, ils firent venir le roi; et le légat lui répondit en son nom et celui de tous, et lui dit que lui, les seigneurs et les barons consentaient pour l'amour de lui et de sa noblesse, et parce qu'il avait pris tant de peine pour cette affaire, que le vicomte sortît avec douze autres seulement, selon qu'il les voudrait choisir pour emmener avec lui, et auxquels on laisserait tous leurs chevaux, armes et bagages; quant à tout le reste, il fallait qu'il le leur laissât pour en faire à leur plaisir et volonté; on ne ferait point d'autre accommodement, et s'il refusait celui-là, il n'en aurait point du tout.

Quand le roi eut ouï cette réponse, il leur dit qu'avant de rien faire ni conclure, il voulait retourner vers le vicomte, pour lui dire et montrer tout ce qu'on vient de rapporter, et qu'il n'y aurait ensuite aucune paix pour lui ; à quoi consentirent le légat et les seigneurs. Il retourna donc devers le vicomte dans la ville, lui dit et montra tout ce qui s'était fait et dit avec le légat et les barons, lui déclara les conditions, et lui dit que, s'il les refusait, il n'en aurait jamais d'autres à espérer. Quand le vicomte eut ouï la réponse et les conditions du légat, sans prendre ni demander autre conseil à qui que ce fût au monde, il dit et répondit au roi qu'avant de faire ce que lui mandaient le légat et les seigneurs, il se laisserait écorcher tout vif plutôt que de laisser seulement le plus petit ni le plus misérable des siens; qu'ils s'étaient tous mis en danger pour lui, et que jamais telle lâcheté ne lui serait reprochée et mise devant la face; car il aimait mieux mourir et défendre son droit et sa querelle. Quand le roi eut entendu la réponse, il le loua bien plus qu'il n'aurait fait s'il eût accepté les conditions, et lui dit qu'il songeât à se bien défendre; il dit aussi à tous ses gens qui avaient ouï la réponse du vicomte et les conditions qu'il aurait pu avoir s'il avait voulu, qu'il prenait le bon parti; car qui se défend bien trouve à la fin bonne composition. Le roi sortit donc de la ville et prit congé du vicomte; car il voulait s'en retourner en son pays, puisqu'il n'avait pu faire ni achever entre eux aucun accommodement, dont il était fort fâché et affligé. Il revint vers le légat et les barons leur rendre la réponse du vicomte telle qu'il la lui avait faite. Il prit donc congé du légat et seigneurs qui étaient là présens, les remercia fort du bon accueil qu'ils lui avaient fait, et le légat et les barons l'accompagnèrent un grand bout de chemin, ainsi qu'il appartenait à un tel seigneur.

Quand le roi s'en fut allé, tous les assiégeans s'armèrent et se préparèrent pour aller donner l'assaut à la ville, et cela avec un très-grand bruit, ainsi qu'on avait coutume de faire alors. Ceux de la ville, lorsqu'ils entendirent ce bruit, sans être ébahis de rien, s'armèrent et s'accoutrèrent incontinent. Une partie se mit sur les murs et tours, chacun au poste qui lui était ordonné, et chacun avec un courage non d'homme, mais de lion; car ils aimaient autant mourir en se défendant, que d'être pris par le légat et ses gens; et ainsi il n'y avait homme à cette heure dans la cité qui desirât rien plus au monde que d'être sur les murs; car il le fallait bien.

Les assiégeans vinrent donc, apportant grande quantité de fagots et autres bois pour remplir et combler les fossés et escalader la ville; mais lorsqu'ils furent arrivés aux fossés, et commencèrent à donner l'assaut, ceux de la ville les reçurent si bien à coups de traits et de grosses pierres, et aussi avec des eaux bouillantes, qu'il ne demeura dans les fossés que des morts et des blessés; car ceux de dedans la ville se défendaient comme gens perdus et désespérés, aimant autant mourir que vivre. Les assiégeans furent donc forcés de reculer avec grande perte et dommage pour cette fois; car il y eut beaucoup de gens tués et blessés à cet assaut, dont ils ne se purent plus aider; et il n'était pas possible au légat et à son armée de prendre aucunement cette ville par force ou par assaut; car il était aussi arrivé que Charlemagne avant ceci l'avait assiégée pendant sept ans sans y pouvoir rien faire, et avait été forcé de lever le siége et s'en aller; mais Dieu montra alors sa puissance; une des tours s'inclina vers Charlemagne, ainsi qu'on peut le voir même à présent, et la ville fut prise. Il n'était pas possible au légat ni à son armée de la prendre par force ou par assaut; mais une chose tourmentait fort ceux qui étaient dedans, l'eau leur manquait et s'était tarie à cause de la grande chaleur et sécheresse qu'il faisait, en sorte que ceux qui étaient dedans mouraient de soif. Par là il s'éleva dans la cité une telle contagion que c'était pitié de le voir.

Le légat voyant donc que par assaut ou autrement il ne pouvait prendre la ville, songea en lui-même et imagina, ce qui fut une grande ruse, d'envoyer un de ses gens vers le vicomte, dans ladite ville, pour parlementer avec lui de quelque accommodement, et aussi pour savoir en quel état ils étaient dans la cité; ce qui fut fait. Le personnage envoyé vers le vicomte était homme entendu et d'un parler propre à bien faire ces choses. Il alla droit à la cité, demandant qu'on le fît s'entretenir avec le vicomte pour affaire à son avantage; ce qui fut fait. Incontinent que le vicomte sut qu'il y avait dehors et au pied de la porte un gentilhomme et seigneur accompagné de bien trente autres, tous gentilshommes à la mine, il vint et sortit sur la barrière de la ville, bien accompagné, à tout hasard, de trois cents hommes bien en point et bien armés. Lorsqu'il fut sorti, le seigneur envoyé par le légat et ses gens lui fit grand accueil et salut; et les salutations faites des deux côtés, ledit seigneur se prit à dire au vicomte qu'il plaignait grandement sa fortune et sa situation, et que, de vrai et pour certain, il lui jurait et affirmait qu'il était son propre parent, de son sang et très-proche; ce pourquoi il était mal content et fâché de ce qui lui arrivait, et qu'il voudrait et serait d'opinion qu'il fît quelque bon accommodement avec le légat; mais que toutefois il lui conseillait que, s'il savait lieu d'où il pût avoir aide et secours, il en fît venir promptement; car le légat et les barons étaient grandement de mauvais vouloir contre lui, et avaient grand desir de le détruire; que cependant il ferait ce qu'il pourrait pour l'accommoder avec eux. Telles furent les trompeuses et cauteleuses paroles dudit seigneur et gentilhomme. Le vicomte y donna foi et confiance, comme je vais le dire au long; en quoi il fit une folie.

Or l'histoire dit que le gentilhomme persuada et flatta tellement le vicomte par ses feintes et cauteleuses paroles, que le vicomte lui dit que, s'il voulait prendre tant de peine pour lui, il lui mettrait toute son affaire entre les mains, et s'en rapporterait du tout à lui pour faire comme bon lui semblerait; car le vicomte était grandement ébahi de voir l'état où on se trouvait dans la cité; ce pourquoi il était contraint de faire ainsi qu'il le disait : « Si les seigneurs et princes, dit-il, « me voulaient donner sûreté pour que je pusse leur « aller parler à leur camp et leur exposer les choses « telles qu'elles sont, il me semble que nous serions « tous d'accord. » Et l'autre lui répondit : « Seigneur « vicomte, quoique je n'en aie pas créance ni pouvoir, « je vous promets et jure, par ma foi de noble et de « gentilhomme, que si vous voulez venir au camp, « comme vous me l'avez dit, et que vous ne vous ac- « commodiez pas, je vous mènerai et ramènerai sain « et sauf, et ne sera nul danger pour votre personne « ni vos biens. » Il le promit et jura de cette manière; en sorte que le vicomte y consentit, dont ce fut à lui grande folie, et à l'autre grande perfidie de trahir ainsi le vicomte, comme il sera dit ci-après.

Ainsi donc, sans autre délibération, le vicomte, après avoir parlé avec ses gens de la ville, se mit en chemin en belle et noble compagnie, s'en alla au camp, et entra dans la tente du légat, où étaient à cette heure assemblés tous les princes et seigneurs. Chacun d'eux de sa part s'ébahit et s'émerveilla grandement de le voir. Le vicomte les salua tous fort honorablement, ainsi qu'il le savait bien faire. La salutation faite et rendue; le vicomte commença à exposer son affaire de point en point, et comment il n'avait jamais été, non plus que ses prédécesseurs, de la congrégation des hérétiques, et que jamais lui ni les siens ne les avaient retirés, ni ne s'étaient associés à leur affaire et folie, mais avaient toujours été obéissans à la sainte Église et à ses mandemens, et l'étaient encore; que s'il y avait quelque faute de faite pour le présent, la coulpe en était à ses officiers auxquels son père avait en mourant laissé la garde et le gouvernement du pays; qu'il n'avait jamais fait ni connu aucune chose pourquoi on le dût ainsi ruiner et déposséder de son héritage, ni lui faire une guerre telle qu'on la lui faisait, et qu'il consentait volontiers à se mettre lui et sa terre entre les mains de l'Église, et qu'on le voulût ouïr en ses défenses et contredits.

Quand le vicomte eut fini son discours et tout ce qu'il voulut dire, le légat tira à part lesdits princes et seigneurs, lesquels étaient innocens et n'avaient point connaissance de la trahison. Il fut dit et convenu que le vicomte demeurerait prisonnier jusqu'à ce que la ville fût remise et rendue entre leurs mains, dont le vicomte et les gens qui l'accompagnaient furent grandement marris, et non sans raison. Le vicomte fut donné en garde à une quantité de gens du duc de Bourgogne, afin qu'ils le tinssent bien et sûrement; ce qui fut fait; et quand on apprit dans la cité cette nouvelle que leur seigneur était pris et détenu entre les mains du légat et des princes, il n'est pas besoin de demander si chacun fut ébahi et pris de peur; on délibéra donc de s'en aller et d'abandonner la ville et cité, et ainsi fut fait. Quand vint la nuit, qui put fuir s'enfuit, les uns vers Toulouse, les autres en Aragon, les autres en Espagne; qui put s'en aller s'en alla, tant qu'il ne demeura pas dans la ville seulement un homme ou une femme; mais tous quittèrent et désemparèrent la ville et cité, laissant tout ce qu'ils avaient sans en rien emporter; car ils aimaient bien mieux sauver leur vie et leur corps que leurs biens, et c'était assez gagner que de vivre. Voilà de quelle manière la ville fut abandonnée et désemparée, et le vicomte pris.

Quand tout cela fut arrivé comme on l'a dit, quelqu'un des gens du légat crut s'apercevoir le lendemain qu'il n'y avait plus en la cité ni hommes ni femmes, car tous s'en étaient allés par un chemin souterrain qu'ils avaient en ladite cité, et qui allait aboutir aux tours de Cabardès, à trois lieues de là; et c'était en cette manière qu'ils s'étaient sauvés. Quand donc celui que j'ai dit eut regardé et vu de dessus les murailles et tours, et n'eut vu personne, après avoir fait tout le tour de la ville, il vint au légat et aux princes, et leur dit ce qui était, et comment, autant qu'il le pouvait savoir, il n'y avait plus personne dans la ville. Quand les seigneurs eurent ouï ceci, ils pensèrent que ceux du dedans voulaient les tromper et leur tendre quelque piége. Ils firent donc armer une grande quantité de gens, leur firent apporter aux uns des fagots, aux autres des échafauds; et quand ils furent arrivés, ils vinrent droit à la porte, et firent semblant de vouloir la briser pour entrer dedans; et bien la pouvaient-ils briser sans crainte, car il n'y avait personne dedans pour la défendre; quand ils virent que personne ne faisait mine de se défendre, ils y allèrent tout de bon et entrèrent. Ils ne trouvèrent ni hommes ni femmes à qui parler, mais de grandes richesses. Ils allèrent donc dire aux légat et seigneurs que la ville était prise et qu'ils n'y avaient trouvé ame vivante, dont ils s'émerveillaient grandement par où ils pouvaient s'en être allés, vu que le siége était mis étroitement tout à l'entour, et qu'à moins de faire un trou en terre nul ne pouvait sortir de la cité sans être pris; mais enfin quand les seigneurs furent arrivés dans la ville, ils cherchèrent tant qu'ils trouvèrent l'endroit par où on s'en était allé; ce dont le légat et ses gens furent mal contens, car ils avaient résolu d'en faire de même qu'à Béziers. Le légat voyant que la ville avait été pillée par les premiers qui étaient entrés dedans, fit à tous commandement, sous peine de malédiction, que, sans retenir la valeur d'un denier, chacun apportât dans la grande église ce qu'il avait pris et pillé; et aussitôt qu'on ouït proférer cette malédiction chacun rendit ce qu'il avait pris, et le rapporta dans l'église, où il se trouva de grandes richesses quand tout y fut, comme on l'a dit, rassemblé et ramassé.

Tout cela fait comme on vient de le dire, le légat fit lever le siége, plier les tentes et pavillons, et ils entrèrent dans la ville, menant avec eux le vicomte, qu'ils enfermèrent dans une tour, la plus forte et la plus sûre qui fût dans la cité, et le gardèrent étroitement. Quand toutes les places d'à-l'entour surent la paix de Carcassonne, elles s'en ébahirent et vinrent au légat et aux seigneurs pour se rendre et mettre en leur sujétion : ainsi firent Montréal et Fanjaux, par le moyen d'un nommé Pierre, Aragonais, qui était du pays, et alla trouver le légat et ses gens; et le légat tira de ces places de grosses rançons en argent. Quand Montréal et Fanjaux se furent mis entre les mains du légat, il assembla son conseil à Carcassonne, où étaient tous les princes et seigneurs. Dès qu'ils furent assemblés en conseil, le légat leur dit et montra comment ils avaient pris tout le pays et la vicomté de Béziers, comment ils tenaient en prison le vicomte, pour en faire à leur plaisir et volonté, et qu'il était nécessaire que quelqu'un d'eux se chargeât d'en prendre la seigneurie et gouvernement, ajoutant que tout ce qui avait été pris dans la cité serait à celui qui en prendrait la charge et seigneurie, pour en faire et donner à son plaisir comme bon lui semblerait. Le légat adressa donc la parole au duc de Bourgogne, pour voir s'il voudrait s'en charger. Le duc de Bourgogne refusa, disant qu'il avait bien assez de terres et seigneuries sans prendre celle-là, et sans déposséder le vicomte; car il lui semblait qu'ils lui avaient fait assez de mal sans lui ôter son héritage. Le légat s'adressa lors au comte de Nevers, et lui offrit la terre et seigneurie, comme il l'avait offerte au duc de Bourgogne, le priant de la vouloir prendre et accepter. Le comte de Nevers lui fit la même réponse que le duc de Bourgogne, disant qu'il avait assez de terres et seigneuries sans prendre celles des autres. Il l'offrit au comte de Saint-Pol quand ceux que j'ai dits l'eurent refusée. Le comte de Saint-Pol lui fit semblable réponse, duquel refus le légat fut très-mal content envers lesdits seigneurs; mais il n'y pouvait que faire : il n'osait prendre avec eux bruit ni querelle pour cela, car lesdits seigneurs et princes savaient bien qu'on avait fait au vicomte grand tort et trahison, et ils étaient courroucés en leur courage de ce tort et de cette trahison qu'avait faits le légat, ainsi qu'ils le montrèrent ensuite, comme il sera dit; mais le légat était opiniâtre, et voulait, comme je l'ai dit, grand mal au vicomte, et le montra bien aussi par les effets.

Quand donc les seigneurs eurent refusé, ce dont le légat fut, ainsi qu'on l'a vu, fort mal content, il ne sut plus que faire ni à qui offrir la seigneurie, car il n'avait plus en son armée aucun autre homme de marque. Il l'offrit donc à un seigneur dit le comte de Montfort, qui avait été autrefois contre les Turcs, et à qui il l'offrit le dernier; lequel comte de Montfort la desirait et la prit. Il se nommait de son nom Simon; il l'accepta à condition que tous les autres princes et seigneurs y consentiraient, et lui promettraient de lui donner aide et secours s'il en avait besoin, lorsqu'ils en seraient par lui requis. Ils promirent tous de le faire, et le comte de Montfort fut mis en possession de la terre et vicomté; tous les sujets qui s'y trouvaient alors lui firent hommage; et quand le comte de Montfort eut pris possession, les princes et seigneurs prirent congé du légat et de lui, pour s'en retourner chacun en son pays avec tous leurs gens. Quand le légat et le comte de Montfort virent que tous les seigneurs et princes s'en allaient et les quittaient, ils en eurent grande fâcherie, particulièrement le comte de Montfort, qui se repentit bien d'avoir pris la seigneurie, comme il l'avait fait, puisque les seigneurs et l'armée le laissaient et s'en retournaient chacun dans son pays, hors quelques gentilshommes et autres, au nombre de quatre mille cinq cents, tant Bourguignons qu'Allemands, et autres gens de par delà, qui lui demeurèrent engagés. Voyant cela, le comte de Montfort fit venir ceux qui étaient demeurés avec lui, et aussi ceux du pays, dont il avait beaucoup à son service et à lui, entre autres un nommé Verles d'Encontre [1], homme sage et vaillant, qui était de son parti et de sa terre, auquel il donna une grande quantité de gens pour aller mettre bonne garnison par toutes les places et châteaux de la vicomté de Béziers, ainsi que besoin y serait, lui donnant pouvoir et seigneurie sur toute la vicomté. Il donna ordre aussi aux affaires du reste du pays plus éloigné qui s'était donné à lui, comme Limoges, et y envoya un autre sage et vaillant homme de son pays, appelé Lambert de Creichi, qu'il fit capitaine et gouverneur de toute cette terre et seigneurie de Limoges. Il donna ordre pareillement à toutes les autres terres et seigneuries, et les pourvut de bonnes garnisons pour les garder et défendre, ainsi qu'il appartenait et était besoin en telle affaire. Quant à lui, il se tint en la cité de Carcassonne, comme la place la plus forte et la meilleure de toutes. On lui laissa en cette ville le vicomte prisonnier, pour en faire à sa volonté et à son plaisir. Il le tint en sûre garde, sans le laisser jamais sortir de la tour ni parler à ame vivante, sinon à ceux qui le gardaient.

Or l'histoire dit qu'au bout de quelque temps le vicomte fut fort malade de dysenterie, de laquelle maladie il alla de vie à trépas, et mourut prisonnier, comme on l'a dit. Il fut bruit dans tout le pays que le comte de Montfort l'avait fait mourir; mais cela n'est pas, car il mourut, comme on l'a dit, de dysenterie, et avant qu'il mourût et allât à Dieu il fit son devoir comme un véritable chrétien, et l'évêque de Carcassonne, qui était pour lors dans la ville,

---

[1] Ou Guillaume de Contres.

l'ouït en confession, et lui administra tous les sacremens de sainte mère Église. Lorsqu'il fut mort, le comte de Montfort le fit porter à la grande église bien honnêtement accoutré, ainsi qu'il appartenait à un tel personnage, et le visage tout découvert, afin que tout le monde le vît et reconnût; et il manda par tout le pays dont le vicomte avait été autrefois seigneur, que chacun le vînt voir et lui rendît l'honneur qu'il lui devait. La chose ouïe par le peuple et les sujets du vicomte, il fut grandement plaint et pleuré de plusieurs, et ils vinrent à Carcassonne pour voir leur seigneur mort, et lui rendre tout l'honneur qu'ils étaient tenus de lui rendre. Ce fut une chose fort lamentable et piteuse à voir que la douleur que témoignait le peuple pour ce que le vicomte était ainsi mort en prison, et pour la manière dont il était mort.

Or l'histoire véridique nous apprend que, quand tout ceci fut arrivé comme on l'a dit, et que le vicomte de Montfort vit qu'il était sans contestation seigneur de la terre et vicomté, il commença à se méconnaître et voulut s'élever encore davantage; par le conseil du légat, il envoya à Toulouse des lettres et messages au comte Raimond et aux habitans de cette ville, pour savoir s'ils se voulaient accommoder avec lui, car autrement il avait résolu de lui courir sus, à lui et à sa terre. Le comte Raimond ayant reçu les messagers du comte de Montfort, et vu ses lettres, il leur fit réponse que quant à lui, ses gens et sa terre, il n'avait rien à voir avec le comte de Montfort, ni le moins du monde avec le légat; qu'il avait reçu ses provisions du saint Père, ainsi que l'avait su et vu le légat, et qu'il n'entendait point faire d'autre accommodement avec le légat que celui qu'il avait fait auparavant avec le saint Père; que les messagers pouvaient donc bien s'en retourner avec cette réponse vers leur seigneur et le légat, car il était décidé à aller à Rome vers le saint Père, puisque le légat et le comte de Montfort voulaient, comme ils lui avaient mandé, le vexer et prendre sa terre. On a dit souvent qu'à mauvais service revient tel guerdon, et c'est ce qui arriva au comte Raimond, après qu'il eut pris peine et travail pour le légat et son armée, car ce fut là le retour qu'il en eut en fin de cause.

Quand le légat et le comte de Montfort eurent ouï la réponse que le comte Raimond avait faite aux messagers, et qu'il s'en voulait aller à Rome, ils furent mal contens, et envoyèrent devers le comte Raimond un autre message, disant que, pour ce qu'ils lui avaient mandé, il n'était pas nécessaire d'aller à Rome devant le saint Père, ni de prendre tant de peine, mais qu'il s'en vînt vers eux, et qu'il ferait autant avec eux que s'il allait à Rome. A ce second message le comte répondit qu'il voulait aller au saint Père pour lui montrer la grande perte que lui voulaient faire éprouver le légat et le comte de Montfort, et qu'il la voulait aussi montrer au roi Philippe, qui régnait alors en France, et aussi à l'empereur, et qu'il voulait aller montrer à tous les seigneurs les torts et griefs qu'on lui faisait; et quand le légat et le comte de Montfort eurent ouï ce que je viens de dire, ils en furent grandement marris et fâchés.

Quand donc le comte de Montfort vit, ainsi qu'on l'a dit, que le comte Raimond était déterminé à aller vers le saint Père pour son affaire, comme il voulait aussi faire un accommodement avec le comte de Foix, auquel il avait mandé la même chose, cet accommodement fut que le comte de Foix lui donnerait en otage un de ses enfans, le plus jeune de tous, jusqu'à ce qu'il se fût justifié de ce que le comte de Montfort et le légat lui imputaient touchant l'hérésie; mais cet arrangement ne dura guère, ainsi qu'il sera dit ci-après.

Le comte de Montfort avait un vaillant homme, lequel était seigneur de Pépieux, et s'appelait de son nom Guiraud, lequel alla trouver le comte Raimond, et se mit avec lui. La cause en fut qu'un de ceux que le comte de Montfort avait amenés avec lui dans ce pays avait tué au seigneur de Pépieux un homme que celui-ci aimait grandement. C'est pourquoi ledit seigneur de Pépieux alla prendre un des plus forts châteaux qu'eût le comte de Montfort sur toute la seigneurie de Béziers, le pilla, tua ceux qui étaient dedans, et puis y mit le feu tellement qu'il fut brûlé, et qu'il n'y demeura chose au monde qui ne fût consumée et démolie jusqu'à terre; ce qui fut un grand dommage et perte, causés par le meurtre que j'ai dit. Le comte de Montfort avait fait prendre le gentilhomme qui avait commis le meurtre, et l'avait fait mettre en terre dans une fosse, le faisant ainsi mourir de cruelle et malemort, quoique ce gentilhomme fût de grande marque et lignage. Le sire de Pépieux devait donc s'en contenter; et comme le comte de Montfort lui avait fait justice de son homme, et qu'il ne s'en était pas contenté, le comte Raimond ne le voulut point prendre ni recevoir, mais lui dit qu'il fit du mieux qu'il pourrait, car il ne voulait prendre ni secourir sa querelle.

Quand le comte de Montfort sut que Pépieux lui avait, comme on l'a dit, pris et brûlé son château et tué ses gens, il fut si courroucé et irrité que jamais il ne l'avait été autant qu'il le fut alors contre ledit Pépieux ; mais il n'y pouvait que faire alors, en sorte qu'il laissa la chose en suspens jusqu'à un autre moment.

Or l'histoire dit que le comte de Montfort avait une place forte en laquelle il avait mis une grosse et grande garnison de ses gens, desquels était capitaine un nommé Bouchard. Ce Bouchard avait en garde ladite place appelée Saissac, et avec lui étaient soixante hommes, tous du pays de France. Bouchard était vaillant homme et entreprenant, et le comte Raimond avait une autre belle place plus forte que Saissac, où il avait aussi son capitaine avec bonne et grosse garnison, car depuis ce que lui avaient mandé le comte de Montfort et le légat, le comte Raimond avait pourvu toutes ses places et châteaux de grosses et bonnes garnisons. Cette place, appelée le château de Cabaret, était assez près de Saissac. Le comte Raimond y avait pour capitaine un nommé Pierre Roger. Un jour, au fort de l'hiver, Bouchard et ses gens délibérèrent d'aller prendre le château de Cabaret, pensant qu'à cette époque personne ne serait sur ses gardes. Ayant donc décidé leur entreprise, ils s'armèrent et montèrent à cheval le plus secrètement qu'ils purent; mais, dit l'histoire, le capitaine de Cabaret était sorti de sa place pour s'ébattre quelque peu, sans penser à cette affaire, ni qu'il vînt des gens pour l'attaquer.

Les gens de Cabaret pouvaient bien être quarante bien armés et bien montés, comme l'étaient les autres, mais, comme je l'ai dit, sans songer à mal, et seulement pour s'ébattre. Bouchard étant donc arrivé sur les gens de Cabaret, croyait les prendre sans obstacle; mais quand ceux de Cabaret virent l'affaire, sans s'ébahir, comme vaillans hommes qu'ils étaient, ils frappèrent sur leurs ennemis, si bien qu'ils les défirent tous, tuèrent et blessèrent, et qu'il ne s'en sauva qu'un seul. Ils prirent Bouchard, leur capitaine, et le menèrent prisonnier à Cabaret, où ils le mirent au fond d'une tour, les fers aux pieds. C'était au grand cœur de l'hiver. Celui qui s'était échappé s'en alla droit au comte de Montfort, lequel était à cette heure en la cité de Carcassonne. Il lui conta toute l'affaire comme elle s'était passée, et comment personne de leur compagnie n'était échappé, si ce n'était lui, car leur capitaine avait été fait prisonnier, et tous les autres tués ou blessés. Le comte de Montfort pensa mourir de douleur quand il sut comment le fait était allé, et il en fut plein de fâcherie et mal content; mais il n'y pouvait rien faire à cette heure, à cause de l'hiver, et il fallait attendre le printemps. Pendant ce temps le comte de Montfort manda par message au légat toute l'affaire et ce qui était arrivé, afin qu'il voulût assembler une croisade au printemps pour venir tirer vengeance de ce que lui avaient fait les gens de Cabaret qui tenaient pour le comte Raimond. L'histoire dit que, pendant que tout cela se faisait à l'insu du comte Raimond, il avait déjà pris son chemin pour s'en aller à Rome vers le saint Père, ainsi qu'on l'a dit, en belle et noble compagnie, dans laquelle était un des capitouls de Toulouse, pour mieux certifier la chose comme elle était, et ce que voulait faire le comte de Montfort avec le légat. Mais premièrement le comte Raimond délibéra de passer en France vers le roi Philippe et les autres princes, pour leur dire le grand tort et outrage que le comte de Montfort lui voulait faire ainsi que le légat.

Il fit tant qu'il arriva en France avec toute sa suite[1]. Il trouva le roi Philippe en compagnie du duc de Bourgogne, du comte de Nevers, de la comtesse de Champagne et autres seigneurs et princes; tous firent bonne chère au comte Raimond et à sa compagnie, surtout la comtesse de Champagne. Le comte Raimond leur dit et montra à tous ce que lui voulaient faire le légat et le comte de Montfort. Quand ils eurent ouï bien au long tout ce que leur avait à dire le comte Raimond, et comment il s'en allait de là à Rome pour se plaindre et montrer la violence que lui voulaient faire le légat et le comte de Montfort, malgré tous les traités faits et passés avec lui, tous lesdits seigneurs et princes furent grandement courroucés contre le légat et le comte de Montfort. Quand le comte Raimond eut un temps séjourné avec le roi et les princes, il prit congé d'eux, tant du roi que des autres, pour s'en aller à Rome, et lesdits princes et seigneurs, le roi lui-même, chacun pour sa part, en écrivirent au saint Père en faveur du comte Raimond, comme si c'eût été leur propre affaire. Il partit et alla vers Rome, et fit tant qu'il y arriva. Quand il y eut demeuré quelques jours, il vint devers le saint

---

[1] En septembre 1209.

Père, avec qui étaient alors beaucoup de cardinaux et autres gens, lesquels reçurent fort honorablement le comte Raimond, qui leur montra le grand tort que le légat et le comte de Montfort lui voulaient faire, malgré tous les traités faits et passés entre eux; « Et « voici, dit le comte Raimond, un des capitouls de « Toulouse qui vous le certifiera mieux pour vérita- « ble. » Le saint Père ayant donc ouï les plaintes et griefs du comte Raimond et du capitoul, en fut très-fâché et marri, vu qu'il lui avait donné auparavant son absolution et s'était accommodé avec lui. Il prit donc le comte Raimond par la main, l'ouït en confession, et quand il l'eut ouï en confession, lui donna encore une fois son absolution en présence de tous les cardinaux et autres, lui fit adorer et baiser la sainte Véronique, et lui donna de nouveau ses lettres de paix et d'absolution.

Quand le comte eut séjourné un certain temps à Rome, il s'en voulut partir et retourner en ses terres; il alla prendre congé du saint Père et des autres. Le saint Père lui donna congé, et, en partant, lui fit don d'un très-beau et riche manteau et d'un anneau précieux et de grande valeur qu'il portait à son doigt. Le comte Raimond et sa compagnie firent tant qu'ils arrivèrent à Toulouse, dont tout le peuple fut joyeux et plein d'allégresse, et aussi tout le pays, lorsqu'on sut qu'il était venu et arrivé à Toulouse. Lors donc qu'il eut séjourné un certain nombre de jours, il assembla son conseil et le peuple de Toulouse, leur dit et montra tout ce qu'avait fait avec lui le saint Père, et leur fit voir à tous l'absolution et les lettres de paix qu'il lui avait de nouveau données et confirmées. Il leur fit voir aussi le manteau et l'anneau que le saint Père lui avait donnés à son départ.

Lorsque le peuple eut entendu tout cela, et vu les nouvelles lettres et absolution, il commença à louer Dieu du tout, et il s'éleva dans la ville une telle joie et allégresse qu'on n'en avait jamais vu de pareille, car il leur semblait que Dieu les avait délivrés de tous dangers et maux. Mais cette joie ne dura guère, ainsi qu'on le dira bientôt.

Quand tout ceci se fut passé comme on vient de le dire, le comte Raimond, après avoir séjourné un temps à Toulouse, s'en partit pour aller faire voir par le pays et dans ses villes l'absolution et le traité qu'il avait de nouveau obtenus du saint Père; après l'avoir fait voir, il retourna à Toulouse, et prenant avec lui une noble compagnie, en laquelle était le capitoul qui était allé avec lui à Rome, comme on l'a dit, il s'en alla droit au légat pour lui montrer ce qu'avait fait le saint Père. Quand le légat et le comte de Montfort, qui était avec lui, eurent entendu et vu ceci, ils furent grandement marris et ébahis; mais par semblant montrèrent en être très-joyeux et contens; ce qui était le contraire, ainsi qu'ils le firent voir, comme il sera dit. Le légat et le comte de Montfort firent démonstration d'être bons amis et intimes avec le comte Raimond, lui promirent de l'aider dorénavant envers et contre tous, dont le comte Raimond et ses sujets furent grandement réjouis et contens.

Or l'histoire dit qu'en ce temps, pendant que tout ceci se passait, il se trouvait y avoir à Toulouse un évêque, appelé Foulques, lequel était un très-mauvais homme, ainsi qu'il le montra bien à la ville de Toulouse. Cet évêque alla vers le légat, et fit tant, *per fas et nefas,* qu'il engagea le légat et le comte de Montfort à venir un jour à Toulouse pour se festoyer avec le comte Raimond; et quand le comte eut pendant un certain nombre de jours festoyé le comte de Montfort dans Toulouse, ledit évêque convint avec eux de grande trahison, ainsi qu'il le montra à la fin.

Quand donc le légat eut séjourné dans Toulouse un certain temps avec le comte de Montfort et sa compagnie, ledit évêque montra au comte Raimond de grandes marques d'amour, pensant toujours à la mauvaiseté et à la déception qu'il lui voulait faire, et par un grand artifice, persuada tant le comte Raimond à force de belles paroles, qu'à la fin il lui vint dire : « Seigneur, vous voyez le grand amour et amitié qu'il « y a à présent entre vous, le légat et le comte de « Montfort; je vous promets bien que si aucun vou- « lait à cette heure vous faire mal et déplaisir, ils « y mettraient corps et biens pour vous défendre « vous et votre pays. Il me semble, seigneur, que pour « les entretenir en l'amitié qu'ils ont à présent, si vous « bailliez le château de Narbonnois au légat pour y « faire sa demeure, vous et la ville n'en seriez que « mieux. » Le comte Raimond ayant ouï ceci sans penser à aucun mal, ainsi que le faisait le maudit évêque, et sans demander conseil ni avis à ses gens, bailla et délivra, selon la volonté de l'évêque, le château de Narbonnois au comte de Montfort; de quoi il se repentit trop tard; mais, comme on le dit volontiers et en langage ordinaire, *qui seul se conseille, seul se repent;* ce qui arriva au comte Raimond; car pour avoir livré le château à la persuasion du dit évêque, il en coûta la vie à plus de mille hommes, sans compter le reste; ce qui fut un grand péché que fit là l'évêque de Toulouse.

Quand le légat eut entre ses mains la seigneurie du château de Narbonnois, il y mit bonne garnison de ses gens pour le garder et défendre si besoin en était, dont tout le peuple de Toulouse, grand et petit, eut grand courroux et déplaisir, voyant que le comte Raimond avait livré de cette manière le château au légat et au comte de Montfort; car ce château faisait toute la défense de la ville et le lieu de refuge du peuple. Le comte Raimond avait agi quasi comme ne sachant ce qu'il faisait et disait; mais l'évêque l'avait tellement enjôlé et abusé par ses paroles, qu'il avait fait cela sans penser au mal qui lui en devait revenir, comme il sera dit en son lieu.

L'histoire dit qu'en ce temps le roi d'Aragon vint deçà les monts à Portet, où étaient pour lors le légat et le comte de Montfort, pour traiter plusieurs affaires. Ils parlèrent long-temps ensemble, mais rien ne fut conclu sur ceci, et le roi d'Aragon s'en retourna dans son pays et royaume. Alors étaient avec le légat et le comte de Montfort l'évêque de Toulouse et celui de Marseille, qui leur conseillaient tous les jours de prendre et saisir toutes les places, villes et châteaux qu'ils pourraient, afin de tenir le monde en crainte et sujétion, et pour en venir à leur but et intention; sous couleur de l'hérésie, ils pillaient et détruisaient le pauvre pays, tant que c'était grande pitié de voir tout le mal et dommage qu'ils faisaient,

Le légat et le comte de Montfort se mirent donc en route avec tous leurs gens, devers Agen et Saint-Bausile, pour prendre quelques places s'ils le pouvaient; mais les gens du pays ne firent pas grand cas d'eux et n'en eurent pas grand'peur; pour cette fois ils furent forcés de s'en retourner sans avoir fait ce qu'ils voulaient, et c'était ainsi qu'ils allaient et venaient, mangeant et détruisant le pauvre peuple. Ils tirèrent droit à Carcassonne, où incontinent après leur arrivée ils délibérèrent, puisque là d'où ils venaient ils n'avaient rien pu faire d'avantageux, d'aller mettre le siége devant le château de Minerve, beau et fort château s'il y en avait en ce temps dans tous les défilés qui conduisent en Espagne. Ce château était commandé par un nommé Guiraud de Minerve, homme sage et vaillant; il était situé en un lieu fort élevé et sur une roche comme imprenable. Le légat et le comte de Montfort firent conduire devant maints calabres et pierriers pour tirer contre le château; mais les gens du château se défendaient bien et vaillamment toujours sans rien perdre, faisant un grand dommage au légat et au comte de Montfort, et leur tuant et blessant presque tous les jours du monde; mais enfin on les resserra tant, qu'ils ne pouvaient plus sortir, ni faire entrer les choses dont ils avaient besoin. L'eau leur manqua à cause des grandes chaleurs qu'il faisait, et tous les jours il en mourait de soif dans la place. Elle fut donc prise, et le légat et le comte de Montfort y firent brûler beaucoup d'hommes et de femmes, car ceux-ci ne se voulaient retirer ni désister de leur folie et de l'erreur où ils étaient alors.

Quand le comte de Montfort et le légat eurent

fait tout ce qu'on vient de lire, ils s'en vinrent droit à Penautier, où le comte manda à la comtesse sa femme, laquelle était dans la cité de Carcassonne, qu'au vu des présentes, elle vînt devers lui audit Penautier. Quand la comtesse eut ouï la volonté de son seigneur, comme dame sage elle prit incontinent une belle et noble compagnie tant d'hommes que de demoiselles, et alla devers son seigneur à Penautier, où il était à cette heure, et elle eut grande réception et honneur de chacun; ayant demeuré quelques jours avec son seigneur, elle retourna à Carcassonne avec sa compagnie, et quand elle fut retournée en la cité, le comte et le légat délibérèrent d'aller mettre le siége devant le château de Termes, pour le prendre s'ils pouvaient. Ils firent apprêter et préparer tout ce qui leur était nécessaire. Mais une chose qui chagrinait fort le comte de Montfort, c'était de laisser la cité de Carcassonne sans aucune garde ni garnison. Il fut donc dit et déclaré qu'il y laisserait des hommes pour la garder et défendre s'il était besoin; ce qui fut fait, et la charge et garde en furent données à un vaillant homme, auquel le comte de Montfort se fiait grandement: il s'appelait Verles d'Encontre. Le comte de Montfort lui bailla une noble compagnie pour garder la ville et cité. Lorsque Verles d'Encontre voulut quitter le comte pour s'en aller dans la cité, ainsi qu'il en avait pris la charge, le comte lui dit qu'aussitôt après son arrivée en la cité il fît charger tous ses engins, calabres, mangonneaux et autres, pour les lui envoyer au siége de Termes, et lui donna des lettres pour les porter à la comtesse. Quand le comte de Montfort eut dit à Verles tout ce qu'il avait à lui dire, et lui eut donné ses lettres pour la comtesse, celui-ci prit sa route avec les gens que le comte lui avait donnés pour garder la cité; et quand ils furent arrivés, Verles donna à la comtesse ses lettres, et celle-ci fit incontinent charger force charrettes pour porter à Termes l'artillerie et les engins, ainsi que le lui commandait son seigneur le comte de Montfort.

Pendant que Verles faisait charger les charrettes, un espion du capitaine de Cabaret, qui avait tout vu, partit promptement de Carcassonne pour aller trouver le capitaine, à qui il dit et conta comment Verles avait fait charger l'artillerie sur les charrettes pour la faire conduire à Termes. Le capitaine de Cabaret, ayant ouï le récit de l'espion, fit armer bien trois cents hommes des meilleurs qu'il eût dans la place, et quand la nuit fut venue, afin que personne ne les aperçût, il sortit avec eux de Cabaret, et s'en alla s'embusquer et tenir sur le chemin par où devaient venir les charrettes, afin de les surprendre, ainsi que les gens qui les conduisaient. Quand vint le lendemain, Verles fit partir de bon matin l'artillerie pour aller droit à Termes; et quand elle partit, il avisa, comme homme sage, vaillant et expérimenté en telles affaires, de faire aller devant une quantité de gens bien armés et bien montés pour découvrir si par hasard il n'y avait pas quelque embuscade sur le chemin. Il laissa les autres auprès de l'artillerie. Quand donc ceux qui allaient devant vinrent à l'endroit où était l'embuscade, et l'eurent aperçue, ceux de l'embuscade, voyant qu'ils étaient découverts et qu'on approchait d'eux, sortirent de leur cachette et s'en allèrent droit vers les autres pour les attaquer; mais ceux-ci s'en allèrent reculant jusqu'à ce qu'ils fussent près de ceux qui conduisaient l'artillerie, commençant pourtant à frapper en se retirant sur ceux de l'embuscade, et tous se battaient de telle sorte que, si quelqu'un des gens de Verles n'eût été lui dire que ceux de Cabaret étaient sortis sur ses gens, les avaient presque tous tués et pris l'artillerie, et qu'ils y avaient mis le feu, ceux de Cabaret n'en eussent pas laissé un, et tous auraient été tués ou pris; mais sitôt que Verles eut ouï la nouvelle, il fit arriver qui il put, s'arma lui-même, et alla promptement au secours de ses gens qu'il trouva combattant contre ses ennemis dans un pré sur la rive de l'Aude. Verles se fourra au plus fort des ennemis avec ses gens qui étaient tous frais, et frappa tellement de côté et d'autre qu'il en demeura beaucoup sur la place morts ou blessés et couverts de coups. A la fin, il fallut que Pierre Roger et tous ses gens se sauvassent comme chacun put, à cause de la grande multitude de gens qui venaient vers eux du côté de Carcassonne; et quand Pierre Roger, capitaine de Cabaret, se fut retiré, comme on l'a dit, Verles d'Encontre fit rentrer l'artillerie dans la cité de Carcassonne, afin de l'envoyer sous meilleure et plus sûre escorte.

Quatre ou cinq jours après, Verles fit armer et équiper une bonne compagnie d'hommes courageux, qu'il donna à conduire et à commander à un vaillant homme qu'il avait avec lui dans la cité. Il leur remit l'artillerie pour la conduire à Termes. Ils se mirent en chemin, allèrent droit à Termes, et y conduisirent l'artillerie bien et sûrement sans être attaqués et sans mauvaise rencontre.

Quand le gentilhomme qui la conduisait fut arrivé

à Termes, il vint devant son seigneur, le comte de Montfort, et lui présenta l'artillerie. Le comte de Montfort se prit à lui demander pourquoi on avait tant tardé à la lui envoyer: le gentilhomme lui dit la chose comme elle était arrivée de point en point, comment Pierre Roger l'était venu assaillir sur le chemin, comment Verles étant arrivé de la ville avait déconfit les ennemis et les avait mis en fuite; de quoi le comte fut plus joyeux que si on lui avait donné la première ville du monde. Le comte dit et raconta toute l'histoire au légat et à tous ceux qui étaient au siége, et tous louèrent Verles d'Encontre de l'exploit qu'il avait fait, dont le légat et les autres se réjouirent grandement. Il y avait à ce siége tant de gens que personne ne le saurait dire ni imaginer; mais avec tout cela, ceux qui étaient dans Termes ne les prisaient ni craignaient guère, car il y avait de vaillantes gens, et forts aux armes, qui se défendaient bien et courageusement; il n'était pas de jour que les assiégés ne sortissent du château pour escarmoucher et combattre, remportant souvent plusieurs enseignes et étendards; et ils se maintenaient et défendaient tellement que le comte de Montfort perdait des hommes considérables, dont il était en grande fâcherie, voyant qu'il ne pouvait prendre cette place et l'avoir à son plaisir. Et il ne l'aurait jamais prise, si ceux qui étaient dedans ne l'eussent désemparée et abandonnée, ainsi qu'il sera dit ci-après.

L'histoire dit qu'il se mit dans le château de Termes une grande et terrible maladie, dont tous les jours il mourait du monde sans fin, tant que c'était grande pitié de voir tout ce qui mourait. Cette maladie était venue parce que l'eau leur avait manqué et s'était tarie, tellement qu'ils n'en avaient pas une goutte; mais pour du vin et autres vivres ils en avaient assez. Il plut un jour, et l'eau tomba en si grande quantité que ceux de la place en remplirent ce qu'ils avaient de citernes, et en mirent dans un grand nombre de vaisseaux; puis ils se prirent à faire ribote de cette eau, et à s'en servir pour faire le potage et apprêter le pain, d'où il s'engendra dans le château une dysenterie telle qu'il n'était aucun d'eux qui, lorsqu'il en était atteint, pût en échapper sans mourir. Un seul en guérit, dont furent fort étonnés ceux du château, non sans raison, car il en mourait tous les jours à foison et sans cesser. Voyant donc la maladie et mortalité qui s'étaient mises dans le château, ceux qui se trouvaient encore allègres et sains délibérèrent de quitter et d'abandonner la place sans plus demeurer : ce qu'ils mirent à exécution, car ils aimaient mieux mourir en combattant, que de la manière dont ils mouraient dans le château. Une nuit donc qui leur parut propice à leur sortie, chacun s'alla bien armer et accoutrer, et ils sortirent de la place le plus secrètement et couvertement qu'il leur fut possible, sans que les assiégeans s'en aperçussent; et quand ils eurent dépassé le camp qui les tenait enfermés, ils s'en allèrent en Catalogne; car la plupart d'entre eux étaient Catalans.

Quand ils furent hors de la place, comme on l'a dit, le capitaine, appelé Raimond de Termes, se souvint de quelques effets à lui qui étaient restés dans la place, et retourna pour les chercher; mais aucun des siens ne voulut l'accompagner, et ils firent sagement, et le capitaine fit grande folie d'y retourner, car il lui en coûta le corps et la vie. Comme il se fut mis en route pour retourner, les assiégeans venaient de s'apercevoir que ceux du château s'en étaient allés à leur insu, et ils étaient grandement courroucés et marris de les avoir ainsi perdus. Allant donc et revenant du château au camp, ils rencontrèrent le capitaine tout seul, lequel fut pris et saisi incontinent, et mené au comte de Montfort et aux seigneurs qui étaient avec lui. Le comte fut fort joyeux quand il tint prisonnier devant lui ce capitaine qui lui avait fait tant de mal durant le siége.

Quand donc le comte de Montfort sut tout ce qui s'était passé, vit que la place était vide et sans aucune défense, et le capitaine prisonnier entre ses mains, il s'en alla incontinent avec une grande troupe de gens bien armés et bien équipés vers la place qu'il trouva sans aucune défense ni garde, et en laquelle il entra à son plaisir et sans aucune contradiction, car il n'y avait plus aucun homme, mais seulement une grande quantité de femmes du pays qui s'y étaient retirées avec tout ce qu'elles possédaient. Le comte de Montfort les fit prendre et mettre en lieu sûr, leur donnant de bons et honnêtes gardes afin qu'il ne leur fût fait aucun outrage ni déshonneur; et ce fut chose bien faite au comte de Montfort de garder ainsi l'honneur de ces femmes. Après cela, il fit mettre le capitaine Raimond de Termes au fond d'une tour, avec beaucoup de fers aux pieds, et le fit étroitement garder et surveiller. Quand tout le pays d'à-l'entour apprit que Termes était pris et le capitaine prisonnier, comme on l'a dit, plusieurs autres places et châteaux furent abandonnés par les routiers et hérétiques, dont un grand nombre furent pris en s'enfuyant, et brûlés sans pitié ni miséricorde; et, pendant tout ceci, les gens du comte de Montfort prirent un fort château, nommé Alby; ceux qui étaient dedans, ayant ouï dire que Termes était pris, avaient incontinent abandonné la place et s'en étaient allés, dont le comte de Montfort fut très-fort content et joyeux, car tout le pays après cela se mit en son pouvoir et en sa main.

Quand tout cela fut fait, le légat manda au comte Raimond que tout incontinent il vînt par devers lui en son concile, qui se tenait à Saint-Gilles en Provence. Le légat, à l'instigation de l'évêque de Toulouse, qui ne cessait de chercher à faire mal, avait assemblé en ce lieu un grand concile contre le comte Raimond pour lui ôter sa terre, nonobstant tous les accommodemens qu'on a dits et rapportés. Le comte Raimond y alla comme vrai fidèle et obéissant à l'Église, et s'y trouva, n'imaginant pas ce qu'ils voulaient faire. On débattit au long en ce conseil l'affaire pour laquelle il était assemblé. Les uns accusèrent et chargèrent le comte Raimond; les autres le justifièrent, alléguant son accommodement et l'absolution qu'il avait eue du saint Père, et aussi qu'il s'était présenté et se présentait encore comme vrai fidèle, obéissant à l'Église, et qu'on ne lui devait pas chercher querelle comme la lui cherchait le légat; que cela était chose mal faite, vu ce qu'il lui en coûtait; et que d'autre part, il avait remis au légat, de son bon gré, vouloir et volonté, le château de Narbonnais de Toulouse, qui était la plus forte place de tout le pays; et que ceci vu et considéré, le légat n'avait cause ni raison de le molester et le perdre, ainsi qu'il le faisait ou voulait faire. Il arriva par là que le concile se sépara pour cette fois sans rien faire; et le comte Raimond, averti de ce qui s'était passé, fit incontinent trousser et charger son bagage, et se mit en chemin pour retourner vers Toulouse, afin d'y donner ordre de pourvoir à toutes choses, car il voyait bien ce que le légat prétendait faire contre tout droit et raison, c'est-à-dire lui prendre malicieusement sa terre, ainsi qu'il en avait délibéré.

Comme le comte Raimond s'en retournait vers Toulouse, il trouva et rencontra à Narbonne le roi d'Aragon, son beau-frère, qui venait vers lui pour le voir; et après qu'ils eurent parlé ensemble et se furent festoyés un certain nombre de jours, ils se départirent, et le roi s'en retourna en son pays, bien dolent et plein de fâcherie de ce que son frère lui avait dit et raconté du légat, et de ce qu'il lui voulait faire. Quand donc le légat fut averti que le comte Raimond s'en était allé, il lui manda par un autre messager que tout incontinent et sans retard il eût à se trouver à Arles, où le concile devait se réunir; et le légat manda aussi au roi d'Aragon qu'il eût à s'y trouver sans y contredire, afin de voir et ouïr ce qui serait décidé et ordonné dudit Raimond. Quand le comte Raimond eut vu et entendu le messager qui était de nouveau venu vers lui de par le légat pour lui ordonner de se rendre incontinent et sans retard à Arles pour ouïr ce qui serait dit et déclaré contre lui, il se mit encore une fois en chemin pour aller trouver le légat et se rendre à Arles, toujours comme vrai fidèle, obéissant à l'Église; mais quelque obéissance qu'il montrât, toujours le maudit évêque de Toulouse ne cessait de chercher son mal et sa perte; donnant toujours à entendre que tout son pays était plein d'hérétiques, principalement Toulouse; et c'était à cause de cela et de ces discours que le pauvre comte Raimond était si fort persécuté et mal mené qu'on le raconte ici.

Or l'histoire dit que quand le comte Raimond fut arrivé à Arles, il trouva le roi d'Aragon déjà venu et arrivé. Il ne faut pas demander s'ils se firent bonne chère. Quand ils eurent demeuré un jour ou deux, ils allèrent se présenter au légat, lequel leur ordonna qu'ils eussent à ne point partir ni bouger d'Arles sans congé de lui ni de son concile, tant le roi que le comte Raimond, puis les renvoya et leur ordonna de se retirer en leur logis jusqu'à ce qu'il les mandât. Il fut tant procédé en ce concile, qui n'était assemblé que pour l'affaire du comte Raimond, que l'on y résolut ce qu'on va voir, et la résolution fut portée et envoyée au comte Raimond par un député du concile. Ils n'avaient osé la déclarer en audience publique, de crainte d'un soulèvement du peuple, car ils savaient bien que cette résolution était contre Dieu et la conscience. Elle contenait ce qui suit :

Premièrement, que le comte donnera congé incontinent à tous ceux qui sont venus lui porter aide et secours, ou viendront lui en porter, et les renverra tous sans en retenir seulement un seul;

Item, qu'il sera obéissant à l'Église, fera réparation de tous les maux et dommages qu'elle a reçus, et lui sera soumis tant qu'il vivra, sans aucune contradiction;

Item, que dans tout son pays il ne se mangera que de deux espèces de viandes;

Item, que le comte Raimond chassera et rejettera hors de ses terres tous les hérétiques et leurs alliés;

Item, que ledit comte baillera et délivrera entre les mains desdits légat et comte de Montfort, pour en faire à leur volonté et plaisir, tous et chacun de ceux qu'ils lui diront et déclareront, et cela dans le terme d'un an;

Item, que dans toutes ses terres, qui que ce soit, tant noble qu'homme de bas lieu, ne portera aucun vêtement de prix, mais rien que de mauvaises capes noires;

Item, qu'il fera abbattre et démolir en son pays jusqu'à ras de terre, et sans en rien laisser, tous les châteaux et places de défense;

Item, qu'aucun des gentilshommes ou nobles de ce pays ne pourra habiter dans aucune ville ou place, mais vivront tous dehors aux champs comme vilains ou paysans;

Item, que dans toutes ses terres il ne se paiera aucun péage, si ce n'est ceux qu'on avait accoutumé de payer et lever par les anciens usages;

Item, que chaque chef de maison paiera chaque année quatre deniers toulousains au légat, ou à ceux qu'il aura chargés de les lever;

Item, que le comte fera rendre tout ce qui lui sera rentré des revenus de sa terre, et tous les profits qu'il en aura eus;

Item, que quand le comte de Montfort ira et chevauchera par ses terres ou pays, ou aussi quelqu'un de ses gens, tant petits que grands, on ne lui demandera rien pour ce qu'il prendra, ni ne lui résistera en quoi que ce soit;

Item, que quand le comte Raimond aura fait et accompli tout ce que dessus, il s'en ira delà la mer pour faire la guerre aux Turcs et Infidèles dans l'ordre de Saint-Jean, sans jamais en revenir que le légat ne le lui ait mandé;

Item, que quand il aura fait et accompli tout ce que dessus, toutes ses terres et seigneuries lui seront rendues et livrées par le légat ou le comte de Montfort, quand il leur plaira.

Quand le comte Raimond eut vu et entendu ces conditions, il se prit à rire du grand divertissement qu'il en eut, et les montra à son beau-frère le roi d'Aragon, qui lui dit : « Vous en avez pour votre « compte. » Le comte Raimond donc, sans prendre ni demander congé du légat et du concile, partit d'Arles, prit la route de Toulouse, et le roi s'en alla aussi dans son pays. Dès que le comte Raimond fut arrivé à Toulouse, il fit incontinent une assemblée générale de la ville, tant les petits que les plus grands, et leur dit et montra à tous les conditions du légat, et les leur fit ouïr en plein auditoire, en sorte que tout le monde les entendît mot à mot, et sans qu'il y manquât rien, pas un mot seulement. Quand ces conditions eurent été lues et déclarées, et que le peuple les eut aussi bien entendues, il n'est pas besoin de demander s'ils furent tous courroucés et marris : chacun disait qu'avant d'y consentir il se laisserait écorcher tout vif; et quand le comte Raimond les entendit parler et dire ainsi, et vit d'autre part leur volonté, il fut grandement joyeux et content d'eux.

Tout ceci fait, le comte Raimond, leur seigneur naturel, leur dit qu'il voulait aller à Montauban, Castel-Sarrazin, et autres places qui tenaient pour lui, leur dire et montrer ces conditions pour demander et voir ce qu'ils voudraient faire. Il leur dit de tenir bonne garde et songer à leur affaire, afin de ne se pas laisser surprendre, et qu'en peu de temps il reviendrait vers eux. Il partit donc de Toulouse, et s'en alla à Montauban, et quand il y fut, dit aux gens de Montauban et leur déclara les conditions comme il l'avait fait à ceux de Toulouse.

Quand ils eurent entendu ces conditions, chacun d'eux lui dit et déclara que, plutôt que de faire telle chose ou d'y consentir, ils mangeraient leurs enfans; qu'ils avaient bon courage pour se défendre et garder du légat et de ses gens; que seulement le comte voulût tenir leur ville et y mettre garnison, dont le comte Raimond, quand il vit leur volonté, fut très-joyeux, et leur en sut très-bon gré.

Le comte Raimond voyant le vouloir et les bonnes dispositions de ses sujets, s'en retourna vers Toulouse; de là il écrivit à tous ses amis, alliés et sujets, que chacun voulût lui donner conseil et secours pour garder et défendre sa terre que lui voulaient ôter le légat et le comte de Montfort, et d'où ils le voulaient chasser, comme il le leur mandait tout au long, car il devinait bien ce que feraient le légat et le comte de Montfort, d'autant que toujours l'évêque de Toulouse les envenimait au lieu de les apaiser.

Quand les seigneurs à qui le comte Raimond avait écrit virent et entendirent ce que le légat et le comte de Montfort voulaient faire audit comte Raimond, lequel était grandement aimé et allié de tout le monde, les Basques et les gens de Béarn, et ceux de Comminges vinrent à son appel, et aussi le comte de Foix et les gens du pays de Carcassonne, car il y en avait encore beaucoup, et vint aussi Savary de Mauléon, lesquels arrivèrent amenant beaucoup de monde pour assister le comte Raimond.

C'était à l'entrée du carême que le comte Raimond rassemblait tant de monde. Or l'histoire dit que, pendant que le comte faisait ce qu'on vient de dire, le légat envoya vers le pays de France l'évêque de Toulouse, pour prêcher la croisade contre le comte Raimond, qui s'était, disait-il, révolté contre l'Église, et avait reçu en ses terres tous les hérétiques du pays, avec lesquels il voulait faire une grande guerre contre l'Église et le légat, ainsi qu'il avait déjà commencé, et avait tué et fait mourir une grande quantité des gens de l'Église; ce qu'ayant ouï, quelques seigneurs se croisèrent incontinent pour venir contre le comte Raimond, ainsi que l'avait prêché l'évêque qui, de par le légat et le saint Père, donnait à tous ceux qui se croiseraient l'absolution de tous leurs péchés. Lors se croisèrent le comte d'Auxerre, Robert de Courtenay, et l'évêque de Paris. Ils s'en vinrent vers l'évêque avec une grande armée de gens qu'ils avaient levés, et firent tant qu'ils arrivèrent à la cité de Carcassonne avec l'évêque, qui les menait et conduisait, vers le légat et le comte de Montfort, auprès desquels ils furent très-bien venus.

Quand Pierre Roger, capitaine de Cabaret, qui tenait en ses prisons le seigneur Bouchard, vit tant de gens venir au comte de Montfort, et aussi que le comte avait tout le pays en son pouvoir, il commença à s'ébahir et avoir peur. Il s'avisa donc qu'il tenait et avait tenu longuement prisonnier ledit Bouchard, et pensa que par son moyen il ferait sa paix et son traité avec le légat et le comte de Montfort, ce qu'il fit ; ainsi donc, sans avoir recours à aucun autre, Pierre Roger, capitaine de Cabaret, fit venir Bouchard devant lui, et lui parla en cette manière : « Seigneur Bouchard, « vous savez que vous êtes depuis long-temps pri- « sonnier sans que jamais homme au monde vous ait « secouru ni assisté en chose que ce soit, et vous « pourriez y être toute votre vie. Toutefois je me « suis imaginé que vous et moi nous pourrions être « grandement en la grâce et amitié du légat et du « comte de Montfort ; c'est à savoir que je remettrai « entre vos mains la place et le château pour les « tenir au nom du légat et du comte de Montfort, « pourvu que vous fassiez avec moi un accord et « traité à cette fin que je ne perde rien du mien, et « je leur promettrai de les bien servir envers et con- « tre tous. » Ce que Bouchard promit de faire en la forme et manière que Pierre Roger lui avait proposée. Tous deux promirent et jurèrent d'observer ledit accord, et incontinent Pierre Roger fit ôter les fers des pieds de Bouchard, qui les avait portés tant qu'il était demeuré prisonnier ; lui fit faire la barbe, le fit habiller bien et honnêtement, et l'envoya bien monté et bien accompagné vers le légat, à Carcassonne, où était toute l'armée. Quand le comte vit Bouchard de cette manière, il en fut ébahi, et lui demanda comment il était sorti de Cabaret ; Bouchard lui conta toute l'affaire comme elle s'était passée ; le comte de Montfort en fut très-joyeux et content, et en sut beaucoup de gré à Pierre Roger. Bouchard dit au comte de Montfort : « Seigneur, « j'ai promis et juré au capitaine que rien du sien ne « lui serait ôté, que tout ce qui s'était fait jusqu'ici

« lui serait pardonné, et qu'il serait pris à votre service;
« et il m'a promis aussi que, toutes et quantes fois que
« vous le voudrez, il vous baillera et livrera la place
« et le château sans aucun refus; ainsi avons-nous
« juré de tenir l'un à l'autre, et d'être dorénavant bons
« amis. » Le légat et le comte de Montfort furent bien
contens de faire et ratifier ces conventions en la forme et manière arrêtée entre Bouchard et le capitaine.
On en fit les lettres qui furent signées et scellées du
seing et sceau du légat et du comte de Monfort. Elles
furent envoyées par un écuyer à Pierre Roger, capitaine de Cabaret. Ils lui mandèrent qu'ils allaient venir, dont Pierre Roger fut bien joyeux et content, et fit
de grands préparatifs, tant de vivres que d'autres choses nécessaires, pour les recevoir. Le légat et le comte
de Monfort partirent donc avec tous les autres seigneurs de l'armée, et allèrent droit à Cabaret pour en
prendre possession. Le capitaine les reçut fort honorablement, et les mit dans la place, baillant au légat
les clefs de tout le château, comme chef et seigneur
de tout; dont le légat et le comte de Montfort le remercièrent bien grandement; et on mit dans la place
une bonne et forte garnison pour la garder et la défendre s'il était besoin.

Tout ceci fait, comme on vient de le dire, beaucoup
d'autres places se rendirent et se mirent, ainsi que
presque tout le pays, entre les mains du légat et du
comte de Montfort. Le légat s'en vint donc avec toute
son armée devers Lavaur pour s'en emparer. Cette cité
appartenait alors à une dame appelée Guiraude, qui
avait un frère, homme vaillant et hardi, appelé Aymeri (Amaury), seigneur de Mont-Réal et de Laurac-

le-Grand ; mais le légat et le comte de Montfort lui avaient enlevé et pris ces deux places, et lui avaient tué tous ses hommes, si ce n'est un petit nombre qui lui était demeuré : ce pourquoi Aymeri s'était retiré à Lavaur, devers sa sœur, avec une grande et bonne troupe qu'il avait formée. Le légat et le comte de Montfort arrivèrent donc devant Lavaur avec toute leur armée et y mirent le siége, car la ville était forte et grande, et bien entourée de fossés profonds; ce pourquoi le légat fut obligé de mettre le siége à l'entour. Mais il y avait dedans de bons et vaillans hommes, qui se défendaient bien contre le légat et son armée, lesquels tinrent le siége plus de six mois sans avancer le moins du monde, car alors les vivres étaient si rares qu'on n'en pouvait trouver pour argent, parce que les gens de Toulouse tenaient les passages fermés, tellement que les assiégeans ne pouvaient guère tirer du pays, et qu'ils souffraient beaucoup de mal et de faim; et, comme on l'a dit, Aymeri était dans Lavaur.

Or l'histoire dit que, pendant que le siége était devant Lavaur, une grande armée d'Allemands, qui était bien de six mille hommes, arriva pour donner secours au légat et au comte de Montfort. Ils s'allèrent loger à Mont-Joyre ou à l'entour, les uns près des autres, car ils marchaient serrés, étant en pays ennemi. Quelqu'un qui avait vu et épié lesdits Allemands s'en vint à Toulouse, où était pour lors le comte Raimond avec un grand corps de seigneurs et de gens, et ou était aussi le comte de Foix, homme vaillant et entreprenant, ainsi qu'il le fit voir : l'espion s'alla adresser au comte de Foix, et lui dit comment il avait vu les Allemands qui s'étaient logés à Mont-Joyre. Quand le comte de Foix eut ouï l'espion, incontinent et sans autre demeure il fit aller ses gens, par une belle nuit, à Mont-Joyre; et comme ils marchaient, les gens du pays, quand ils surent ce que c'était, se mirent avec le comte de Foix pour aller défaire les Allemands. Ils vinrent donc s'embusquer dans la forêt que les Allemands devaient traverser pour aller à Lavaur; et, comme on l'avait entendu dire, le lendemain matin, au soleil-levant, les Allemands délogèrent et tirèrent droit vers Lavaur, en passant par ladite forêt; mais ils n'avaient guère fait de chemin que le comte de Foix et tous ses gens tombèrent sur eux, et commencèrent de telle sorte à frapper sur lesdits Allemands, qu'il ne s'en échappa qu'un seul; tous les autres furent tués, blessés ou pris, et le comte de Foix et les gens du pays y gagnèrent de grandes richesses. Quand ce fut fait, le comte de Foix tira droit à Mongiscard avec le butin qu'il avait fait, et les gens du pays s'en retournèrent chacun en son endroit. Celui des Allemands qui s'était échappé, et ce fut une grande chose qu'il ne s'en pût sauver qu'un seul, s'en alla au siége de Lavaur, devers le légat et le comte de Montfort, leur dire et raconter la grande déconfiture qui leur était survenue à Mont-Joyre par le comte de Foix et ses gens, et que si on n'allait promptement leur donner secours, tout était perdu ou tué; ce qu'ayant ouï le légat et le comte de Montfort, ils firent incontinent armer et équiper bien quatorze mille hommes, et ils tirèrent droit vers Mont-Joyre pour secourir leurs gens. Qui put aller alla, et l'un n'attendait pas l'autre; mais ils arrivèrent trop tard, car le comte de Foix était parti, comme on l'a dit, et les gens du pays s'étaient retirés; le comte de Montfort, qui y était en personne, ne trouva homme à qui parler, si ce n'est les morts et les blessés, et c'était une grande pitié que de voir un tel massacre de gens. Le comte de Montfort fut très-désespéré quand il vit ce qu'avait fait le comte de Foix. Il fit charger sur force charrettes ceux qui étaient blessés, et non pas morts, et les fit porter au siége pour les faire panser et guérir; mais beaucoup en moururent, et le comte de Montfort demeura à Mont-Joyre pour faire enterrer les morts, afin que les bêtes ne les mangeassent pas.

Tout ceci fait, comme on l'a dit, le comte de Montfort s'en retourna au siége avec ses gens, si marri et courroucé qu'il ne le pouvait être davantage; et lorsqu'il fut arrivé au siége, il fit incontinent apprêter ses gens pour donner l'assaut à la ville, afin de se venger de ce que le comte de Foix lui avait fait à Mont-Joyre, ce qui fut environ la fête de la Sainte-Croix de mai. Tous les gens étant prêts, le comte de Montfort fit préparer la *guate*, ce qui était un engin pour lancer des pierres et abattre des murailles. Il la fit incontinent amener et tirer dans les fossés, et fit commencer à donner l'assaut, qui fut très-âpre. Ils se mirent les uns à miner les murailles et les tours, les autres à escalader pour entrer dedans, et firent tellement qu'ils entrèrent à toute force et s'emparèrent de la ville, nonobstant la défense que firent ceux qui étaient dedans, car il y avait de bons et vaillans hommes; et il en coûta beaucoup de gens au comte de Montfort avant qu'ils pussent entrer. Quand ils furent dedans et eurent pris la ville, ils firent une telle tuerie, un tel carnage, tant d'hommes que de femmes et de petits enfans, qu'ils ne laissèrent rien à mettre à mort, tant ils étaient courroucés de ce qui s'était fait à Mont-Joyre. Mais un noble homme, ainsi qu'il le montra bien, lorsqu'il vit cette tuerie, alla vers le comte de Montfort, et lui demanda qu'il lui voulût donner les dames qui s'étaient sauvées en un certain lieu avec leurs petits enfans, et le comte les lui donna pour en faire à son plaisir et volonté; lors ledit seigneur, comme noble homme qu'il était, alla prendre toutes ces femmes, tant vieilles que jeunes, et les donna en garde à une quantité de gens, leur défendant, sous peine de mort, de causer déshonneur à aucune d'elles, vieille ni jeune, et leur ordonnant qu'ils les gardassent bien et honnêtement de tout mal et dommage : ce qui fut fait.

Le comte de Montfort fit prendre bien quarante hommes des plus apparens de la ville, et les fit tous brûler hors la ville. Il fit prendre aussi Aymeri, frère de dame Guiraude, dame de Lavaur, et avec lui bien quarante chevaliers et gentilshommes, qu'il fit tous pendre et étrangler sur un gibet qu'il fit faire devant Lavaur; et il en fit faire un plus haut que tous les autres, auquel il fit attacher et pendre Aymeri, comme le plus grand de tous ; ensuite il fit prendre la dame de Lavaur, la fit descendre toute vive dans un puits, et fit jeter sur elle tant de cailloux qu'elle en fut toute couverte, et la fit ainsi mourir de male-mort dans le puits. Quand tout ceci fut fait, et que tous ceux qui étaient dans Lavaur furent tués ou morts, sans qu'il en restât un seul en vie pour échantillon, ce qui fut un plus grand massacre que celui de Mont-Joyre, le seigneur qui avait demandé les dames et les avait baillées en garde à ses gens leur donna congé de s'en aller là où il leur plairait, sans leur faire mal ni vilainie; ce qui fut une grande action de noblesse et courtoisie faite par ce seigneur à ces femmes. Toute la ville fut pillée sans y rien laisser, et on y trouva une grande richesse. Il y avait en la compagnie du comte de Montfort un homme riche et puissant, qui s'appelait de son nom Raimond de Salvagnac; il était de Cahors : c'était un marchand qui avait fourni de fortes sommes d'argent, en sorte que le comte lui était redevable de très-grosses sommes; il lui donna en paiement toute la dépouille de Lavaur, d'où il eut une très-grande et inestimable richesse.

Or l'histoire dit que quand tout ceci fut fait, comme je l'ai rapporté, le comte de Montfort prit tout le pays, places et châteaux d'alentour, dont il eut maintes et immenses richesses. Il alla droit au château de Montferrand, que tenait le frère du comte Raimond, appelé Baudouin, lequel était homme vaillant et hardi. La place n'était pas des plus fortes; il fit mettre le siége devant, et donna ensuite l'assaut pour la prendre s'il pouvait; mais le comte Baudouin, ni ceux qui étaient dedans, ne s'ébahirent de leur assaut ni de leur siége; mais ils se munirent et préparèrent bien pour défendre le château; on nommait ceux qui étaient avec le comte Baudouin dans la place : c'étaient le vicomte de Monclar, et un autre gentilhomme appelé Pierre, et Ponce Leroux de Toulouse, et Hugues Dubreuil, et Saint-Spasse, Raimond de Périgord, et autres, au nombre de quatorze seulement; mais c'étaient des hommes vaillans, ainsi qu'ils le montrèrent au comte de Montfort et à ses gens. Le comte fit donc mener, pour donner l'assaut, des calabres, pierriers, et autres engins pour abattre le château, et on commença à donner l'assaut; ils étaient plus de quatorze mille hommes; mais ceux de dedans se défendirent tellement qu'ils leur brisèrent et rompirent tous leurs pierriers et trébuchets, en telle sorte que ces engins ne furent plus jamais en état de servir. Ils firent tellement reculer les assiégeans hors des fossés où ils étaient entrés, qu'il en demeura beaucoup sur la place de cette première attaque, si bien qu'ils n'eurent plus envie de les assaillir. Quand le comte de Montfort vit qu'ils lui avaient ainsi rompu et brisé ses engins, lui avaient tué ses gens et les avaient repoussés de l'assaut, il fut grandement ébahi, considérant que la place n'était pas des plus fortes. Il s'informa donc de ceux qui étaient dedans; il lui fut dit que le frère du comte Raimond était capitaine de la place, et Montfort imagina qu'il n'était pas possible qu'il n'eût avec lui de vaillantes gens pour se défendre. Il manda donc au comte Baudouin, capitaine de la place, que, sur sa parole et foi de gentilhomme, il vînt lui parler. Baudouin, ayant ouï cette parole, sortit du château avec un de ses gens seulement, laissant les autres dedans, et vint droit au camp et au logement du comte de Montfort; celui-ci le reçut honnêtement et gracieusement; les salutations faites de part et d'autre, le comte de Montfort se prit à dire au comte Baudouin qu'ils avaient tous grande compassion de lui, ainsi que des gens qui étaient avec lui dans la place, car il lui semblait que son frère ne l'aimait guère, vu la place où il l'avait mis ainsi que ses compagnons; qu'il faisait bien voir qu'il les voulait faire mourir, car ladite place n'était pas forte ni de défense; que d'après tout cela, il serait obligé de se rendre à la fin, vu que tout le reste du pays, les places et les châteaux étaient tous entre ses mains, à lui comte de Montfort; qu'il consentait à ce que le comte Baudouin et les gens qu'il avait avec lui dans le château s'en allassent vie et bagues sauves, pourvu que le comte Baudouin promît et jurât que jamais il ne s'armerait contre le comte de Montfort, et n'irait contre lui ni directement ni indirectement : et le comte de Montfort lui promit que s'il voulait se ranger et tenir avec lui, il lui donnerait des terres et seigneuries pour s'entretenir selon son état, et lui ferait part de tout ce qu'il gagnerait : ce que le comte de Montfort faisait pour avoir meilleur prétexte d'attaquer le comte Raimond. Quand le comte de Montfort eut dit et exposé tout ceci, le comte Baudouin consentit de faire en tout selon que lui avait dit et proposé le comte de Montfort, et de lui bailler et délivrer la place et château; ils jurèrent et promirent des deux côtés ce qui était convenu. Le comte Baudouin bailla donc et délivra la place au comte de Montfort, s'en alla avec tous ses gens devers son frère le comte Raimond, et lui conta la chose ainsi qu'elle s'était passée. Quand le comte Raimond eut ouï cette affaire, il en eut si grande fâcherie que, s'il eût perdu toute sa terre, il n'eût pas été si marri ou courroucé; il leur dit donc qu'ils s'en allassent où ils voudraient et s'ôtassent de devant lui, et dit à son frère qu'il ne vînt ni ne se trouvât plus en lieu où il serait, que jamais il ne voudrait plus rien de lui puisqu'il s'était allié et accordé avec son ennemi mortel, et, ce qui était le pire, lui avait fait serment de fidélité. Après avoir dit ces choses à son frère, le comte Raimond s'en alla si courroucé et mal content que nul n'osait se montrer devant lui. Le comte Baudouin s'en alla à Bruniquel, qui appartenait à son frère ; le comte de Montfort tira vers Rabastens, Gaillac, Montagut, qui se rendirent et donnèrent à lui ; se rendirent également Lagarde, Puicelsi, Laguépie, Saint-Antonin : tout le pays se mit entre les mains et sous la domination du comte de Montfort. L'évêque d'Albi fut cause de toute cette soumission du pays, car il avait grandement travaillé pour le comte de Monfort, le pays étant tout plein d'hérétiques. Montfort voulut aller mettre le siége devant Bruniquel pour le prendre, mais le comte Baudouin vint devers lui et son armée, et demanda cette place à Montfort, car il n'avait pas d'autre lieu pour se retirer et demeurer. Montfort la lui donna et octroya pour en faire à son plaisir et commandement.

Or l'histoire dit que pendant que toutes ces choses se passaient, vint et arriva le comte de Bar avec une grande armée qu'il amenait pour donner secours au légat et au comte de Montfort. Le comte de Bar arriva et se logea à Mongiscard. Le comte de Montfort alla à Mongiscard trouver le comte de Bar, en belle et noble compagnie, le reçut, et après avoir séjourné à Mongiscard quatre ou cinq jours, ils en partirent et allèrent droit à l'autre armée, qui était, comme on l'a dit, au pays albigeois ; lorsqu'ils l'eurent rejointe, ils tinrent conseil, comme on l'a dit, au pays albigeois, et décidérent qu'ils viendraient mettre le siége devant Toulouse pour prendre la ville et en chasser le comte Raimond, car le légat et le comte de Montfort ne cherchaient qu'à avoir la guerre avec le comte Raimond; de quoi il était bien averti, et s'était pourvu de bonne heure de monde, parce qu'il lui fallait se défendre contre le légat et le comte de Montfort.

Le légat, les comtes de Montfort et de Bar, et d'autres, ayant parlé et délibéré ensemble en leur conseil, firent sans aucune demeure ce qu'ils avaient résolu; pendant qu'ils se préparaient et se mettaient en chemin, un espion, qui les avait vu faire, vint promptement à Toulouse devers le comte Raimond, auquel il dit et déclara tout ce qu'il avait vu et ouï, comment l'armée venait pour prendre Toulouse, et qu'ils pouvaient bien être près de Montaudran, car ils venaient par ce côté, afin de n'être pas aperçus. Quand donc le comte Raimond et les comtes de Foix et de Comminges, et beaucoup d'autres, eurent ouï ainsi parler le messager, ils en eurent grande joie, car ils ne desiraient autre chose que de se battre avec leurs ennemis; chacun donc, ainsi qu'il fut ordonné, s'arma et accoutra, et quand ils furent armés et accoutrés, ils se trouvèrent bien cinq cents chevaliers tous bien pourvus d'armes offensives et défensives, et bien montés, sans compter les autres gens de pied, tant de la commune de Toulouse que du dehors, dont il y avait un nombre infini, si bien qu'il paraissait que tous les gens du monde y fussent assemblés. Il sortit donc de Toulouse une belle compagnie en noble ordonnance, bien rangée et serrée, tant les gens de pied que de cheval, et marchèrent droit à Montaudran, bannières déployées; quand ils furent arrivés à Montaudran, ils se jetèrent sur ce point, les uns d'un côté, les autres d'un autre, et s'attaquèrent tellement pour l'emporter qu'il en passa beaucoup par le tranchant de l'épée, tant d'un parti que de l'autre, et qu'on ne savait qui avait du meilleur ou du pire. Quand le comte Raimond vit ce qui venait et arrivait continuellement de monde au comte de Montfort, il commença à faire retirer ses hommes dans le meilleur ordre qu'il fut possible, et ils reculèrent vers la ville toujours frappant et se battant; quand ils se virent près de la ville, ils se retournèrent contre leurs ennemis, et frappèrent si bien sur eux qu'en cet endroit ils en tuèrent bien vingt-trois; le fils du comte de Montfort, appelé Bernard, y fut pris : on le conduisit dans la ville de Toulouse, et on en tira une grande rançon et richesse; cette prise faite, ils se retirèrent dans la ville de Toulouse; et quand le comte de Montfort ouït dire que son fils avait été pris et conduit à Toulouse, il pensa enrager de colère et de tristesse. Voyant aussi que ceux de Toulouse avaient tué en se retirant beaucoup de ses gens, de grande colère et courroux il fit mettre le siége devant Toulouse; après avoir mis le siége, il tint conseil avec le comte de Bar et le légat, et le comte de Châlons qui était aussi venu à son secours, et ils délibérèrent d'aller donner l'assaut à la ville de Toulouse pour voir s'ils la pourraient prendre et conquérir. Ceux de la ville ne s'en ébahirent guère, mais ils munirent bien leur ville, ainsi qu'il était nécessaire en telle occasion, et chacun se mit en défense, car ils étaient gens vaillans à la défense s'il y en avait au monde, ainsi qu'ils le montrèrent bien au comte de Montfort et à ses gens. On dit volontiers que tel pense venger sa honte qui l'accroît : c'est ce qui arriva au comte de Montfort et à ses gens. Ils vinrent donc à couvert sous de grands boucliers de cuir bouilli, et commencèrent à donner l'assaut âprement et sans être ébahis ; mais ceux de la ville, comme des loups enragés de faim, sortirent bien armés et en bonne ordonnance, et vinrent frapper sur leurs ennemis, tellement que de première arrivée ils en tuèrent plus de deux cents, en blessèrent autant et plus, prirent cinq de leurs boucliers de cuir bouilli, et les firent grandement reculer au-delà du camp de siége ; le comte de Foix eut son cheval tué entre ses jambes ; on lui tua aussi un homme vaillant et hardi appelé Raimon et de Castelbon, qui fut fort regretté de tous ceux de la ville, car c'était un homme sage et vaillant. Ils se retirèrent pour cette fois chacun de son côté, car la nuit les surprit ; et quand le comte de Montfort vit qu'ils l'avaient ainsi rejeté hors de son camp et lui avaient tué ses gens, il en fut fort mal content et courroucé ; mais il n'y pouvait que faire. Quand il vit qu'il ne se pouvait venger de ceux de la ville, il fit armer une grande quantité de ses gens pour aller abîmer et détruire toutes les vignes et tous les blés alors sur terre ; et ce fut grande pitié de voir le mal qu'ils firent aux blés et aux vignes, car ils mirent tout à sac, et firent rompre et couper les vignes pour en faire de gros fagots, afin de combler les fossés de la ville.

Pendant que tout cela se passait, il y avait dans la ville un nommé Hugues d'Alfar, lequel était sénéchal d'Agénois, et aussi y était un de ses frères appelé

Pierre d'Arsis; ils avaient en leur compagnie beaucoup de gens vaillans; quand ils virent que les ennemis gâtaient ainsi et détruisaient les vignes et les blés, ils s'armèrent tous et s'en vinrent pour sortir sur eux. Le comte Raimond en étant averti vint à la porte par où ils voulaient sortir, et se mit en courroux de ce qu'ils voulaient ainsi sortir sur les ennemis, car il avait peur qu'ils ne le voulussent trahir. Quand ceux de la ville virent ceci, ils vinrent armés, accoutrés et bien montés, se joindre au sénéchal; et que le voulût ou non le comte Raimond, ils sortirent de la ville en bon ordre et bien serrés, et s'en allèrent attaquer le camp des assiégeans, de telle façon et manière qu'ils semblaient plutôt des diables sortis d'enfer que non pas des hommes. Ils rencontrèrent en arrivant un des gens du comte de Montfort, appelé Eustache de Canits, vaillant homme et fort aimé du comte de Montfort, et ils le tuèrent, et ils commencèrent à frapper de mieux en mieux, tellement que rien ne demeurait devant eux, que tous étaient tués ou blessés, et que c'était grande pitié de voir le carnage qu'ils faisaient des gens du comte de Montfort; et quand le comte de Foix vit que ses compatriotes se comportaient si bien et si vaillamment, il fit armer tout son monde, comme Béarnais, Navarrins et autres, tous braves hommes, sortit de la ville avec eux tous, et s'en alla joindre les autres qui se battaient. Quand ils furent tous rassemblés il leur prit encore plus grand courage que devant, et s'ils avaient bien frappé d'abord, ils allèrent bien mieux encore quand ils virent le secours que leur amenait le comte de Foix, et tous ensemble ils firent de sorte que tout était tué ou blessé, et que c'était grande pitié de voir comment il les menaient. Quand les gens qu'avait amenés le comte de Bar virent cette déconfiture, ils commencèrent à crier tant qu'ils purent : *A Bar! à Bar!* afin qu'on leur donnât secours; ceux qui étaient allés aux vignes et blés commencèrent d'arriver, et toute l'armée aussi se mit en mouvement quand elle entendit le bruit et le cri qu'avaient faits les gens du comte de Bar. Ceux de la ville voyant venir tant de monde, se contentèrent pour cette fois de ce qu'ils avaient fait dans cette sortie, et commencèrent à se retirer dans la ville avec ce qu'ils avaient pris et gagné. Quand le comte de Montfort vit le grand mal et dommage que lui avaient fait et lui faisaient tous les jours ceux de Toulouse, en lui tuant et blessant ses gens, il en fut à moitié désespéré d'autant qu'il n'y pouvait apporter remède; et d'autre part la disette était si grande au siége, qu'il n'était personne qui la pût supporter, car on payait deux sols un petit pain de ceux dont un homme aurait bien mangé cinq ou six à un repas sans être trop repu ni rassasié.

Voyant donc tout cela, et qu'ils ne pouvaient tirer vengeance de ceux de la ville, ils délibérèrent de lever le siége et de s'en aller détruire toute la comté de Foix sans y laisser chose au monde; mais avant de lever le siége ils allèrent achever de détruire toutes les vignes et blés qui étaient demeurés sur pied, afin que ceux de la ville ne s'en pussent aider ni servir; quand ils l'eurent fait, ils levèrent le siége [1] et plièrent bagage à leur grande confusion et déshonneur et avec grande perte de leurs gens, et allèrent droit

---

[1] En juillet 1211.

à la comté de Foix, parce que le comte de Foix, qui était dans la ville de Toulouse avec le comte Raimond, leur avait fait beaucoup de mal, tant au siége qu'à Mont-Joyre. Quand le siége fut levé, comme on l'a dit, le comte de Châlons prit congé du légat et des autres pour s'en retourner en son pays, car il voyait bien que le légat et le comte de Montfort n'avaient point bonne cause ni querelle pour manger le monde ainsi qu'ils le faisaient ; ce qu'il leur montra bien et dûment, exhortant le légat et le comte de Montfort à faire quelque bon traité avec les seigneurs qui étaient dans la ville. Le comte de Bar les en pria aussi. Ils étaient quasi tous d'accord de faire quelque bon traité, car chacun s'ennuyait de demeurer tant de temps de la sorte sans avoir aucun repos. D'autre part ils voyaient tous les jours mourir beaucoup de leurs gens, et quelques-uns savaient bien qu'ils n'avaient pas trop bonne querelle ni bon droit pour détruire ainsi le pays haut et bas, comme ils le faisaient. Le comte de Montfort et le légat se seraient volontiers accommodés, n'eût été le maudit évêque de Toulouse qui toujours empêchait l'accommodement, disant que toute la ville de Toulouse et les terres du comte Raimond étaient remplis d'hérétiques ; ce qui fut cause d'une grande destruction de gens et un grand péché et méfait audit évêque, car la plus grande partie des seigneurs et barons de l'armée voulaient bien que l'accommodement se fît, et il leur pesait fort de demeurer plus long-temps ainsi, vu que telle guerre n'était ni juste ni raisonnable. Le comte de Châlons prit donc congé de tous les seigneurs et barons et s'en retourna dans son pays.

L'armée tira vers la comté de Foix, où elle fit de grands maux et ravages, car partout où elle passait elle ne laissait rien de ce qui était sur terre, mais détruisait et gâtait tout; et quand elle eut séjourné un temps dans la comté de Foix, elle fut obligée d'en partir, car l'hiver était venu et commençaient les grands froids; force lui fut de s'en retourner et de laisser la comté, car elle n'y pouvait plus tenir ni demeurer à cause du grand froid qu'il y faisait.

Ils se retirèrent donc comme on vient de le dire : le légat vers Roquemadour avec une partie de l'armée, et le comte de Montfort vers la cité de Carcassonne avec une autre partie. Comme le légat s'en allait à Roquemadour, il passa à travers le pays qui est en avant de Casser, près Saint-Félix-de-Caraman. Là il fut averti par quelques-uns qu'il y avait dans une tour quatre-vingts ou cent hérétiques que les gens de Roqueville y avaient mis pour la garder et la sauver. Le légat alla avec ses gens donner l'assaut à cette tour, la prit ainsi que ceux qui étaient dedans, les fit tous brûler, et fit abattre et raser la tour ainsi que tout le bourg de Casser, sans y rien laisser. Quand il eut ainsi fait, il se retira à Roquemadour, et y passa tout l'hiver sans en bouger ni mouvoir.

Le printemps venu le comte de Montfort partit de Carcassonne et se rendit à Roquemadour pour aller chercher le légat et l'armée. Quand ils eurent séjourné un temps à Roquemadour, ils en partirent et vinrent à Gaillac et à Lavaur; mais le légat se sépara du comte de Montfort et passa à Albi et à Saissac, tandis que le comte passait, comme on l'a dit, à Gaillac et à Lavaur, et de là à Carcassonne pour y attendre le légat, car il voulait aller en Provence, ainsi qu'ils en avaient délibéré entre eux à Roquemadour.

Or l'histoire dit que pendant tout ceci et pendant que le légat allait et revenait, le comte Raimond fut averti, et que, ne pouvant savoir où les autres devaient aller frapper, il voulut se tenir prêt, afin qu'ils ne le surprissent pas au dépourvu et sans secours. Il manda donc à tous ses amis, alliés et sujets, que chacun lui voulût venir donner secours pour garder ses terres et la cité de Toulouse, car le légat et le comte de Montfort avaient de nouveau fait marcher leur armée et s'étaient mis aux champs, sans qu'on pût prévoir où ils voulaient s'attaquer; mais qu'il se doutait bien qu'ils voulaient venir sur lui, comme ils avaient fait l'autre fois; qu'il les priait donc de venir le plus tôt qu'ils pourraient. Quand ils eurent ouï le message du comte Raimond et vu les lettres, ils se mirent en chemin pour venir devers lui à Toulouse où demeurait et les attendait le comte Raimond; si grand fut le nombre des gens qui vinrent et arrivèrent pour donner secours au comte Raimond, que personne ne les saurait nombrer; et entre autres vint à son secours un nommé Savary de Mauléon, homme vaillant et sage, avec une belle et bonne compagnie de Gascons et autres gens fort adroits et vaillans; lequel Savary fut très-bien accueilli par le comte Raimond et les autres seigneurs qui étaient avec lui; et quand tous ses gens furent réunis, ils se trouvèrent bien plus de deux mille en bon état et bien armés.

Lorsqu'ils furent assemblés, ainsi qu'on l'a dit, ils délibérèrent entre eux, voyant que le comte de Montfort ni le légat ne venaient sur eux, d'aller assiéger le comte dans Carcassonne. Le comte Raimond fit donc charger une grande quantité de charrettes et de bêtes de somme de vivres et autres choses dont il avait besoin au siége. Il fit d'autre part charger des calabres, pierriers, trébuchets et toutes sortes d'engins, pour tirer contre la ville de Carcassonne, si elle ne voulait pas se rendre; puis ils se mirent en chemin, et tirèrent droit vers Carcassonne.

Le comte de Montfort fut averti de tout ceci, et que le comte Raimond avait la plus grande armée qu'on eût jamais vue, dont il fut fort ébahi, et non sans cause; d'autre part il sut que le comte Raimond faisait apporter une grande quantité d'engins pour battre et renverser les murs de Carcassonne. Il manda donc par tout le pays, et aussi aux garnisons, qu'il fallait que chacun se retirât devers lui à Carcassonne, et qu'il y avait grande hâte. Il manda aussi tous ses amis et alliés, lesquels vinrent devers lui; et quand ils furent tous assemblés à Carcassonne, ils tinrent conseil sur cette affaire, pour savoir s'ils devaient attendre le comte et son armée dans Carcassonne, ou ce qu'ils devaient faire; et il demanda que chacun voulût le conseiller et lui dire son avis. Un sage et vaillant homme, appelé Hugues de Lastic, lui répondit et lui dit : « Seigneur, mon « opinion n'est pas que vous vous teniez ici renfermé; « mais, si vous me voulez croire, vous irez là dehors « vers Fanjaux, les attendre et demeurer avec tous « vos gens au plus petit et faible château que vous « ayez dans ces quartiers. » Cette opinion sembla bonne au comte de Montfort et à tous les autres, pour montrer qu'ils ne craignaient guère le comte Raimond;

et fut fait ainsi que l'avait dit le seigneur de Lastic. Le comte de Montfort fit incontinent préparer et armer tous ses gens, et les fit marcher en belle ordonnance vers Castelnaudary, comme la place la plus faible qu'il eût en ce temps dans toute sa terre et seigneurie, et là il attendit avec tous ses gens l'arrivée de ses ennemis.

Le comte Raimond arriva à Castelnaudary avec son armée, car il était averti que le comte de Montfort l'y attendait avec tous ses gens; quand le comte Raimond fut arrivé à Castelnaudary, il déploya et fit dresser maints pavillons et tentes, tellement qu'il semblait que le monde tout entier fût là réuni, tant étaient grands le camp et l'armée des assiégeans. Il fit aussi déployer et mettre au vent maints étendarts et enseignes. Le siége établi et chacun logé selon son rang, le comte Raimond fit tendre un trébuchet pour tirer contre Castelnaudary. On le fit partir, et on tira si juste, que du coup furent abattues une tour et salle du château de Castelnaudary, dont s'ébahit fort le comte de Montfort et ses gens, qui étaient dans le château. Le comte de Montfort envoya donc chercher le sire Bouchard, qu'il avait laissé à Lavaur pour garder la ville et en être gouverneur. Quand Bouchard eut ouï le message de son seigneur, il se mit promptement en état pour le venir trouver avec deux cents hommes, entre lesquels était un fils du châtelain de Lavaur, homme vaillant et hardi s'il en était un dans le monde entier, et avec Bouchard vint aussi, de son bon gré et sans avoir été mandé, un autre vaillant et hardi gentilhomme, qui s'appelait Martin d'Algais, lequel menait avec lui vingt hommes bien armés et bien montés, et vaillantes gens ; tous vinrent trouver le comte de Montfort à Castelnaudary. Tandis qu'ils s'assemblaient, était venue au comte de Montfort une autre compagnie de gens bien armés et accoutrés, que lui amenaient l'évêque de Cahors et celui de Castres, lesquels venaient avec une bonne et grande armée soutenir le comte de Montfort.

Tandis que tous ces gens venaient ou se préparaient à venir, un messager arriva au comte de Foix, qui était au siége avec le comte Raimond, et lui dit comment il arrivait au comte de Montfort, vers le pays de Carcassonne, une grande quantité de vivres. Quand il eut ouï ce messager, il s'arma incontinent sans rien dire à personne, fit armer la plus grande partie de ses gens, et alla s'embusquer entre les Bordes et Castelnaudary pour y attendre ces vivres qui devaient passer. Comme on sut dans le camp que le comte de Foix s'en était allé pour enlever les vivres, la plupart des assiégeans s'armèrent et allèrent après lui; car chacun desirait d'être en sa compagnie, parce qu'il était le plus entreprenant de tous et le plus aventureux, en sorte qu'il ne demeura que peu de monde au siége, car il n'y restait que Savary de Mauléon.

Or l'histoire dit que, pendant que le comte de Foix s'était allé mettre en embuscade avec tous ses gens, le seigneur Bouchard venait de Lavaur avec tous les siens ; quand il fut près de Castelnaudary, il mit ses gens en bon ordre, et les fit marcher bien armés et bien serrés, et l'œil au guet; car, comme il était sage et vaillant homme, il se doutait de ce qui lui pouvait arriver, et il se fit précéder par ses éclaireurs pour découvrir s'il y avait par là quelqu'un d'embusqué. Lorsque les éclaireurs furent arrivés près de l'embuscade, l'ayant aperçue, ils reculèrent vers la compagnie et le capitaine, et dirent à Bouchard qu'ils avaient vu cette embuscade, que la troupe était forte, et ils lui dirent aussi où elle était. Bouchard ayant ouï ceci, fit serrer encore plus ses gens, leur dit et montra qu'il n'y avait pas de remède, sinon de bien faire tous tant qu'ils étaient, et de se défendre du mieux qu'ils pourraient, de ne s'en pas inquiéter, et d'avoir bon courage. Quand le comte de Foix vit et reconnut qu'il était découvert, il sortit de son embuscade avec tous ses gens, et s'en alla tomber droit sur Bouchard et les siens, en telle sorte et manière que qui l'aurait vu aurait dit que le monde allait prendre fin ; tous tombaient tellement, les uns morts, les autres blessés, que c'était grande pitié de les voir, car le comte de Foix ne cessa d'abattre et tuer gens ; aussi tous ceux qui le voyaient venir lui faisaient place, car ils ne pouvaient endurer ni supporter la grande frayeur qu'il leur faisait, vu que c'était un des plus vaillans hommes qui se pût trouver alors dans tout le monde : c'est pourquoi chacun le voulait fuir, et il fit tellement que Bouchard fut forcé de se retirer le mieux qu'il put ou sut, avec ce qu'il avait sauvé ou conservé de gens, quoiqu'on lui en eût tué ou blessé beaucoup.

Après cela, le comte de Foix, non content de ce qu'il avait fait à Bouchard et à tous ses gens, alla attaquer une grande compagnie de croisés français en garnison aux Bordes ; et le premier arrivé, Guiraud de

Pépieux[1], rencontrant un des croisés, gentilhomme et vaillant homme, lui donna un tel coup de lance qu'il le perça d'outre en outre; et quand il eut donné ce coup de lance, il commença à crier : *Foix! Foix! Toulouse!* et à les frapper de telle sorte qu'il les mena tuant et blessant. Mais le comte de Montfort, ayant appris comment le comte de Foix lui tuait ses gens aux Bordes, y envoya Bouchard avec une grande compagnie pour les secourir contre ledit comte, qui, lorsqu'il sut qu'un grand secours arrivait aux ennemis du côté de Castelnaudary, laissa les gens des Bordes, et alla contre le secours; et ils se ruèrent en telle façon les uns sur les autres, que de l'une et l'autre part il n'y avait pas un coup qui tombât à faux. Mais à la fin, Bouchard, capitaine du secours, fut forcé de s'enfuir, car autrement il serait demeuré sur la place. Le fils du châtelain de Lavaur y fut tué, ainsi que la plupart des gens de la troupe.

Quand donc Martin d'Algais, dont on a parlé ci-dessus, et l'évêque de Cahors, qui étaient avec le secours, eurent vu ceci, ils se mirent à fuir sans frapper un seul coup, et aussi vite qu'ils pouvaient, tellement qu'ils allèrent sans s'arrêter jusqu'à Fanjaux, et ainsi le champ de bataille demeura au comte de Foix. Quand les gens dudit comte virent que les ennemis s'étaient enfuis, ils voulurent dépouiller ceux qui étaient restés morts et blessés sur la place, et ce fut bien pour leur malheur et mésaventure; car tandis qu'ils s'occupaient ainsi au pillage, Bouchard, ayant rassemblé quelques-uns de ceux qui s'étaient enfuis, vint attaquer les pillards, tellement que la

---

[1] Le même que Pierre de Vaulx-Cernay appelle *Gérard* de Pépieux.

plupart d'entre eux demeurèrent morts sur la place pour faire compagnie aux autres. Pendant que Bouchard faisait ce carnage des gens du comte de Foix, survint le comte de Montfort avec un grand et puissant secours; et qui les eût tous vus alors donner et recevoir aurait bien pu dire qu'il n'avait jamais vu mieux faire, car des deux côtés ils se tuaient sans avoir merci les uns des autres, et tellement qu'on ne savait qui avait du meilleur ou du pire; toutefois y demeurèrent trois fils du châtelain de Lavaur, qui n'en avait pas d'autres; c'étaient des hommes très-vaillans, tellement qu'on disait que, dans toute la troupe du comte de Montfort, il n'y en avait pas de pareils à ces trois; et qui aurait vu alors les coups que portait le comte de Foix l'aurait bien dit chevalier sans reproche, car jamais Roland ni Olivier n'accomplirent en un jour plus de faits d'armes qu'il n'en fit alors. A force de frapper son épée se rompit entre ses mains, et alors arriva son fils, chevalier vaillant et hardi autant ou plus que son père, qui lui amenait un grand secours : il s'appelait Roger-Bernard. Quand il fut arrivé, il demanda qui avait du meilleur; et s'étant mis avec tous ses gens dans l'endroit de la plus grande presse, ils frappèrent de telle sorte qu'ils tuèrent et blessèrent ce qu'il y avait d'ennemis autour d'eux, et les firent reculer un grand bout de chemin. Roger-Bernard avait en sa compagnie un nommé le chevalier Porrade, et Sicard de Puy-Laurens, et un autre appelé Lagrue, lesquels étaient vaillans hommes s'il en fut dans tout le monde, et on ne connaissait point leurs pareils : la nuit les ayant surpris, ils furent forcés de se retirer chacun en son quartier, les uns à Castelnaudary, les autres à leur camp. Quand le comte de Foix fut arrivé audit camp, il trouva qu'on pliait les tentes et pavillons comme s'ils étaient tous tués; alors il se prit à demander pourquoi on levait le camp; et quand le comte Raimond l'ouït et le vit, il dit à Savary de Mauléon qu'on cessât de détendre les tentes et pavillons, et que chacun s'enfermât dans le camp; lequel était bien garni de fossés et entouré de charrettes et autres bagages, en sorte qu'il valait quasi une citadelle. Chacun des assiégeans s'arma donc et se mit en point, car ils pensaient que le comte de Montfort viendrait pour se venger, comptant que tous ces gens qui avaient combattu tout le jour seraient désarmés et se voudraient reposer, et que le camp ne serait pas très-gardé cette nuit-là; mais il fut bien frustré de son attente et entreprise, car personne ne s'était désarmé; ils avaient fait au contraire bien armer tous ceux qui étaient dans le camp avec le comte Raimond; ainsi tous étaient en armes, grands et petits, et tous à leur poste, car ils se doutaient bien de ce que ferait le comte de Montfort, croyant les prendre au dépourvu. Quand vint l'heure du premier somme de la nuit, le comte de Monfort sortit de Castelnaudary avec tous ses gens, et vint attaquer le camp, pensant que tout le monde y était endormi, et criant *Montfort!* comme s'ils eussent déjà tout pris et tué; mais les gens du camp les accueillirent si bien à leur arrivée, que tel était venu qui ne s'en est jamais retourné; et ils se mirent aussi à crier : *Toulouse! Foix! Comminges!* et firent en sorte et reçurent de telle manière leurs ennemis, que qui put s'en retourner s'en retourna vers Castelnaudary et de là où il put, car ils les accompagnèrent jusqu'aux portes de Castelnaudary. Quand tout ceci fut fait, et que chacun fut retiré, on avisa que tout incontinent on pliât tentes et pavillons, et que toute l'armée allât droit à Puy-Laurens et autres villes pour les recouvrer, car si on ne les reprenait alors on ne les reprendrait jamais; ainsi fut fait qu'il avait été dit. Les bagages furent pliés et troussés sans bruit, et l'on tira droit vers Puy-Laurens, dans lequel on entra malgré toutes les défenses de la garnison; et quand tout le pays apprit que le comte Raimond était dans Puy-Laurens, tous vinrent se rendre à lui, comme Gaillac, Rabastens, la Guépie, Saint-Antonin, Lagarde, Puy-Celsi, et toutes les autres places et villes d'à-l'entour. En cette manière fut réduit tout le pays, et rendu au comte Raimond, excepté Bruniquel, car le comte Raimond n'y voulut point aller à cause qu'il était tenu par son frère, qui était, comme on l'a dit, du parti du comte de Montfort.

Quand tout le pays fut rendu et remis au comte Raimond la nouvelle vint au comte de Montfort que le comte Raimond avait pris et recouvré tout le pays, et avait par toutes les places, tant grandes que petites, laissé de bonnes et grosses garnisons de ses gens, dont le comte de Montfort fut bien dolent et courroucé. Sur ce il fit armer tous ses gens, et les fit mettre en marche pour venir recouvrer le pays s'il pouvait, et vint droit à Cahusac qu'il prit et recouvra. Il y manda et fit venir le comte Baudouin qui était alors à Bruniquel, et lui fit dire que sans délai il vînt vers lui à Cahusac avec tout ce qu'il pourrait avoir et ramasser de monde. Le comte Baudouin, ayant ouï ce commandement, vint à Cahusac devers le comte de Montfort, et quand il y fut arrivé, et eut séjourné sept ou huit jours, ce qui se trouvait aux environs de l'Épiphanie [1], ils partirent de Cahusac et s'en allèrent droit à Saint-Marcel pour y mettre le siége. Quand ils furent arrivés à Saint-Marcel ils y mirent le siége, en quoi ils firent une grande folie, car ce siége coûta au comte de Montfort une grande dépense, et ne lui profita guère, car il le continua jusqu'aux fêtes de Pâques, et alors le leva avec grande perte et dommage, attendu qu'il y avait dans ledit Saint-Marcel une bonne garnison de gens vaillans, qui se défendaient bien, ainsi qu'ils le montrèrent à cette fois. D'autre part, la place était forte, et les vivres fort chers au siége, c'est pourquoi le comte de Montfort fut obligé de le lever.

Or il faut que vous sachiez que, tandis que le comte de Montfort allait et venait de cette manière, le comte Raimond et les comtes de Foix et de Comminges et autres seigneurs étaient à Montauban et Mirabel, et par le pays à l'entour. Il arriva alors une grande armée de croisés du pays d'Allemagne, et aussi de Lombardie et d'Auvergne, qui venait pour donner secours au comte de Montfort; de laquelle armée les gens du pays commencèrent à s'ébahir tellement que la plupart laissaient leurs habitations pour s'enfuir à Toulouse ou Montauban, car c'étaient les deux principales villes qu'eût alors le comte Raimond, et aussi les plus fortes de défense. Quand ceux qui étaient en garnison dans les places et châteaux virent que les gens du pays s'enfuyaient de cette manière, abandonnant leurs biens et habitations, ils en furent grandement

[1] En 1211.

ébahis, et chacun laissait et désemparait les garnisons et les places pour se sauver, chacun du mieux qu'il pouvait, comme on l'a dit, les uns vers Toulouse, et les autres vers Montauban; en telle sorte que le comte de Montfort recouvra une autre fois tout le pays et prit Saint-Marcel, car la garnison l'avait laissé et désemparé : le comte de Montfort le fit abattre et raser tellement qu'il n'y demeura pierre sur pierre.

Tout ceci fait, ils tirèrent vers Saint-Antonin, où ils entrèrent, et tuèrent en entrant bien trente hommes des plus apparens de la ville, pillèrent et dépouillèrent toute la ville, le couvent, les prêtres et les clercs, et enlevèrent tout sans y laisser chose au monde. Ils emmenèrent prisonnier le capitaine dudit Saint-Antonin, nommé Adémar Jourdain, et aussi le vicomte de Pons, et beaucoup d'autres avec eux. Le comte de Montfort laissa en garnison dans la ville le comte Baudouin, avec beaucoup de gens qu'il lui donna pour la garder et défendre; ensuite toute l'armée et le comte de Montfort marchèrent vers Penne pour y mettre le siége; et quand ils furent arrivés devant la ville, ils firent dresser des pierriers, calabres et autres engins pour assiéger la place, car elle était forte et imprenable. Le capitaine de cette place était un nommé Hugues d'Alfar, homme très-vaillant et hardi, du pays d'Aragon; et aussi était avec lui dans ladite place un nommé d'Ausas de Meynadier, et Bernard Bour, et Gérard de Monsabès, et beaucoup d'autres, tous gens vaillans et hardis. Le siége fut mis à l'Ascension; il tint jusqu'à la fin de septembre, et aurait tenu jusqu'au jour du jugement si l'eau ne se fût séchée et tarie dans la place; ce qui leur fut un grand mal et dommage ; et d'autre part venait et arrivait tant de monde au siége, que personne ne le saurait dire ni compter, car il y vint le frère du comte de Montfort, appelé le comte Gui, avec une grande compagnie et armée, et avec lui vinrent aussi le chantre de Paris, Foucault de Bresses [1], et beaucoup d'autres seigneurs et barons. Ce pourquoi force fut au capitaine d'Alfar, et à ceux qui étaient avec lui, de rendre la place; car ils n'avaient pas plus de nouvelles du comte Raimond que s'il eût été mort ou englouti dans un abîme. Ils eurent vie et bagues sauves, et purent s'en aller où il leur plairait. Le comte de Montfort étant donc entré dans cette place, il y mit une bonne et grosse garnison pour la garder, et fit lever le siége. Après la prise de Penne, le comte de Montfort fit marcher son armée à un château près de la mer, appelé le château de Biron, dont était capitaine un nommé Pierre Algais, lequel Algais s'était retourné vers le comte Raimond, et avait abandonné son seigneur, le comte de Montfort. Le château fut enfin pris par force, ainsi qu'Algais, que le comte de Montfort fit pendre et étrangler à un gibet, qu'il fit faire exprès, et le château fut donné en garde à Arnaud de Montaigu, vaillant homme.

Tout ceci fait, le comte de Montfort et toute son armée vinrent mettre le siége à Moissac pour le prendre, et quand ils furent devant Moissac, la comtesse de Montfort vint devers son seigneur, le comte de Montfort, car grand temps était qu'elle ne l'avait vu. La comtesse amena une belle et bonne compagnie de gens bien en point et bien armés, au nombre

[1] Ou de Brigier.

de quinze mille, que menait et conduisait le comte Baudouin, frère du comte Raimond. Quand les gens de Moissac virent venir un si grand secours au comte de Montfort, ils s'en ébahirent grandement et se seraient volontiers accommodés, s'ils l'avaient pu, avec le comte de Montfort; mais les hommes d'armes qui étaient dedans les en empêchaient. Ceux de Castel-Sarrasin et d'Agen avaient trouvé manière de s'accommoder avec le comte de Montfort, car ils comptaient bien que, si le comte Raimond pouvait en venir à ses fins, ils seraient bientôt revenus à lui. Le comte de Montfort tint conseil pour décider ce qu'on ferait, et si on donnerait l'assaut à la ville de Moissac. Le conseil décida que l'assaut serait donné incontinent, et on fit commencer les approches. Quand ceux qui étaient dans Moissac virent venir l'armée pour leur donner assaut, chacun s'arma et se mit en point; quand ils furent armés, ils sortirent en bon ordre et serrés, et vinrent attaquer les ennemis avec telle vigueur et puissance que, dans cette sortie, ils tuèrent et blessèrent beaucoup des assiégeans, et firent en sorte qu'ils les contraignirent de reculer de l'assaut. En cette occasion fut tué un gentil écuyer de la compagnie du comte Baudouin, lequel fut fort regretté. Quand ils se furent retirés, et que le comte de Montfort vit le grand dommage que lui avaient fait les gens de Moissac, il fut fort courroucé, et de la grande colère qu'il en eut, fit dresser des pierriers et calabres et un *boso*[1] pour tirer contre Moissac, afin d'en abattre les murailles; il fit tirer ses engins

[1] Probablement une machine de guerre du genre du bélier, et dont le nom est dérivé de *bos*, bœuf.

jour et nuit sans s'arrêter. Quand ceux de dedans virent en quelle façon il les attaquait, ils s'armèrent une autre fois et firent une sortie sur leurs ennemis, car ils aimaient mieux mourir en combattant vaillamment en plaine, qu'enfermés dans la ville. Ils allèrent donc une autre fois attaquer leurs ennemis, et firent en sorte qu'ils les obligèrent grandement à reculer, mirent le feu aux engins, en sorte qu'il n'en resta pas un seul petit, mais tous furent brûlés. Quand le comte de Montfort vit comment ils lui avaient brûlé ses engins et tué ses gens, il en fut à moitié désespéré, et, du grand courroux qu'il en eut, il se mit au plus épais contre les ennemis et les alla frapper, car il était homme vaillant et hardi, et commençait à faire merveille de son corps quand son cheval fut tué entre ses jambes, et il allait être pris, sans le grand secours qu'on lui vint donner, et il en avait bon besoin. Là fut pris par ceux de Moissac un neveu de l'archevêque, qui était en la compagnie du comte de Montfort; ils le tuèrent ensuite, ce qui fut grand dommage, et il en fut fait une grande vengeance, ainsi qu'on le dira. Chacun se retira de son côté, car ils étaient fort las et en désarroi, et on donna ordre de faire enterrer ceux qui étaient morts en cette sortie et de faire aussi guérir et panser les blessés.

Pendant que tout ceci se passait, venait devers Cahors un grand secours au comte de Montfort; et quand le comte de Foix, qui était à Montauban, apprit la venue de ce secours, il sortit hors de la ville, et alla au-devant avec une grande quantité de gens qu'il avait fait armer. Il courut sur eux, et commença à frapper de telle sorte qu'ils furent contraints de se retirer en quelque lieu fortifié, et mandèrent, à Moissac, au comte de Montfort ce qui leur arrivait. Quand il sut l'état où se trouvaient ceux qui venaient lui donner secours, il fit promptement armer une grande quantité de gens, et les donna au comte Baudouin pour les conduire et aller soutenir les autres; quand le comte de Foix sut et vit qu'il venait de Moissac un si grand secours, il se retira devers Montauban; et le comte Baudouin étant allé à l'endroit où s'étaient réfugiés les autres, il les mena à Moissac.

Lorsqu'ils furent arrivés au siége, le comte de Montfort fit donner une troisième fois l'assaut, plus fort et plus âpre que jamais, et fit tirer un *chat*[1] et des trébuchets qu'il avait fait faire nouvellement, et qui tiraient tellement sans cesser, qu'ils ne laissaient ni tours ni murailles debout; c'était grande pitié de voir les maux et ruines que faisaient ces engins, car ils mirent à terre un grand pan de mur. Lors les gens de Moissac se commencèrent fort à ébahir; ils mandèrent donc au comte de Montfort que, s'il leur voulait donner vie et bagues sauves, ils lui rendraient la ville, car ils n'avaient aucune nouvelle du comte Raimond, ce pourquoi force leur était de rendre la place, car ils ne pouvaient plus tenir contre une si grande armée, ne recevant secours de nulle part au monde. Le comte de Montfort leur répondit qu'ils fissent du mieux qu'ils pourraient, car il n'en recevrait pas un seul à merci, et qu'ainsi ils n'avaient qu'à se bien défendre; il manda d'autre part aux habitans

---

[1] Sorte de machine de guerre.

de la ville que, s'ils ne lui rendaient pas tous ceux qui tenaient dedans pour le comte de Montfort, il les ferait tous, tant grands que petits, mourir de malemort.

Quand les habitans de Moissac eurent ouï ce que leur mandait le comte de Monfort, ils tinrent conseil sur cette affaire, et résolurent de mander au comte de Montfort que le lendemain, lorsque la garnison ne serait point sur ses gardes, il eût à faire approcher ses gens tout près de la ville, et qu'ils les y feraient entrer sans faute. Le lendemain, à l'heure convenue entre eux, comme la garnison n'était pas sur ses gardes, ceux de Moissac mirent dedans la ville les gens du comte de Montfort; on commença donc à crier, *Montfort! Montfort!* et à tuer le monde, c'est-à-dire ceux de la garnison, dont un seul ne fut reçu à merci. Ils étaient bien trois cents hommes, hardis et vaillans, et ce fut grand dommage de faire mourir de si braves gens; mais c'était en haine de ce qu'ils avaient tué le neveu de l'archevêque, après l'avoir fait prisonnier. Quand tout ceci fut fait, et la ville entre les mains du comte de Montfort, les habitans se mirent à rançon près du comte, et il en coûta à leur ville cent marcs d'or pour se racheter.

Moissac ainsi pris, le comte de Montfort y mit bonne garnison pour la garder et défendre; et quand le pays sut que tout s'était rendu, il se soumit tout entier à l'obéissance du comte de Montfort. Le comte ayant pris possession de toutes les places qui s'étaient rendues à lui, donna à Verles d'Encontre Castel-Sarrazin; Montaut au comte Baudouin; et à Pierre de Saisi, Verdun-sur-Garonne; de cette manière, il récompensa ceux de ses hommes qui l'avaient bien servi, et tout ceci fait, ceux à qui le comte de Montfort avait donné des places y mirent, chacun pour son compte, de bonnes garnisons, et ensuite l'armée partit, et s'en alla à Montauban pour tâcher de le prendre si on le pouvait, et y mettre le siége. Le fils du comte de Foix, appelé Roger-Bernard, y était arrivé avec cent chevaliers, gens vaillans et hardis; car le comte de Foix s'en était allé à Toulouse avec le comte Raimond et celui de Comminges, et de là était parti avec une grande quantité de gens pour aller à la comté de Foix, qu'ils reprirent toute entière sur les gens que le comte de Montfort y avait laissés en garnison. Tous ceux de la garnison furent tués, tant par le comte de Foix que par les gens du pays, qui se révoltèrent dès qu'ils surent que leur seigneur naturel était dans le pays, tellement qu'il ne demeura place ni château qui ne fussent repris pour le comte de Foix, et il se mit dans le château de Saverdun, et s'y tint jusqu'au temps où vint le comte de Montfort, ainsi qu'on le verra.

Or l'histoire dit que le comte de Montfort alla mettre le siége devant Montauban pour le prendre, à ce qu'il croyait; mais cela ne lui était pas possible, car la ville était forte et bien entourée de fossés et de bonnes murailles : ce pourquoi les gens du dedans ne le craignaient guère; d'ailleurs l'hiver approchait, et il n'était pas possible qu'on pût long-temps tenir le siége, comme en effet on ne le put. Incontinent il vint un message au comte de Montfort pour lui dire que, s'il n'allait promptement secourir ses gens dans le comté de Foix, tout y était perdu, car le comte de

Foix y était entré, et tuait et blessait les gens, prenait villes et châteaux, en sorte que tout était perdu s'il n'y allait promptement. Quand le comte de Montfort ouït ce message, il en fut marri, car s'il gagnait d'un côté, il perdait de l'autre. Il fit donc incontinent lever le siége, tira vers le comté de Foix avec toute son armée, et alla tant qu'il entra dans ledit comté. Le comte de Foix, averti que le comte de Montfort venait avec toute son armée, quitta Saverdun, et s'alla mettre et retirer au château de Foix, où il demeura. Le comte de Montfort et son armée reprirent donc tout le comté de Foix, excepté le château et la ville de Foix, qui était imprenable, tant par la force du lieu que par les gens qui étaient dedans avec le comte de Foix pour le défendre; quand le comte de Montfort alla l'attaquer, ceux qui étaient dedans lui montrèrent bien ce qu'ils savaient faire. Ledit comte voyant qu'il n'en pouvait aucunement venir à bout, s'en retourna à Pamiers, rassembla un grand conseil et parlement, pour faire dresser des usages et coutumes, dont il fit maintes chartes, afin qu'il en fût mémoire au temps à venir, ainsi qu'elles subsistent encore à présent.

Tout ceci fait, tous les seigneurs et barons qui étaient avec le comte de Montfort prirent congé de lui, et chacun se retira en sa demeure et terre, car l'hiver arrivait; ce pourquoi force était que chacun se retirât. Quand le comte de Montfort eut donné ordre en tout et pour tout, tant aux garnisons qu'aux autres choses, il tira vers la cité de Carcassonne, où il fut le bien-venu. Chacun s'étant retiré chez soi, Verles d'Encontre s'en alla à Castel-Sarrazin, qui lui avait été donné par le comte de Montfort, et les autres se retirèrent aussi dans les places et châteaux qu'il leur avait de même donnés. Le fils du comte de Foix était alors à Montauban, et, par un jour d'hiver, il s'en alla avec grande quantité de gens faire une course de Montauban à Castel-Sarrazin, et travailla si bien qu'il fit un grand butin, tant de gens que de bestiaux qu'il emmenait à Montauban; mais Verles d'Encontre en fut averti, et fit armer quantité de monde pour aller secourir cette prise; quand ils furent armés, ils sortirent de Castel-Sarrazin, et poursuivirent de si près les gens du fils du comte de Foix, qu'ils les atteignirent près de Montauban, et firent tant qu'ils recouvrèrent le butin, et la plupart des gens qu'on emmenait; après quoi chacun se retira de son côté. Cinq ou six jours après, le fils du comte de Foix alla faire une autre course tout près d'Agen, et prit plus de butin qu'il n'en pouvait mener ni conduire. Verles d'Encontre étant encore averti cette fois, alla au-devant des autres, et la rencontre fut si vive qu'il y eut beaucoup de gens tués et blessés des deux côtés. Verles d'Encontre fut renversé à terre et son cheval tué; il allait être pris sans un nommé le seigneur Moreau qui le vint promptement secourir et remonter; autrement il eût été emmené prisonnier à Montauban. Quand Verles fut remonté, qui l'eût vu frapper eût bien pu le dire vaillant homme, car il mit tous ses ennemis en fuite, et les déconfit tellement qu'il les fit fuir jusqu'aux portes de Montauban, et s'y renfermer, et qu'il leur reprit le butin sans en rien perdre. L'histoire dit qu'en ce temps le roi d'Aragon d'alors, dont nous avons déjà parlé, ouït dire la persécution que le comte de Montfort faisait souffrir à son beau-frère le comte Raimond. Il fit donc mettre en point et armer pour lui donner secours mille chevaliers des plus vaillans et hardis qu'il eût en toutes ses terres, et tous bien montés; puis il s'en vint par deçà les monts avec lesdits chevaliers.

Sur ces entrefaites, et pendant qu'il venait, le comte Raimond ayant appris que dans le Pujol, près de Toulouse, il y avait une garnison de croisés lesquels tous les jours couraient sur le pays et y faisaient beaucoup de maux, dit qu'il était d'avis qu'on allât les en ôter, et tous les habitans de la ville furent de même opinion. Le comte Raimond fit donc armer tous ses gens, et alla droit au Pujol y mettre le siége. Il y fit porter beaucoup de fagots pour remplir et aplanir les fossés, afin de donner l'assaut. Lorsqu'ils furent arrivés au pied des fossés pour donner l'assaut, ceux qui étaient dedans se défendirent vaillamment, car c'était quasi la fleur des croisés, et firent tellement qu'ils forcèrent les autres à reculer des fossés. Quand le comte Raimond vit qu'ils se défendaient ainsi, il envoya chercher à Toulouse des calabres, pierriers et autres engins pour détruire les murailles du Pujol. Dès que lesdits engins furent arrivés, il les fit dresser et mettre en point et tirer contre les murs du Pujol; ils abattirent un grand quartier de muraille. Alors ils donnèrent l'assaut, qui fut très-âpre et dur, et firent tellement qu'ils entrèrent dedans. Quand ils furent entrés, le comte Raimond fit prendre tous ceux qui étaient dedans, de façon que pas un seul n'en échappa, et il en fit bien pendre et étrangler, devant la porte du Pujol, soixante des plus apparens, et fit tuer tous les autres, en sorte qu'il n'en échappa pas un seul. Il fit abattre et raser le Pujol, tellement qu'il n'y demeura pas pierre sur pierre. Alors vint au comte Raimond un messager qui lui apprit que le comte Gui, frère du comte de Montfort, venait avec une grosse et grande armée pour donner secours aux gens du Pujol. Quand le comte Raimond eut ouï ce que lui dit le messager, il se remit en marche vers Toulouse, où il arriva fort allègre et joyeux de ce qu'il avait fait.

Quand le comte de Montfort eut ouï ce que le comte Raimond avait fait de ses gens du Pujol, il en fut si marri et courroucé que personne n'osait se présenter devant lui; et de la grande colère qu'il en eut, il se mit à pleurer, ce qu'il n'avait jamais fait pour aucune autre perte; dont tous ses gens furent fort ébahis le voyant ainsi pleurer.

L'histoire dit que pendant ce temps le roi d'Aragon était arrivé avec tout son monde, et était allé mettre le siége devant Muret que tenaient alors les croisés, car le comte de Comminges était alors à Toulouse avec le comte Raimond. Le roi d'Aragon manda donc au comte Raimond qu'il lui vînt promptement donner du secours à Muret, car il le tenait assiégé avec tous les gens qui étaient dedans. Quand le comte Raimond eut ouï ce que lui mandait le roi d'Aragon, il assembla incontinent tout son conseil, et y vinrent tous les capitouls de la ville, et les comtes, seigneurs et barons; il leur dit et montra comment le roi d'Aragon lui était venu donner secours avec une belle compagnie de gens qu'il avait amenés, avait assiégé Muret, ainsi que les gens qui étaient dedans, et lui avait mandé par son messager, lequel était là présent, qu'on lui allât porter secours et assistance. Quand le conseil eut ouï ce que le comte Raimond lui voulut dire et montrer, chacun fut d'opinion qu'on allât promptement secourir le roi, vu que de son bon vouloir il était venu porter un tel secours au comte Raimond et aux autres seigneurs et barons. Lors donc que le comte Raimond eut ouï la réponse du conseil, il fit armer tous ses gens, et fit crier à son de trompe que tout homme eût à s'armer et apprêter pour aller donner secours à Muret audit roi d'Aragon. Le cri ayant été fait, on eût vu s'armer et apprêter tous ceux qui étaient alors dans Toulouse, et vous auriez cru que le monde allait périr et prendre fin, tant était grand le bruit qui se faisait à cette heure. Quand tout le monde fut armé et mis en point, le comte Raimond fit charger tous les engins qui étaient dans la ville, pour les porter à Muret. A cette réunion se trouvèrent le comte de Foix, celui de Comminges et tous leurs gens; et tant de monde était alors assemblé que personne n'aurait pu compter ni estimer tout ce qui était là réuni; et ils s'en allèrent droit à Muret. Quand toute l'armée que menait le comte Raimond fut arrivée, vous les auriez vus se faire grande chère les uns aux autres; savoir, les gens du roi d'Aragon à ceux des comtes de Toulouse, de Comminges et de Foix; et lesdits seigneurs se firent aussi grand accueil. Quand ils se furent bien accueillis et festoyés, on tint conseil pour savoir comment se devait gouverner l'affaire, et il fut conclu qu'on donnerait l'assaut à Muret. On fit donc dresser les pierriers et autres engins, et on les fit tirer nuit et jour sans cesser contre ledit Muret, tant que c'était grande pitié de voir le mal qu'ils faisaient ; et ceux qui étaient dedans Muret commencèrent à s'en ébahir et avoir grand'peur. Les assiégeans étant venus donner l'assaut à une des portes, ceux du dedans se défendirent bien et vaillamment ; mais nonobstant leur résistance ils entrèrent dans la ville, et commencèrent de frapper et tuer tous ceux qu'ils pouvaient rencontrer. Ceux donc qui se purent sauver se retirèrent dans le château, lequel était fort et de défense, ainsi qu'on le put voir en cette occasion.

Alors vint le roi d'Aragon qui fit reculer les assiégeans, leur fit cesser l'assaut et la tuerie, et rentrer dans leur camp, ce qui fut à ce roi une grande folie, car il s'en repentit ensuite, comme on le dira. La raison pourquoi il fit quitter l'assaut fut que chacun lui venait dire que le comte de Montfort arrivait avec une grande troupe pour secourir ceux de Muret, et que, vu le grand nombre des assiégeans, on pourrait ainsi prendre le comte de Montfort avec tous ses gens, quand ils seraient enfermés dans Muret avec ceux qui étaient déjà dedans. Mais il en alla tout autrement que n'avait pensé le roi, car, s'il avait laissé continuer ce qui était commencé, on aurait pris Muret avec ceux qui étaient dedans, ce qu'il ne put faire ensuite, et il s'en repentit trop tard ; mais on dit bien souvent que *beaucoup reste à faire de ce que l'on espère*. Tandis donc qu'ils étaient, comme on l'a dit, retirés dans leur camp, on vit de l'autre côté de l'eau beaucoup d'enseignes et d'étendards déployés au vent ; c'étaient les étendards et enseignes du comte de Montfort, qui venait avec une belle compagnie et armée pour secourir les gens de Muret. Il passa le pont avec tout son monde, et entra dans la ville par le marché sans qu'homme vivant cherchât à s'y opposer ; et le comte de Montfort étant arrivé, ceux qui s'étaient retirés, comme on l'a dit, dans le château, en sortirent et vinrent au-devant de leur seigneur.

Le comte de Montfort commença à se reposer, et les gens de Muret à lui raconter le siége et comment on leur était venu donner l'assaut, et la grande tuerie et pillerie qu'on avait faite ; de quoi il fut très-courroucé et marri. Pendant que le comte de Montfort était en cet entretien avec ses gens dans Muret, le roi d'Aragon pensa que puisque le comte de Montfort était arrivé, comme on l'a dit, il lui fallait donner l'assaut, vu que le comte de Montfort et ses gens devaient être lassés et fatigués, et qu'on les devait prendre à cette heure ou jamais. Ils allèrent donc donner l'assaut à Muret. Le comte de Montfort et ses gens se défendirent bien et vaillamment sans être ébahis en rien, et firent en sorte qu'ils les repoussèrent de l'assaut, et les obligèrent à se retirer dans leur camp ; quand ils s'y furent retirés, ils étaient si las qu'ils n'en pouvaient plus, et ils se mirent à manger et à boire sans faire sentinelle nulle part, et sans se douter de rien. Le comte de Montfort, voyant le tapage qui était dans le camp, fit incontinent armer tous ses gens sans bruit, et quand ils furent tous armés et accoutrés, il fit mettre les capitaines en tête et ils sortirent par la porte de Sales en bon ordre et serrés, et marchèrent le plus à couvert qu'il leur était possible, afin que ceux du siége ne les aperçussent pas. Le comte fit trois bandes de ses gens : la première avait pour capitaine Verles d'Encontre, la seconde Bouchart, et le comte lui-même était à la tête de la troisième. Ils vinrent en cet ordre attaquer le camp en criant : *Montfort! Montfort!* en telle sorte que le comte Raimond et le roi d'Aragon furent grandement ébahis quand ils virent venir ainsi leurs ennemis sur eux, car tous ceux qu'ils rencontraient ils les renversaient morts par terre, et semblaient plutôt tigres et ours affamés que gens raisonnables. Le roi d'Aragon, voyant ses ennemis travailler en cette façon, s'arma promptement et monta à cheval avec tous ses gens, criant : *Aragon! Aragon!* et les autres : *Toulouse! Foix! Comminges!* et sans tenir aucun ordre ni règle allait qui pouvait au bruit et aux coups. Quand donc le comte de Montfort vit ainsi ses ennemis sans ordre, il commença à les attaquer de telle sorte qu'il les tuait et blessait, et les menait si bien que c'était grande pitié de voir la quantité de gens qui tombaient par terre, les uns morts, les autres blessés. Ayant rencontré le roi d'Aragon, ils tombèrent sur lui, et ledit roi, voyant la grande tuerie et déconfiture que l'on faisait de ses gens, se mit à crier tant qu'il put : *Aragon! Aragon!* mais malgré tous ses cris lui-même y demeura, et fut tué sur le champ de bataille avec tout son monde; il n'en échappa aucun, et ce fut une grande perte que la mort de ce roi. Quand donc le comte Raimond et ceux de Foix et de Comminges virent toute cette déconfiture, et surent que le roi était mort, ils prirent la fuite, et se sauva qui put devers Toulouse; ils abandonnèrent leur camp sans en rien emporter, et les gens de Toulouse y firent une grande perte.

Il y périt aussi beaucoup de monde de Toulouse, car se sauvait qui pouvait.

Quand le comte Raimond et les autres qui étaient avec lui se furent retirés dans Toulouse avec tout leur monde, le comte de Montfort prit et emporta tout ce que ceux de Toulouse avaient laissé dans leur camp ; il y trouva une grande richesse, dont il s'empara, et il se retira dans Muret sans faire autre chose pour cette fois.

Le comte Raimond, ceux de Foix et de Comminges s'étant retirés, comme on l'a dit, ils tinrent conseil, et le comte Raimond montra la grande perte qu'ils avaient faite au siége de Muret tant en hommes qu'en autres choses, et de laquelle il était si fort ébahi qu'il ne savait que faire ni que dire; en sorte qu'il se vit forcé de s'en aller par devant le saint Père pour lui dire et montrer ce que le comte de Montfort lui faisait tous les jours, à lui et aux autres seigneurs qui étaient avec lui. Il leur dit donc de bien garder la ville, s'ils le pouvaient; qu'autrement, quand il s'en serait allé lui et les autres seigneurs qui étaient avec lui, si le comte de Montfort venait sur eux, qu'ils fissent du mieux qu'ils pourraient avec lui jusqu'à ce qu'il fût revenu de là où il allait; lors il partit de Toulouse avec les seigneurs qui étaient près de lui, et prit son chemin droit vers Rome.

Or l'histoire dit que, quand le comte Raimond fut parti de Toulouse, les capitouls et habitans de cette ville tinrent conseil pour voir comment ils se devaient gouverner en cette affaire, vu que leur seigneur et les autres les avaient ainsi laissés sans aucun chef ni gouverneur pour les garder ou défendre, et que le comte de Montfort était si proche. Il fut conclu dans ledit conseil que, puisque leur seigneur les avait ainsi abandonnés et s'en était allé, ce que pour l'avantage de la ville et des habitans ils avaient de mieux à faire était d'envoyer vers le comte à Muret, où il était et se tenait à cette heure, cinq ou six des plus apparens de la ville pour lui dire et montrer comment le comte Raimond et les autres seigneurs s'en étaient allés et les avaient laissés sans leur rien dire, ce pourquoi la ville et ses habitans se voulaient donner à lui, et qu'il lui plût les recevoir à merci, et tenir et garder sans leur rien faire perdre du leur, et qu'ils promettaient de lui être dorénavant bons et loyaux sujets.

Quand donc le conseil eut été tenu et conclu, comme on vient de le dire, on donna charge à six des plus apparens de la ville d'aller à Muret faire cette ambassade auprès du comte de Montfort de la manière qu'on l'a dit. Ils s'acheminèrent donc vers Muret en belle et noble compagnie, et trouvèrent le comte de Montfort; et étant arrivés devant lui, la salutation faite par eux audit comte, ils lui déclarèrent leur message et ambassade de point en point, comme ils en étaient chargés; et le comte de Montfort écouta bien au long tout ce qu'ils voulurent lui dire.

Lorsqu'ils eurent dit et déclaré toute leur affaire et mission, le comte leur répondit qu'il exposerait cette affaire à son conseil et l'offre qu'ils lui faisaient, et qu'après avoir pris l'opinion de son conseil, il leur ferait réponse. Il ordonna donc aux ambassadeurs de ne pas bouger de Muret sans avoir sa réponse, qu'il promit de leur donner à un jour marqué.

Quand le comte de Montfort eut fait aux députés cette réponse qu'on vient de dire, et tandis qu'il les retenait, il envoya incontinent ses messagers en France vers le fils du roi qui régnait alors, et lui fit savoir, par ses lettres et messagers, comment le comte Raimond et le roi d'Aragon et autres seigneurs avaient été déconfits et défaits par lui à Muret; il lui manda les choses comme elles s'étaient passées, et aussi comment après cette déconfiture le comte Raimond et ses alliés s'en étaient allés et enfuis, laissant et abandonnant la ville de Toulouse et ses habitans; que les habitans avaient envoyé une députation devers lui à Muret, le priant et suppliant de les prendre à merci eux et leur ville, et d'avoir pitié d'eux; Simon priait et suppliait le fils du roi qu'il lui plût venir, afin qu'il eût l'honneur de prendre la ville, car il retenait les ambassadeurs à Muret jusqu'à ce qu'il eût sa réponse.

Le fils du roi, ayant ouï ces nouvelles, fit sans autre demeure et sans délibérer apprêter tout son train, et vint dans le pays avec une grande et belle compagnie. Arrivé à Muret, il y reçut grand accueil et fut le très-bien-venu du comte de Montfort et autres qui se trouvaient avec lui, et après que ledit fils du roi se fut reposé, ils tinrent conseil sur la réduction de Toulouse et sur la réponse à faire aux députés qui avaient été long-temps à Muret à l'attendre. Après donc avoir tenu conseil, on fit réponse aux ambassadeurs que le comte de Montfort consentait, d'après le désir du fils du roi de France qui s'était trouvé à Muret, à prendre à merci la ville de Toulouse et ses habitans, et à venir vers eux. Cette réponse faite, les députés eurent congé de s'en retourner à Toulouse. Le comte leur assigna le jour où il viendrait prendre possession de Toulouse. Les ambassadeurs s'en retournèrent et rapportèrent à Toulouse tout ce qu'ils avaient fait, ainsi que le jour où le comte de Montfort devait venir vers eux en la compagnie du fils du roi de France, qu'il avait envoyé chercher, afin qu'il fût à la prise et réduction de la ville. Quand vint le jour marqué et déterminé où le comte de Montfort devait se rendre à Toulouse, les plus apparens de la ville se préparèrent et allèrent au-devant de lui pour le recevoir et lui faire honneur. Le comte entra donc dans Toulouse avec toutes ses forces et toute sa compagnie, et y fut fort bien accueilli tant des petits que des grands. Quand le comte eut pris possession de Toulouse, et qu'il vit que tous ses gens étaient logés dans la ville, et qu'il fut maître de tout, après qu'il se fut reposé quelques jours, il assembla son conseil, auquel furent le fils du roi de France, le légat et l'évêque de Toulouse, appelé Foulques. On y délibéra de choses et d'autres, et on y débattit la condition demandée par ceux de Toulouse quand leurs députés étaient venus rendre leur ville et eux-mêmes, savoir qu'on ne leur ôterait rien de leurs mains, et qu'on les traiterait humainement et bénignement sans leur faire aucune extorsion ni violence. A quoi l'évêque de Toulouse répondit et fut d'opinion que, puisque le comte était maître de la ville et des habitans, qui lui avaient fait tant de mal au temps passé, il fallait mettre le feu à tous les coins de ladite ville, en telle sorte qu'il n'y demeurât pierre sur pierre, et qu'on en gardât mémoire à tout jamais;

et la plupart de ceux du conseil furent de cette opinion, excepté le comte de Montfort, lequel dit qu'il n'était pas d'avis de faire ainsi que l'avait dit et opiné l'évêque; mais que son opinion était qu'il fallait combler et aplanir les fossés de la ville, raser les murailles jusqu'à terre, ainsi que toutes les fortifications qui étaient dans la ville, en sorte qu'elle n'eût plus aucune défense que le château de Narbonnois, où lui-même ferait sa demeure et résidence. Cette opinion fut tenue pour la meilleure, et ainsi fut fait et exécuté tout incontinent. Ce fut grande perte et dommage que cette démolition et destruction tant des murailles que des fortifications. La démolition finie, comme on l'a dit, et quand le comte de Montfort eut fait tout ce que bon lui sembla, le fils du roi s'en alla et retourna vers son père, d'où il était venu, prenant congé du comte de Montfort, du légat et des autres seigneurs qui étaient avec eux. On lui donna de grandes richesses du pillage qui avait été fait dans Toulouse; et quand il fut revenu en France, se fut reposé et eut séjourné quelques jours, il s'en alla devers son père, avec qui étaient à cette heure de grands princes, et il leur conta et dit toute l'affaire du comte de Montfort et ce qui s'était fait; il dit de point en point et comment le comte Raimond s'en était allé et enfui, et qu'on ne savait où il était allé ni par où il avait tourné; et comment ceux de Toulouse s'étaient donnés au comte de Montfort, et la grande destruction qu'avait faite le comte après cette reddition.

Quand le roi de France eut ouï ainsi parler son fils, et appris la démolition et destruction que le comte avait faites à Toulouse, et que le comte Raimond s'en était allé, il fut grandement marri, dolent et courroucé de ce que son fils lui avait conté, et principalement de ce qu'il s'était trouvé en cette affaire, comme il l'avait dit devant les princes et barons, lesquels étaient pour la plupart parens et alliés du comte Raimond. Le roi partit donc, et se retira en son logis sans faire semblant de rien, mais seulement il dit à ses barons et princes : « Seigneurs, j'ai encore espérance « qu'avant qu'il ne tarde guère le comte de Montfort « et son frère, le comte de Gui, mourront à la peine, « car Dieu est juste, et il permettra que ces comtes y « soient tués et y périssent, parce que leur querelle « n'est ni bonne ni juste. » Mais malgré toutes les paroles et démonstrations du roi auxdits princes et barons touchant cette affaire, ils étaient grandement courroucés et indignés contre le roi et son fils; et le roi eut quelque crainte qu'il ne s'ensuivît plus de bruit et de mal, car il voyait tous ces princes courroucés et furieux de ce que son fils avait dit et conté du comte Raimond et des habitans de Toulouse.

Or l'histoire dit que, pendant que tout ceci se passait, le comte Raimond s'en était allé à Rome en compagnie du comte de Foix et de celui de Comminges, et autres seigneurs. Quand ils eurent séjourné et se furent reposés à Rome, ils s'allèrent présenter devant le saint Père; et d'un autre côté arriva dans Rome un fils du comte Raimond, que le roi d'Angleterre avait nourri un temps et depuis sa jeunesse. Ce fils, ayant eu connaissance des vexations que le comte de Montfort faisait éprouver à son père, et étant aussi averti comment son père s'était retiré vers le saint Père, à Rome, avec les autres seigneurs et princes de sa compagnie, demanda congé au roi d'Angleterre, lequel était grandement son parent et de son sang, pour s'en aller devers son père, à Rome. Quand le roi eut ouï la volonté du fils du comte Raimond, et aussi le grand tort et les vexations que lui faisait le comte de Montfort, il en fut grandement courroucé et marri. Il donna donc congé au fils du comte Raimond d'aller devers son père à Rome, et lui bailla une belle et noble compagnie pour aller avec lui, et aussi lui bailla de grands trésors, et écrivit au saint Père comme si le fait l'eût concerné, et lui recommanda grandement l'enfant et l'affaire du comte Raimond, autant et plus que s'il se fût agi de lui-même : tout ceci fait, le fils du comte Raimond prit congé du roi et de toute sa cour, se mit en chemin, et fit tant par mer et par terre qu'il arriva à Rome ; il y trouva son père, lequel lui fit un grand accueil quand il sut sa venue, car il y avait long-temps qu'il ne l'avait vu ; et quand ils se furent festoyés et reposés, ils s'en allèrent tous devers le saint Père, qui tenait pour lors son conseil, où étaient tous les cardinaux et autres prélats : quand ils furent arrivés devant le saint Père, chacun d'eux se mit à deux genoux en terre, et le fils du comte Raimond présenta ses lettres de la part du roi d'Angleterre au saint Père, qui se les fit lire. Il fit ensuite lever debout le comte Raimond et les autres seigneurs qui étaient avec lui et le comte Raimond lui commença à dire et montrer toute son affaire, et le grand tort que lui faisaient le légat et le comte de Montfort, nonobstant tous les accommodemens ou accords qu'il avait faits ou passés auparavant avec le saint Père. Quand il eut fait et montré bien au long toute son affaire comme elle était, au saint Père et à son conseil là présent, le comte de Foix commença ensuite de son côté à dire et montrer au saint Père le grand mal que lui avaient fait et lui faisaient tous les jours le légat et le comte de Montfort, en lui ôtant et pillant sa terre du comté de Foix, et que c'était grande pitié de voir et ouïr tout ce qui se faisait chaque jour, lesquelles choses étaient œuvres de tyrans plutôt que d'autres hommes. Le comte de Comminges fit ensuite sa plainte, ainsi que les autres l'avaient faite auparavant, disant et montrant au saint Père ce que lui faisaient tous les jours son légat et le comte de Montfort, et qui était bien plutôt œuvre de diables que de gens raisonnables, car ils ne faisaient que tuer et piller tout le monde, ce que la sainte Église ne devait faire ni souffrir, vu et considéré que lui et les siens avaient toujours été soumis et véritablement obéissans à l'Église, ainsi qu'on le pouvait bien voir par les accommodemens faits et conclus au temps passé.

Quand le saint Père eut entendu la plainte de chacun desdits princes et seigneurs, et aussi eut vu les lettres que le roi d'Angleterre lui avait écrites en faveur du comte Raimond, il fut grandement courroucé et mal content contre le légat et le comte de Montfort, vu les accommodemens faits et passés entre lui et lesdits seigneurs, lesquels accommodemens faisaient foi; et ils lui en donnèrent prompte exhibition, disant et montrant au saint Père qu'il ne devait soutenir ni souffrir de pareilles choses ni extorsions. Un des cardinaux qui était au conseil prit donc la parole et dit et montra au saint Père le pape et au conseil, qu'en ce qu'avaient dit et montré les seigneurs et princes ils n'avaient en rien failli ni fait mensonge, car chacun d'eux avait baillé et livré les meilleures places qu'ils eussent en leurs seigneuries entre les mains de l'Église, en signe d'obéissance et sujétion : « C'est pourquoi, seigneur, dit-« il, tu ne dois pas souffrir qu'il leur soit fait tort et « outrage puisqu'ils viennent vers toi chercher refuge, « ainsi que tu le peux voir et connaître, car s'il en « était autrement, on ne se voudrait plus rendre ni « retirer vers toi; » et quand ledit cardinal eut fini de parler, il y eut l'abbé de Saint-Ubéry, lequel dit et montra au saint Père comment tout ce que les princes et seigneurs avaient dit et montré, et aussi ce qu'avait dit le cardinal, était entièrement vrai; que le légat et le comte de Montfort leur faisaient grand tort, ainsi qu'il a été dit et montré ci-dessus, et qu'il en savait bien la vérité. Alors se leva l'évêque de Toulouse nommé, comme on l'a dit, Foulques, qui était au conseil, et prit la parole contre le cardinal et l'abbé, et montra et donna à entendre au saint Père tout le contraire de ce qu'ils avaient avancé, disant que le comte de Foix, là présent, ne se pouvait excuser et ne pouvait nier que toutes ses terres ne fussent pleines d'hérétiques; la preuve de cela, c'est qu'on avait pris et abattu le château de Monségur, et qu'on en avait fait brûler tous les habitans; que de plus la sœur du comte de Foix avait fait mourir son mari de malemort à cause desdits hérétiques, ce pourquoi elle était demeurée quatre ans dans Pamiers sans en oser sortir, et que l'hérésie s'était ac-

crue et multipliée grandement dans cette ville à cause de ladite sœur du comte. « D'autre part, le comte de
« Foix, ajouta-t-il, ne saurait nier que lui et le comte
« Raimond n'aient occis et tué des serviteurs lesquels
« allaient pour te servir et donner secours à ton légat au
« siége de Lavaur, non plus que le meurtre et carnage
« de gens qui se fit à Mont-Joyre, où l'on tua bien
« six mille hommes sans qu'il en échappât un seul. »

Le comte de Foix répondit à ce que l'évêque avait dit et exposé contre lui, que quant à ce qu'il avait avancé touchant le château de Monségur, jamais il n'en avait été maître ni seigneur, car son père en mourant l'avait donné à sa sœur, afin qu'elle en fût dame et maîtresse; que s'il y avait eu au château de Monségur quelques hérétiques, ou qu'il y en eût alors, ce n'était pas sa faute, et qu'il ne devait pas porter peine ni payer pour sa sœur. « Et quant à ce qu'il
« dit, ajouta le comte, que moi et monseigneur le
« comte Raimond nous avons occis et tué vos gens et
« serviteurs, on ne pourra jamais trouver pour vrai
« que nous ayons tué aucun des serviteurs de la sainte
« Église, ni leur ayons fait aucun outrage ; car ceux
« qui ont été tués à Mont-Joyre n'étaient pas serviteurs
« de l'Église, mais un tas de ribauds et larrons qui
« pillaient et volaient le pauvre monde, ainsi qu'il
« sera trouvé pour vrai ; c'est pourquoi, seigneur, en
« ce que vous dit le sieur évêque de Toulouse, vous
« êtes grandement déçu et trompé ; car, sous ombre
« de bonne foi et amitié, il ne fait que trahir le pau-
« vre monde en ses paroles feintes et cauteleuses ; ses
« faits et gestes sont plutôt œuvres diaboliques qu'au-
« trement, ainsi qu'il se peut reconnaître pour vérité,

« car, par son instigation et malice, il a fait détruire,
« piller et dépouiller ladite ville de Toulouse, et fait
« mourir de malemort plus de dix mille personnes;
« car votre légat et le comte de Montfort, c'est tout une
« et même chose. »

Quand le comte de Foix eut fini son discours, lequel avait été bien écouté par le saint Père et son conseil, s'avança un grand seigneur et baron, lequel dit et montra au saint Père comment le légat et le comte de Montfort lui avaient pris et ôté toute sa terre, sans savoir comment ni pourquoi; que c'était grande pitié que le mal et ruine que le légat et le comte de Montfort faisaient tous les jours souffrir aux uns et aux autres, et que ce qu'ils faisaient n'était pas acte de légat et de comte de Montfort, mais faits et gestes de larrons et meurtriers du monde; « car c'est grande
« pitié, dit-il, de voir le monde qu'ils tuent et font
« tuer tous les jours dans le pays où ils sont. Aussi il
« est impossible d'endurer telles gens et leurs faits, si
« on n'y met et donne quelque remède. » Après que celui-ci, nommé de Villemur, lequel parla fort sagement, eut exposé son grief, s'avança un autre baron appelé Raimond de Roquefeuille, lequel dit et montra la grande trahison et ruine du défunt comte de Béziers, et la manière dont ils l'avaient fait mourir, avaient pillé et détruit sa terre, ce qui fut un grand dommage et perte pour tout le monde, car jamais le vicomte n'avait été hérétique, et ne les avait reçus chez lui, ainsi qu'on le trouverait vrai; mais le grand légat l'avait fait par grande malice et envie, ainsi qu'on l'a déjà dit.

Quand le saint Père eut entendu tout ce que lui

voulurent dire les uns et les autres, il jeta un grand soupir : puis s'étant retiré en sa demeure et en son particulier avec son conseil, les seigneurs se retirèrent aussi en leur logis, attendant la réponse que leur voudrait faire le saint Père.

Quand le saint Père se fut retiré, vinrent devers lui tous les prélats du parti et de la famille du légat et du comte de Montfort, qui lui dirent et montrèrent que, s'il rendait à ceux qui étaient venus recourir à lui leurs terres et seigneuries, et les voulait croire en ce qu'ils lui avaient dit, il ne fallait plus que personne se mêlât des affaires de l'Église, ni fît rien pour elle. Quand tous les prélats eurent dit ceci, le saint Père prit un livre, et leur montra à tous comment, s'ils ne rendaient pas lesdites terres et seigneuries à ceux à qui on les avait ôtées, ce serait leur faire un grand tort, car il avait trouvé et trouvait le comte Raimond fort obéissant à l'Église et à ses commandemens, ainsi que tous les autres qui étaient avec lui. « Pour laquelle raison, dit-il, je leur donne « congé et licence de recouvrer leurs terres et seigneu- « ries sur ceux qui les leur retiennent injustement. » Alors vous auriez vu lesdits prélats murmurer contre le saint Père et les princes, en telle sorte qu'on eût dit qu'ils étaient plutôt gens désespérés qu'autrement; et le saint père fut tout ébahi de se trouver en tel cas que les prélats fussent émus comme ils l'étaient contre lui.

Quand le chantre de Lyon d'alors, qui était un des grands clercs que l'on connût dans le monde, vit et ouït lesdits prélats murmurer en cette sorte contre le saint Père et les princes, il se leva, prit la parole

contre lesdits prélats, disant et montrant au saint Père que tout ce que les prélats disaient et avaient dit n'était autre chose sinon une grande malice et méchanceté combinée contre lesdits princes et seigneurs, et contre toute vérité; « car seigneur, dit-il, tu sais
« bien, en ce qui touche le comte Raimond, qu'il t'a
« toujours été obéissant, et que c'est une vérité qu'il
« fut des premiers à bailler ses places en tes mains et
« ton pouvoir, ou celui de ton légat. Il a été aussi un
« des premiers qui se sont croisés ; il a été au siége de
« Carcassonne contre son neveu le vicomte de Béziers,
« ce qu'il fit pour te montrer combien il t'était obéis-
« sant, bien que le vicomte fût son neveu, de laquelle
« chose aussi ont été faites des plaintes. C'est pour-
« quoi il me semble, seigneur, que tu feras grand tort
« au comte Raimond, si tu ne lui rends et fais rendre
« ses terres, et tu en auras reproche de Dieu et du
« monde, et dorénavant, seigneur, il ne sera homme
« vivant qui se fie en toi ou en tes lettres, et qui y
« donne foi ni créance, ce dont toute l'Église militante
« pourra encourir diffamation et reproche. C'est pour-
« quoi je vous dis que vous, évêque de Toulouse,
« vous avez eu grand tort, et montrez bien par vos
« paroles que vous n'aimez pas le comte Raimond ni
« aussi le peuple dont vous êtes pasteur, car vous
« avez allumé un tel feu dans Toulouse, que jamais
« il ne s'éteindra ; vous avez été la cause principale
« de la mort de plus de dix mille hommes, et en fe-
« rez périr encore autant, puisque, par vos fausses
« représentations, vous montrez bien persévérer en
« les mêmes torts; et par vous et votre conduite la
« cour de Rome a été tellement diffamée que par tout

« le monde il en est bruit et renommée; et il me
« semble, seigneur, que pour l'appétit d'un seul homme
« tant de gens ne devraient pas être détruits ni dé-
« pouillés de leurs biens. »

Le saint Père pensa donc un peu à son affaire; et
quand il eut pensé, il dit : « Je vois bien et reconnais
« qu'il a été fait grand tort aux seigneurs et princes qui
« sont ainsi venus devers moi; mais toutefois j'en suis
« innocent, et n'en savais rien; ce n'est pas par mon
« ordre qu'ont été faits ces torts, et je ne sais aucun
« gré à ceux qui les ont faits, car le comte Raimond
« s'est toujours venu rendre vers moi comme vérita-
« blement obéissant, ainsi que les princes qui sont
« avec lui. »

Alors donc se leva debout l'archevêque de Narbonne. Il prit la parole, et dit et montra au saint Père
comment les princes n'étaient coupables d'aucune
faute pour qu'on les dépouillât ainsi, et qu'on fît ce
que voulait l'évêque de Toulouse, « qui toujours,
« continua-t-il, nous a donné de très-damnables con-
« seils, et le fait encore à présent; car je vous jure la
« foi que je dois à la sainte Église, que le comte Rai-
« mond a toujours été obéissant à toi, seigneur, et à
« la sainte Église, ainsi que tous les autres seigneurs
« qui sont avec lui; et s'ils se sont révoltés contre ton
« légat et le comte de Montfort, ils n'ont pas eu tort;
« car le légat et le comte de Montfort leur ont ôté
« toutes leurs terres, ont tué et massacré de leurs gens
« sans nombre, et l'évêque de Toulouse, ici présent,
« est cause de tout le mal qui s'y fait; et tu peux bien
« connaître, seigneur, que les paroles dudit évêque
« n'ont pas vraisemblance de vérité, car si les choses

« étaient comme il l'a dit et donne à entendre, le comte
« Raimond et les seigneurs qui l'accompagnent ne
« seraient venus vers toi, comme ils l'ont fait, et
« comme tu le vois. »

Quand l'archevêque eut parlé, vint un grand clerc appelé maître Thédise, lequel dit et montra au saint Père tout le contraire de ce que lui avait dit l'archevêque de Narbonne. « Tu sais bien, seigneur, lui dit-il, et
« es averti des très-grandes peines que le comte de
« Montfort et le légat ont prises nuit et jour avec
« grand danger de leurs personnes, pour réduire et
« changer le pays des princes dont on a parlé, lequel
« était tout plein d'hérétiques. Ainsi, seigneur, tu sais
« bien que maintenant le comte de Montfort et ton
« légat ont balayé et détruit lesdits hérétiques, et pris
« en leurs mains le pays ; ce qu'ils ont fait avec grand
« travail et peine, ainsi que chacun le peut bien voir ;
« et maintenant que ceux-ci viennent à toi, tu ne peux
« rien faire ni demander justement à ton légat. Le
« comte de Montfort a bon droit et bonne cause pour
« prendre leurs terres ; et si tu les lui ôtais maintenant,
« tu lui ferais grand tort, car nuit et jour le comte de
« Montfort se travaille pour l'Église et pour ses droits,
« ainsi qu'on te l'a dit. »

Le saint Père ayant ouï et écouté chacun des deux partis, répondit à maître Thédise et à ceux de sa compagnie, qu'il savait bien tout le contraire de leur dire, car il avait été bien informé que le légat détruisait les bons et les justes, et laissait les méchans sans punition, et grandes étaient les plaintes que chaque jour il lui venait de toutes parts contre le légat et le comte de Montfort. Tous ceux donc qui tenaient le parti du légat et du comte de Montfort se réunirent et vinrent devant le saint Père lui dire et le prier qu'il voulût laisser au comte de Montfort, puisqu'il les avait conquis, les pays de Bigorre, Carcassonne, Toulouse, Agen, Quercy, Albigeois, Foix et Comminges : « Et s'il arrive, seigneur, lui dirent-ils, « que tu lui veuilles ôter lesdits pays et terres, nous « te jurons et promettons que tous nous l'aiderons et « secourrons envers et contre tous. »

Quand ils eurent ainsi parlé, le saint Père leur dit et répondit que, ni pour eux, ni pour aucune chose qu'ils lui eussent dite, il ne ferait rien de ce qu'ils voulaient, et qu'homme au monde ne serait dépouillé par lui ; car, en pensant que la chose fût ainsi qu'ils le disaient, et que le comte Raimond eût fait tout ce qu'on a dit et exposé, il ne devrait pas pour cela perdre sa terre et son héritage, car Dieu a dit de sa bouche « que le père ne paierait pas l'ini- « quité du fils, ni le fils celle du père, » et il n'est homme qui ose soutenir et maintenir le contraire ; d'un autre côté il était bien informé que le comte de Montfort avait fait mourir à tort et sans cause le vicomte de Béziers pour avoir sa terre ; « car, ainsi « que je l'ai reconnu, dit-il, jamais le vicomte de Bé- « ziers ne contribua à cette hérésie ; il était alors trop « jeune, et on ne parlait pas de telle chose, et je « voudrais bien savoir entre vous autres, puisque vous « prenez si fort parti pour le comte de Montfort, quel « est celui qui voudra charger et inculper le vicomte, « et me dire pourquoi le comte de Montfort l'a fait « ainsi mourir, a ravagé sa terre et la lui a ôtée de cette « sorte? » Quand le saint Père eut ainsi parlé, tous ses prélats lui répondirent que bon gré malgré, que ce fût bien ou mal, le comte de Montfort garderait les terres et seigneuries, car ils l'aideraient à les défendre envers et contre tous, vu qu'il les avait bien et loyalement conquises.

L'évêque d'Osma voyant ceci, dit au saint Père : « Seigneur, ne t'embarrasse pas de leurs menaces, « car je te dis en vérité que l'évêque de Toulouse est « un grand vantard, et que leurs menaces n'empê- « cheront pas que le fils du comte Raimond ne re- « couvre sa terre sur le comte de Montfort. Il trou- « vera pour cela aide et secours, car il est neveu du « roi de France, et aussi de celui d'Angleterre et « d'autres grands seigneurs et princes. C'est pour- « quoi il saura bien défendre son droit, quoiqu'il soit « jeune. »

Le saint Père répondit : « Seigneur, ne vous in- « quiétez pas de l'enfant, car si le comte de Montfort « lui retient ses terres et seigneuries, je lui en don- « nerai d'autres avec quoi il reconquerra Toulouse, « Agen et aussi Beaucaire ; je lui donnerai en toute « propriété le comté de Venaissin, qui a été à l'Em- « pereur ; et s'il a pour lui Dieu et l'Église, et qu'il « ne fasse tort à personne au monde, il aura assez de « terres et seigneuries. » Le comte Raimond vint donc devers le saint Père avec tous les princes et seigneurs, pour avoir réponse sur leurs affaires et la requête que chacun avait faite au saint Père, et le comte Raimond lui dit et montra comment ils avaient demeuré un grand temps en attendant la réponse de leur affaire et de la requête que chacun lui avait faite. Le saint Père dit donc au comte Raimond que pour le moment il ne pouvait rien faire pour eux, mais qu'il s'en retournât et lui laissât son fils; et quand le comte Raimond eut ouï la réponse du saint Père, il prit congé de lui, et lui laissa son fils, et le saint Père lui donna sa bénédiction. Le comte Raimond sortit de Rome avec une partie de ses gens, et laissa les autres à son fils, et entre autres y demeura le comte de Foix, pour demander sa terre, et voir s'il la pourrait recouvrer; et le comte Raimond s'en alla droit à Viterbe pour attendre son fils et les autres qui étaient avec lui, comme on l'a dit.

Tout ceci fait, le comte de Foix se retira devers le saint Père pour savoir si sa terre lui reviendrait ou non; et lorsque le saint Père eut vu le comte de Foix, il lui rendit ses terres et seigneuries, lui bailla ses lettres, comme il était nécessaire en telle occasion, dont le comte de Foix fut grandement joyeux et allègre, et remercia grandement le saint Père, lequel lui donna sa bénédiction et absolution de toutes choses jusqu'au jour présent. Quand l'affaire du comte de Foix fut finie, il partit de Rome, tira droit à Viterbe, devers le comte Raimond, et lui conta toute son affaire, comment il avait eu son absolution, et comment aussi le saint Père lui avait rendu sa terre et seigneurie; il lui montra ses lettres, dont le comte Raimond fut grandement joyeux et allègre. Ils partirent donc de Viterbe, et vinrent droit à Gênes, où ils attendirent le fils du comte Raimond.

Or l'histoire dit qu'après tout ceci, et lorsque le fils du comte Raimond eut demeuré à Rome l'espace de quarante jours, il se retira un jour devers le saint Père avec ses barons et les seigneurs qui étaient de sa compagnie; quand il fut arrivé, après salutation faite par l'enfant au saint Père, ainsi qu'il le savait bien faire, car l'enfant était sage et bien morigéné, il demanda congé au saint Père de s'en retourner, puisqu'il ne pouvait avoir d'autre réponse; et quand le saint Père eut entendu et écouté tout ce que l'enfant lui voulut dire et montrer, il le prit par la main, le fit asseoir à côté de lui, et se prit à lui dire : « Fils, « écoute, que je te parle, et ce que je veux te dire ; « si tu le fais, jamais tu ne fauldras en rien.

« Premièrement que tu aimes Dieu et le serves, et « ne prennes rien du bien d'autrui; le tien, si quel- « qu'un veut te l'ôter, défends-le, en quoi faisant tu « auras beaucoup de terres et seigneuries; et afin que « tu ne demeures pas sans terres ni seigneuries, je te « donne le comté de Venaissin avec toutes ses appar- « tenances, la Provence et Beaucaire, pour servir à ton « entretien, jusqu'à ce que la sainte Église ait assem- « blé son concile. Alors tu pourras revenir deçà les « monts, pour avoir droit et raison de ce que tu de- « mandes contre le comte de Monfort. »

L'enfant remercia donc le saint Père de ce qu'il lui avait donné, et lui dit : « Seigneur, si je puis recou- « vrer ma terre sur le comte de Montfort et ceux qui « me la retiennent, je te prie, Seigneur, que tu ne « me saches pas mauvais gré, et ne sois pas courroucé « contre moi. » Le saint Père lui répondit : « Quoi que « tu fasses, Dieu te permet de bien commencer et « mieux achever. » Il lui donna donc sa bénédiction et ses chartes de donation du comté de Venaissin et autres terres, et le congédia.

L'enfant prit donc congé du saint Père, et s'en

alla devers le comte Raimond, qui l'attendait à Gènes; quand il fut arrivé, il lui dit et conta tout ce qu'il avait fait avec le saint Père, et comment le saint Père, à son départ, lui avait donné le comté de Venaissin et autres seigneuries, ainsi qu'il paraissait par ses chartes; et il montra lesdites chartes à son père et aux seigneurs qui étaient avec lui à cette heure, dont le comte Raimond et les autres furent grandement joyeux. Quand ils eurent demeuré quelques jours, ils partirent de Gènes, vinrent droit à Marseille[1], où on les reçut avec de grands honneurs et réjouissances; les gens de Marseille se donnèrent au comte Raimond, et lui présentèrent les clefs de la ville. Le comte Raimond prit et reçut les clefs, et les remercia fort grandement. Lorsqu'ils eurent séjourné quelques jours à Marseille, les habitans d'Avignon envoyèrent leurs messagers et députés devers le comte Raimond, lui offrant la ville et les habitans pour être à son commandement, et disant que la ville d'Avignon se donnait de très-bon cœur à lui et à son enfant, s'il lui plaisait de les venir recevoir et prendre. Le comte et son fils ayant ouï ainsi parler les messagers et députés d'Avignon, les remercièrent grandement de leur bon-vouloir; et, sans faire autre demeure ni délai, le comte Raimond, son fils et toute sa compagnie tirèrent droit vers Avignon, et y furent grandement accueillis par ceux d'Avignon, car il n'y eut petits ni grands qui n'allassent au-devant d'eux, et ils lui présentèrent et baillèrent les clefs d'Avignon, se donnant entièrement à lui pour le servir envers et contre tous.

[1] En 1216.

Quand le comte Raimond eut vu le bon-vouloir de ce peuple, et le grand honneur qu'on lui faisait, il descendit et mit pied à terre, ainsi que tous ceux qui étaient avec lui, et reçut le peuple fort amoureusement et avec grand honneur, les remerciant tous de leur bon-vouloir et de l'amour qu'ils lui montraient; et un homme noble et puissant, qui était alors à Avignon pour une légation, et s'appelait de son nom Arnaud d'Anguyers, lui dit : « Seigneur « comte Raimond, ce n'est pas seulement la ville d'A- « vignon qui se donne à vous, mais aussi ses habi- « tans avec leurs biens, vous suppliant que vous les « vouliez recevoir pour vous servir envers et contre « tous, ainsi qu'il vous plaira les commander ; et aussi « après vous, ils se donnent à votre noble fils ici « présent, et ne vous inquiétez de rien, car la ville « a, pour vous aider et secourir à conquérir votre « terre et pays, mille bons chevaliers bien armés et « montés, et d'autre part cent mille hommes de cœur « et de courage. »

Quand le comte Raimond et son fils eurent ouï cette offre et virent le bon-vouloir de la ville, ils les en remercièrent grandement, et entrèrent dans ladite ville, où ils furent grandement et joyeusement reçus du peuple, car il n'était fils de bonne mère qui ne baisât les pieds et la robe du comte Raimond et de son fils, et c'était une fort belle chose de voir la joie et l'allégresse qui furent alors témoignées, grands et petits criant : *Vive Toulouse ! vivent le comte Raimond et son fils !* Quand ils eurent séjourné quelques jours à Avignon, le comte Raimond prit serment et hommage des gens d'Avignon, ainsi qu'il convient de faire en pareil cas ; mit bon ordre en tout et partout, tellement que tous ceux d'Avignon furent satisfaits de leur condition et du bon ordre de la ville.

Le comte Raimond ayant mis ordre à tout, ainsi qu'on l'a dit, voulut aller et retourner à Marseille, qui s'était aussi donnée à lui et à son fils ; il prit donc congé des habitans, conduisit avec lui à Marseille quelques-uns des plus apparens, et laissa son fils dans Avignon avec les autres jusqu'à son retour. Lorsque le comte Raimond fut parti, vint au fils dudit comte un vaillant homme appelé Pierre de Cavaillon, et il lui dit : « Seigneur, maintenant est venue l'heure où il « faut vous montrer homme vaillant et courageux pour « recouvrer votre terre et héritage, que le comte de « Montfort vous retient à grand tort et péché. »

Peu de temps après, le comte Raimond arriva de Marseille à Avignon où il fut grandement bien venu et reçu, eux criant tout le jour : *Vivent Toulouse! Avignon! Provence!* Et lorsque le comte Raimond eut séjourné un temps à Avignon, il assembla son conseil, tant de ses gens en particulier que de ceux d'Avignon, pour donner ordre et remède à ses affaires, afin de savoir et décider comment il se devait gouverner ; auquel conseil, après plusieurs allées et venues, il fut déterminé que le comte Raimond et son fils le jeune comte, auquel le saint Père avait donné le comté de Venaissin et ses dépendances, à cause de quoi il fut nommé comte comme son père, recouvreraient leurs terres et héritages envers et contre tous ceux qui les leur occuperaient et retiendraient contre leur vouloir, et spécialement les reprendraient au comte de Montfort, lequel les retenait. Il fut dit et avisé dans le conseil qu'avant que l'on commençât la guerre, le jeune comte irait prendre possession du comté Venaissin, pour y mettre ordre et y placer des garnisons, ainsi qu'il le fallait en telle affaire, et spécialement à Balerne, à Malaucène et à Baumes. Et quand tout ceci eut été dit et avisé, le jeune comte partit d'Avignon avec une belle et noble compagnie, tant des gens d'Avignon que d'autres, et se transporta dans le comté de Venaissin, où il fut grandement et noblement reçu, ainsi qu'il appartenait de le faire en telle occasion. Il prit donc possession du comté, où il fut reçu sans aucune contradiction, et prit le serment de tous ses sujets et l'hommage de chacun, ainsi qu'il convenait ; il y mit de bonnes et grandes garnisons ; et quand il eut donné ordre à tout, il partit pour aller retrouver son père, et revint à Avignon.

Or l'histoire dit que, pendant que le jeune comte était allé au comté de Venaissin, le comte Raimond, étant à Avignon, manda à tous ses amis et alliés que chacun se voulût préparer pour lui venir donner secours, car il avait délibéré de recouvrer sa terre et son héritage. Le jeune comte arriva donc à Avignon avec une grande compagnie qu'il amenait du comté Venaissin ; et aussi y vinrent Raimond-Pelet, seigneur d'Alais, avec tous ses gens, bien en point et accoutrés ; et vinrent aussi d'Orange et Courtheson, Raimbaud de Calm, Jean de Senini, Lambert de Monteil, et Lambert de Limoux. D'un autre côté, vint de Marseille, Deliba et Peyralade, une grande armée bien en point ; et vint aussi d'ailleurs une autre compagnie de gens bien armés, parmi lesquels était un nommé Gui de Cavaillon, et Guillaume Arnaud d'Aidie, homme très-riche et vaillant, et Bernard de Murens, et Guitard d'Adémard, Raimond de Montauban, et Dragonnet le Preux, et Malvernand de Fesc, et Bertrand Porcelet, Pons de Montdragon, Rigaud de Cayre, et Pons de Saint-Just, lesquels étaient tous venus pour donner secours au comte Raimond et à son fils, le jeune comte.

Or l'histoire dit que, pendant que le comte Raimond travaillait, ainsi qu'on vient de le dire, le comte de Montfort ne dormait pas de son côté, mais prenait villes, châteaux et places, tant qu'il en trouvait devant lui. Il abattait les uns, rançonnait les autres, tant que c'était grande pitié de le voir. Le comte Raimond apprit ce que faisait le comte de Montfort, dont il fut grandement marri, courroucé et mal content, sans en faire aucun semblant. Il assembla donc tout son conseil, et leur dit et déclara qu'il voulait aller en Espagne pour avoir quelque secours de troupes. « Mon fils, dit-il, « demeurera ici avec vous autres, qui resterez près « de lui pour l'aider de vos conseils et secours, s'il est « besoin; et si quelqu'un vous vient assaillir, défen- « dez-vous bien et vaillamment. »

Quand le comte Raimond eut ainsi parlé à tous ses gens, il appela et tira son fils à part, et lui dit et démontra comment il s'en allait en Espagne, et lui laissait la garde et la charge de tout le pays et ses gens; et que quand il voudrait faire quelque chose, il ne fît rien sans le conseil des seigneurs et barons qui étaient et seraient avec lui, et qu'il se gouvernât et conduisît totalement par leur avis; car il voulait qu'ainsi fût fait et dit. Il prit congé de tous ses gens, et se mit en chemin pour aller en Espagne; et les seigneurs et barons, et tous en général, lui promirent de bien et loyalement servir et conseiller son fils, et de l'aider envers et contre tous, sans y faillir. Quand le comte Raimond s'en fut allé, il vint un messager au jeune comte, à Avignon, où il était alors avec tous ses gens, lequel messager était envoyé par les gens de Beaucaire, pour lui dire et montrer que les gens de ladite ville de Beaucaire étaient décidés de se donner à lui, s'il lui plaisait de les prendre et recevoir et venir vers eux, ou de leur envoyer un homme pour venir prendre possession; et que nonobstant que les gens du comte de Montfort tinssent le château, ils lui rendraient la ville. Quand le jeune comte vit et entendit le vouloir et offre des gens de Beaucaire, il appela son conseil pour savoir et décider quelle réponse on y devait faire.

Lorsqu'il eut pris conseil de ses gens, le jeune comte fit réponse aux messagers qu'ils s'en retournassent devers ceux de Beaucaire, et dissent aux seigneur et habitans de cette ville qu'il les remerciait grandement de leur bon-vouloir, et que de là en trois jours il les irait voir sans faute. La réponse faite, les messagers s'en retournèrent devers ceux de Beaucaire, et leur rendirent la réponse, dont tous furent grandement réjouis et très-contens quand ils ouïrent dire que leur seigneur naturel les devait venir prendre et recevoir. Ils se préparèrent donc chacun pour son compte à le recevoir de leur mieux.

Le jeune comte ayant donc fait préparer et apprêter ses gens le mieux qu'il put, et en belle ordonnance s'il en fut pour entrer en bataille, partit d'Avignon, bannières et étendards déployés au vent; et ils se mirent en chemin, et vinrent droit à Beaucaire. Quand ceux de Beaucaire surent et virent que le jeune comte venait devers eux en tel triomphe et compagnie, ils se mirent en point, ce qui était une très-belle chose à voir; et lorsqu'ils eurent été devers ledit jeune comte, ils le reçurent avec grand honneur et réjouissance, lui baillèrent et présentèrent les clefs de la ville en signe de seigneurie, et le jeune comte les reçut en les remerciant grandement de leur bon vouloir. Ils allèrent donc devers la ville, et là furent grandement et honorablement reçus de tous, tant grands que petits, lesquels criaient : *Vivent Toulouse! Avignon! Beaucaire!* De quoi ceux du château qui étaient pour le comte de Montfort furent grandement ébahis; et quand le jeune comte fut entré et logé dans Beaucaire, il vint à son secours une grande quantité de gens le long du Rhône, sur force vaisseaux arrivant de Tarascon, et ils venaient en criant : *Vivent Toulouse! Beaucaire! Tarascon!* Ils entrèrent dans le territoire de Beaucaire, et se logèrent chacun de son côté du mieux qu'il put.

Quand ils furent logés tant dans la ville que dehors, ceux qui étaient pour le comte de Montfort, voyant la ville, tant dedans que dehors, pleine de leurs ennemis, et d'autre part, sachant que le jeune comte y était en personne, furent bien ébahis de l'affaire. Le capitaine du château était un nommé Lambert de Limoux, homme vaillant et sage, ainsi qu'il le prouva bien en fin de cause, comme on le dira.

Quand ceux du château virent tant de gens contre

eux, ils s'armèrent incontinent, sortirent du château, entrèrent dans la ville, en criant : *Montfort!* et commencèrent à frapper sur ceux qu'ils rencontraient, tellement qu'ils semblaient plutôt gens enragés qu'autrement. Quand les gens du jeune comte virent ainsi frapper et tuer les leurs, ils s'armèrent le plus vite qu'ils purent, et allèrent contre leurs ennemis, de telle sorte qu'ils les firent promptement reculer et retirer dans le château; mais auparavant il en demeura de morts et de blessés de ceux du château, car des fenêtres des maisons on leur jetait tant de cailloux et d'eau bouillante, qu'on en tua beaucoup; ce pourquoi force leur fut de se retirer dans le château, lequel était fort et imprenable; quand ils y furent entrés, ils se mirent en grande défense, garnirent les tours et les auvens, et se fortifièrent tellement qu'ils ne craignaient ni assaut ni siége, car ils avaient beaucoup de vivres. Quand le jeune comte vit l'affaire, et qu'ils étaient tellement fortifiés dans le château que par aucun assaut qu'il pût faire ou livrer, il ne les pouvait prendre, il fit faire de grandes barrières tout à l'entour du château, et fit en sorte que nul n'en pouvait sortir; il fit enfermer dans la roche toutes leurs barques et vaisseaux, afin que personne n'y fît mal ni dommage; et tout ceci fait, il y mit si étroitement le siége qu'il n'était pas possible de sortir sans qu'il le voulût, et fit incontinent donner l'assaut au château, lequel fut très-âpre et triste. On mit le feu tout près dudit château, tellement que ceux qui étaient dedans suffoquaient, et que c'était grande pitié que l'état où ils étaient. Alors le capitaine dit et montra à ses compagnons qu'il n'était pas possible qu'ils tinssent ou se défendissent long-temps, vu qu'ils ne pouvaient avoir aide ni secours de nulle part au monde, et aussi qu'ils ne pouvaient sortir du château sans être pris ou tués; il leur dit donc que le mieux qu'ils pussent faire était de se rendre avec la vie sauve, si le jeune comte les voulait recevoir ainsi, auquel conseil et opinion ils s'accordèrent tous; et cela fut ainsi décidé entre eux.

Le capitaine sortit donc sur les créneaux du château, et fit signe aux assiégeans qu'il voulait parler à quelqu'un d'entre eux. Quelques-uns donc s'avancèrent et parlèrent au capitaine : il leur dit que, si le jeune comte et ses barons les voulaient laisser aller la vie sauve, ils lui bailleraient et délivreraient la place et le château; à quoi les assiégeans, après avoir parlé au jeune comte et à ses barons, répondirent qu'il ne voulait pas entendre parler de cela, car il n'en recevrait pas un seul à vie sauve; mais qu'ils se défendissent du mieux qu'ils pourraient et sauraient.

Quand le capitaine et ses compagnons eurent ouï cette réponse, ils délibérèrent de se défendre et vendre leur vie au tranchant de l'épée, car, voyant la réponse et fureur de leurs ennemis, ils aimaient mieux mourir vaillamment que de s'abandonner ainsi lâchement, car ils étaient gens de cœur. Ils se fortifièrent donc grandement dans le château.

Le jeune comte, voyant que ceux du château se fortifiaient, comme on vient de le dire, fit faire de grands échafauds à doubles planchers, afin de les combattre de niveau; et en outre à chaque porte du château il fit dresser quatre pierriers pour tirer contre les murs, et de cette manière il les resserra tellement qu'ils ne savaient plus que faire ni que dire, tant ils étaient ébahis et de la réponse qu'on leur avait faite, et du monde qu'ils voyaient assemblé, et de celui qui venait tous les jours s'employer pour donner secours au jeune comte. Toutefois ils prirent courage, donnèrent ordre à leur affaire, et, voyant qu'on leur venait livrer l'assaut, se mirent en défense sans être en rien étourdis, ainsi qu'ils le montrèrent bien, et tellement se défendirent en cet assaut qu'ils firent reculer les autres. Les assiégeans les attaquèrent et revinrent encore plus; ils leur ôtèrent et retinrent l'eau du Rhône, et les renfermèrent tellement qu'un seul n'aurait pu entrer ni sortir sans qu'ils le voulussent, et les vivres leur commencèrent à manquer, car de nulle part au monde ils n'en pouvaient avoir; et pendant que ceci se faisait, comme on l'a dit, vinrent au comte de Montfort des nouvelles du siége, et comment le jeune comte, fils du comte Raimond, lui avait pris sa ville de Beaucaire, était dedans avec un grand nombre de gens, et tenait les siens assiégés dans le château, tellement qu'il n'en pouvait entrer ni sortir un seul.

Quand le comte de Montfort eut ouï ces nouvelles, il fut si marri et courroucé que personne ne le saurait imaginer; tellement qu'il fut beaucoup de temps sans parler ni dire un mot, du grand courroux qu'il avait d'avoir ainsi perdu Beaucaire. Il fit donc préparer tous ceux de ses gens qu'il put alors avoir et rassembler, pour aller secourir ceux qu'il avait à Beaucaire, et se mit en chemin avec grande diligence. Quand son frère, le comte Gui, sut qu'il était parti, il assembla tout ce qu'il put avoir de gens, tant des garnisons que d'autres, alla en grande diligence après son frère, le comte de Montfort, et fit tant qu'il le rejoignit et qu'ils allèrent ensemble à Beaucaire; et quand ils furent près de Beaucaire, ils mirent leurs gens en ordre comme pour entrer en bataille, car ils étaient près de leurs ennemis. Quand le jeune comte et les assiégeans surent que leur ennemi, le comte de Montfort, venait en telle compagnie pour donner secours à ses gens assiégés dans le château, ils s'allèrent préparer et équiper pour attendre l'ennemi, car ils ne désiraient et ne demandaient autre chose; et pendant que les gens du jeune comte s'apprêtaient et mettaient en point, le comte de Montfort vint avec tous les siens, bannières déployées, bien serrés et en bonne ordonnance, sur ceux du jeune comte, lesquels étaient hors de la ville, tenant le siége. Lorsqu'ils virent venir leurs ennemis et courir sur eux, deux des plus vaillans hommes du jeune comte partirent du camp bien montés et armés, et d'autre part étaient les deux plus vaillans hommes et les plus hardis qui fussent en la compagnie du jeune comte; l'un appelé Raimond de Belaros, et l'autre Aimeri de Cayre; ils vinrent contre les coureurs du comte de Montfort et les heurtèrent tellement que chacun d'eux mit son ennemi par terre, et alors tous les assiégeans s'avancèrent et allèrent contre leurs ennemis, et commencèrent à frapper de telle sorte et vigueur que, n'eût été la nuit qui les sépara, tous les gens du comte de Montfort y seraient demeurés; mais force leur fut à tous de se séparer et retirer chacun de son côté du mieux qu'ils purent.

Le comte de Montfort se retira donc à Bellegarde,

et fit faire bonne garde toute la nuit, car il était en crainte, vu que la plupart étaient pour le jeune comte. Quand le capitaine du château eut vu cette affaire, et que son seigneur, le comte de Montfort, ne les pouvait secourir ni aider et délivrer du siége, attendu le grand nombre de gens qui venaient tous les jours incessamment en faveur et au secours du jeune comte, tant que personne n'aurait pu nombrer ni estimer la grande quantité de monde qui arrivait tous les jours à son aide, il dit à ses compagnons qui étaient avec lui dans le château : « Vous voyez, sei-
« gneurs, comme nous sommes assiégés dans ce châ-
« teau, et la quantité de gens que nous avons en
« tête pour nous prendre s'ils le peuvent, et que
« d'autre part nous ne pouvons avoir secours ; vous
« savez aussi la réponse qu'ils nous ont faite quand
« nous avons voulu nous donner et bailler à eux.
« C'est pourquoi il faut que nous soyons fidèles
« les uns aux autres à la vie et à la mort; car nous
« avons bonne et forte place pour nous couvrir et
« défendre ; et d'autre part, nous avons encore des vi-
« vres pour deux mois, et sommes beaucoup de gens
« pour nous défendre; c'est pourquoi je suis d'opinion
« que nous vendions notre vie bien et vaillamment,
« car si le jeune comte et ses gens ne peuvent nous
« prendre, voilà notre rançon payée ; c'est pourquoi je
« prie chacun de vous d'avoir bon courage et de n'ê-
« tre pas lâche ni couard, ni faillir l'un à l'autre à la
« mort ni à la vie, et de faire ainsi que fit Guillaume-
« au-Cornet au siége d'Orange, où il souffrit tant de
« peines et tourmens pour défendre et garder la place
« contre ses ennemis. » Ce fut ainsi que le capitaine

encouragea tous ses gens qui étaient avec lui dans le château, et ils délibérèrent de se défendre jusqu'à la mort inclusivement, plutôt que de se laisser prendre par assaut ou autrement.

Le comte de Montfort, étant à Bellegarde, assembla son conseil, auquel il montra et dit comment ses hommes, et des plus vaillans qu'il eût, étaient assiégés dans le château, ainsi que chacun le voyait, et qu'il ne leur pouvait donner aucun secours; pour laquelle cause il était délibéré d'aller, à mort ou à vie, attaquer le camp, et voir s'il pourrait recouvrer ses hommes; et tous furent d'opinion de faire ainsi qu'il l'avait dit et devisé. Chacun donc s'alla mettre en point le mieux qu'il put; quand ils furent tous accoutrés et en point, ils se vinrent présenter devant leur seigneur; et quand le comte de Montfort les vit ainsi assemblés, il les mit incontinent en ordre chacun à son rang; car il était homme sage et habile en telles affaires. Il fit deux parts de ses gens, dont il bailla la première à son frère et à son fils Amaury. Gui et Amaury marchèrent donc avec leur monde vers Beaucaire, et arrivèrent sur le gravier du bord de la rivière avec grand bruit de trompettes, dont ils avaient sonné en venant; d'autre part arriva sur le même gravier le comte de Montfort, avec tous ses gens, bien serrés et ordonnés, comme gens accoutumés à telle besogne. Quand il fut arrivé, il vit que ses gens du château avaient mis sur la plus haute tour son étendard, où était peint le lion ; mais ceux de la ville ne s'en inquiétaient guère, non plus que ceux du camp, et n'en étaient point émus; car chacun était prêt à le recevoir, et à se battre si besoin était. Quand le comte de Montfort vit la contenance des gens du camp et de la ville, il fit décharger une grande quantité de bêtes de somme et de charrettes, qu'il amenait avec lui, et il fit tendre et déplier ses tentes et pavillons sur le gravier, pour mettre à son tour le siége devant la ville. Il y avait donc un siége pour ceux du dehors, et un pour ceux du dedans. Et quand le comte de Montfort vit qu'il ne pouvait faire ce qu'il voulait, il appela dans sa tente une trentaine d'hommes les plus apparens qu'il eût en sa compagnie, et leur dit et montra comment il était fort malcontent qu'un enfant de quinze ans [1] lui eût ôté de cette manière la Provence, Avignon, Tarascon et Beaucaire, et d'autre part lui tînt ses hommes assiégés et enfermés dans le château de Beaucaire, de telle sorte qu'il ne les pouvait avoir, ni leur donner secours. « Ce pourquoi, « dit-il, chacun de vous se doit bien délibérer de ven-« ger un tel outrage. De plus, nous combattons pour « l'Église et ses droits, pour laquelle cause chacun doit « employer son corps et sa vie. » Alors, un fort sage et vaillant homme, appelé par son nom Valats, lui répondit : « Seigneur comte, sache que ta mauvaise « intention, et d'autre part, ta mauvaise querelle, « nous feront tous périr ici ; tu peux te tenir pour « certain qu'avant que tu recouvres Beaucaire et tous « ces gens qui sont dans le château, tu seras vieil « et caduc, car Dieu ne veut pas soutenir la mé-« chanceté et déception ; et je te dis bien, seigneur, « qu'encore que le jeune comte soit un enfant de « quinze ans, il est bon pour te le disputer et recou-« vrer ses terres, car il a bon conseil et bon secours,

---

[1] Il en avait dix-neuf.

« et aussi, comme tu le sais, grande parenté, qui ne
« le laissera point dépouiller de son héritage; tu sais
« bien, seigneur, qu'il est neveu du roi de France,
« de celui d'Angleterre, et aussi cousin de Richard
« de Normandie, de Roland et autres, qui ne le lais-
« seront pas dépouiller de son héritage; et puisque tu
« demandes conseil, je te le veux donner selon mon
« avis, qui est que tout incontinent tu envoies des
« plus apparens de tes hommes devers le jeune comte,
« pour lui demander que ce soit son plaisir de te
« rendre tous les hommes qu'il te tient assiégés dans
« le château, avec vie, bagues et armes sauves; et que
« s'il le fait, tu lui laisseras la Provence, Tarascon,
« Avignon et Beaucaire, sans jamais y rien demander.
« Et sache, seigneur, que si tu ne fais pas en cette
« façon et manière, jamais tu ne recouvreras tes
« hommes, et que se sera un grand péché si tu les
« laisses ainsi perdre. » Quand Valats eut parlé, le
comte de Montfort lui répondit : « Seigneur Valats,
« il m'est avis que tu me conseilles mal, car, avant
« que je fasse comme tu me le dis, je me laisserai
« plutôt ôter tous les membres du corps l'un après
« l'autre, et je demeurerai, s'il le faut, sept ans à
« faire ce siége. » Et alors, de grande malice, il fit rompre tous les arbres qu'il put trouver pour former des
barrières à l'entour de son camp. Quand elles furent
dressées, il fit sonner l'assaut pour prendre la ville,
car il pensait les trouver au dépourvu comme gens
ignorans; mais il s'en repentit trop tard. Ses gens
furent donc incontinent apprêtés, bien armés et accoutrés, et se mirent en chemin, tirant vers la ville;
et quand ceux de la ville les virent venir, ils ne

s'ébahirent de rien, mais chacun s'apprêta à frapper dessus. Le comte de Montfort vint donc comme un homme enragé, criant et menant le plus grand bruit que jamais homme ait ouï à la fois; mais ceux de la ville reçurent les siens en telle sorte qu'ils les tuèrent, blessèrent, et leur firent tourner le dos. Ils prirent et retinrent un des chevaliers du comte de Montfort, que celui-ci aimait grandement. Il se nommait Guillaume de Bolic, et était homme vaillant et hardi; et tout incontinent, à la vue du comte de Montfort, ils l'étranglèrent et le pendirent à un olivier, dont le comte pensa enrager de colère. Il se retira donc avec ses gens, et assembla son conseil, où il y avait cinq ou six évêques, et beaucoup de seigneurs et barons, auxquels il exposa son affaire, comment le jeune comte et ses gens l'avaient repoussé vilainement, et qu'ils lui avaient tué et pendu son homme; et que d'autre part ils lui tenaient ses gens assiégés dans le château, et qu'il ne les pouvait avoir en aucune façon ni manière; ce pourquoi il ne savait que faire ni que dire. Alors l'évêque de Nîmes lui dit : « Seigneur, je te « dirai qu'il te faut prendre patience, et louer Dieu « de tout; celui qui est mort au service de Dieu et « au secours de la sainte Église, est mort martyr; « pour toi, seigneur, il ne te faut ébahir de rien, car « Dieu t'aidera. » Alors un sage et vaillant homme, appelé Foucauld de Bresse, lui répondit : « Dites donc, « seigneur évêque, où avez-vous trouvé, et où trou- « verez-vous qu'un homme mort sans confession « soit sauvé? Si mensonge était vérité, vous auriez « bon droit et bonne raison de dire ce que vous dites; « mais tout cela n'est qu'abus. » La plupart de ceux du conseil furent de l'opinion de Foucauld, et on fit retirer chacun en son quartier. On ordonna qu'on fît bonne garde cette nuit, et ils se séparèrent de cette sorte, sans rien faire ni décider, dans le conseil, de profitable ou d'important.

Quand vint le lendemain, le jeune comte fit dresser les pierriers droit contre le camp du comte de Montfort, et de ses engins fit frapper sur le camp, en sorte qu'ils abattaient et rompaient toutes les barrières, dont le comte de Montfort fut fort ébahi; mais il ne faisait semblant de rien avec ses gens, et il était tellement ébahi, qu'il ne savait que faire ni que dire, vu que ses gens se lassaient de la guerre, et n'étaient pas d'accord entre eux. Quand ledit comte vit abattre et abîmer ses pavillons et tentes, il fit venir les meilleurs charpentiers et ingénieurs qu'il y eût dans le pays, et leur ordonna et fit construire une *guate* pour tirer contre ceux de la ville. Quand ceux de la ville virent faire cette *guate*, ils tirèrent incontinent leurs pierriers contre ceux qui la faisaient, mirent tout en pièces, et tuèrent les travailleurs, en sorte que personne n'osait plus demeurer en cet endroit, dont le comte de Montfort fut plus marri que jamais. Pendant que tout ceci se passait comme on l'a dit, il vint un grand secours au jeune comte; à savoir, un nommé Raimond de Montauban, avec Sicard d'Aydie, Guillaume de Bélaffar, Pierre Bonaize, Pierre Lambert et Gui de Galabert. Tous ceux-ci, chacun pour son compte, amenaient une belle compagnie de gens bien armés, et ils entrèrent dans la ville de Beaucaire à grand bruit, et tellement que quand ceux qui étaient dans le château assiégés virent venir un si grand secours, ils s'ébahirent, attachèrent un drap noir à la pointe d'une lance, et la mirent sur une tour, montrant ainsi à leur seigneur qu'ils ne pouvaient plus tenir ni se défendre. Tandis que le comte de Montfort regardait ses hommes ainsi assiégés, il vit venir le long du Rhône une quantité de vaisseaux tout pleins de monde et de chevaux, menant le plus grand bruit que jamais homme eût vu ni ouï, lesquels venaient de Marseille, pour donner secours au jeune comte, fils du comte Raimond. Quand le comte de Montfort vit venir tant de gens au secours du jeune comte, il ne faut pas demander s'il fut grandement marri et ébahi. Il fit faire un *boso,* ce qui est une espèce d'engin, le fit approcher de la muraille de la ville, et avec cela abattit et mit à terre un grand quartier de muraille; pourtant ceux de la ville ne s'ébahirent point, mais firent incontinent un certain engin, avec lequel ils prirent le *boso,* et le tirèrent dans la ville, malgré qu'en eût le comte de Montfort.

Mais pendant que tout ceci se faisait, quelques-uns de la ville s'aperçurent que, dans la roche de Beaucaire, il y avait des gens du comte de Montfort pour miner les murailles. Alors donc, sans faire semblant de rien, ils préparèrent une certaine mixtion de soufre en poudre avec force étoupes; et quand ils eurent préparé toutes leurs affaires, ils mirent le feu aux étoupes, et les jetèrent tout allumées là où étaient ceux qui minaient, et les surprirent en telle sorte qu'il ne s'en échappa un seul qui ne fût tué ou brûlé. Ils firent tirer et lâcher tous leurs pierriers les uns contre le camp du comte de Montfort, les autres contre le château, tant que c'était grande pitié de le voir, car personne n'osait demeurer au camp du comte de Montfort; et ils firent en telle sorte qu'ils mirent le feu au plus haut du château, et ceux qui y étaient se trouvèrent en telle contrainte qu'ils crièrent à leur seigneur le comte de Montfort qu'il ne leur était plus possible de tenir ni de se défendre, et que force leur était de se rendre, car ils n'avaient plus de vivres. Ils mirent une seconde fois leur drapeau noir; et quand le comte de Montfort eut vu le drapeau et ouï ce qu'ils disaient, il fut à moitié désespéré; et de la grande colère qu'il en eut, il tomba à terre comme s'il eût été mort, et demeura un grand temps tout pâmé; et quand il fut revenu, il cria incontinent à ses gens que chacun allât promptement s'armer; car, soit pour vie ou pour mort, il voulait aller secourir ses hommes, et donner l'assaut à ceux de la ville, et qu'il y mourrait ou délivrerait ses gens. Quand ils furent tous prêts, il les fit marcher au Puy des Pendus; et là, les admonesta, et pria que chacun d'eux se comportât vaillamment; son discours fini, ils se mirent en chemin, et marchèrent bien serrés et en bon ordre vers la ville. Quand ceux du château virent donc venir leur seigneur, ils firent dessein d'attaquer de leur côté; et s'étant armés et mis en point; ils délibérèrent entre eux que, tandis que leurs gens livreraient l'assaut, ils pourraient sortir du château et aller leur donner secours. Lorsque vint le moment, ils firent ainsi qu'ils avaient délibéré; et le comte de Montfort vint avec tous ses gens donner l'assaut, dont ceux de la ville ne s'ébahirent guère, mais ils le reçurent bien et vaillamment, ainsi qu'il convenait en pareil cas, et n'attendirent pas que le comte de Montfort les vînt assaillir, mais sortirent dehors bien accoutrés et armés, et attendirent de pied ferme leurs ennemis, qui vinrent frapper sur eux de telle façon et manière qu'il semblait que tout le monde dût prendre fin. En cette heure, ils se tuaient tellement les uns et les autres, qu'il n'était pas possible de savoir qui avait pour lors du meilleur ou du pire; et quand ceux du château, comme on l'a dit, virent leurs gens se battre, ils sortirent, ainsi qu'ils l'avaient résolu, pensant prendre tous leurs ennemis. Mais ceux qui tenaient assiégé le château n'avaient point bougé pour l'assaut et les escarmouches qui se faisaient alors, car ils se doutaient de ce qui allait arriver. Quand donc ceux du château virent leurs ennemis ainsi demeurer fermes, ils se retirèrent dans le château, et on se battit de l'autre côté jusqu'à ce que la nuit les séparât, et alors ils se retirèrent chacun de son côté.

Quand ils se furent retirés, et que le comte de Montfort fut désarmé, vint devers lui ce Valats, dont on a parlé, et il lui dit et déclara comment il avait perdu beaucoup de monde à cette escarmouche et assaut; le comte de Montfort en fut si triste et marri qu'il ne put dire un seul mot; et pendant deux ou trois jours, personne n'osa venir ni paraître devant lui; et lui ni ses gens ne bougèrent pas.

Quand ceux de la ville virent que leurs ennemis ne bougeaient pas, ils firent dresser des pierriers, des calabres et autres engins, et en tirèrent tellement qu'il n'était pas possible à ceux du château d'endurer l'assaut et la destruction qu'on faisait de leurs murailles, car ils ne pouvaient tellement s'enfermer, que ceux du dehors ne parvinssent à faire quelque ouverture; et quand le capitaine vit ce que leur faisaient les gens de la ville, il cria à tous ceux qui étaient dans le camp du comte de Montfort qu'il n'y avait plus moyen de tenir, car ils n'avaient plus rien pour vivre : ils avaient déjà mangé la plus grande partie de leurs chevaux. Quand ceux du camp ouïrent pleurer et crier ceux du château, un nommé Albert leur répondit qu'il n'y avait pas moyen de leur porter secours; que ceux de la ville leur donnaient tant d'affaire, qu'ils ne savaient comment s'en tirer, car nuit et jour ils les combattaient sans cesser, et sans laisser aucun repos; qu'ils fissent donc du mieux qu'il leur serait possible, et se défendissent bien, car on ne pourrait trouver avec le jeune comte aucun bon accord ni accommodement. Lorsqu'ils eurent ouï cette réponse, un nommé Raimond de Roquemaure se prit à dire : « Hélas! il me « paraît bien ainsi, et j'ai laissé mon maître pour « venir ici, où il me faudra finir misérablement mes « jours. » Et les autres qui étaient avec lui se mirent aussi à mener tel deuil et lamentations, que c'était grande pitié de le voir et ouïr.

Le capitaine du château voyant ainsi ses gens déconfortés, leur dit : « Que personne ne prenne mé« lancolie, mais que chacun ait bon courage, car je « suis d'avis que nous nous défendions tant qu'il « sera possible, et jusqu'à ce que nous ayons mangé « nos chevaux; quand nous n'aurons plus rien à man« ger, il m'est avis que nous nous armions tous, « et que nous sortions du château, et nous sauvions

« si nous pouvons, car il vaut mieux mourir vail-
« lamment que de nous livrer à nos ennemis, pour
« faire de nous à leur volonté. » Pendant qu'ils s'entretenaient ainsi, ils virent venir ceux de la ville pour leur donner assaut. Ils s'allèrent donc accoutrer pour se défendre, et se mirent chacun à son poste. Ceux de la ville vinrent avec un engin appelé la fouine, et le mirent contre le mur du château ; et quand ceux qui étaient dedans virent la fouine ainsi déjà dans le mur, ils firent venir celui qui avait la charge de leur artillerie, lui montrèrent la fouine ; il prit donc un grand pot de terre plein de poudre, mit le feu dans ce pot, le jeta là où était la fouine, et fit tellement que le feu prit à la fouine qui se brûla en partie, si bien que ceux de la ville eurent grand' peine à l'éteindre. Quand ceux du château virent ainsi brûler la fouine, ils commencèrent à se défendre contre ceux qui leur donnaient l'assaut, tellement qu'il en demeura beaucoup dans la ville de morts et blessés ; et ils faisaient tel bruit que les gens du comte de Montfort les entendirent. Le comte regarda devers le château, et vit ses hommes qui se défendaient bien et vaillamment ; il fit donc sonner les trompettes et armer ses gens pour aller secourir ceux du château ; quand ils furent armés, ils allèrent droit à la ville, et alors s'avança un vaillant homme de ceux du comte de Montfort, appelé Philippe [1] ; et contre lui sortit un autre vaillant homme appelé Guiraud de Bélaffar [2] ; ils se heurtèrent en telle sorte que ni haubert ni armure ne put empêcher

[1] Philippe d'Encontre.
[2] Probablement Guillaume de Bélaffar, nommé à la page 138.

que Bélaffar ne passât sa lance au travers du corps de Philippe, et ne le jetât à terre tout mort, dont le comte de Montfort pensa enrager de colère et de douleur, quand il vit ainsi tomber son homme qu'il aimait grandement. Alors ils se mêlèrent les uns et les autres tellement que c'était grande pitié de voir tomber les uns morts, les autres blessés, et qu'on ne pouvait connaître ni savoir qui avait du meilleur ou du pire. Chacun faisait ce qu'il pouvait, et spécialement le jeune comte, qui y était en personne; et qui l'eût vu n'aurait pas dit que c'était un enfant, tant il combattait vaillamment. A côté de lui était toujours un homme vaillant et hardi, appelé Dragonnet, lequel criait à ses gens : « Avant! avant! « francs chevaliers! frappez tous de bon courage, « car aujourd'hui tous nos ennemis mourront et se- « ront déconfits. » Alors entra en la bataille avec tous ses gens un vaillant chevalier appelé Raimond de Rabastens, lequel commença à crier : *Toulouse! Provence! Tarascon! Avignon! Beaucaire!* et alors commença le combat le plus rude qu'il y eût eu dans tout le jour; et n'eût été la nuit qui les sépara et les força de se retirer, les uns et les autres auraient pris fin. En se retirant, les gens du comte de Montfort reprirent le corps de Philippe pour le faire ensevelir et enterrer, ainsi qu'il appartenait à un tel personnage.

Quand ils se furent retirés chacun de son côté, le comte de Montfort fit venir trente-cinq ou trente-six de ses plus privés, et leur dit et montra la grande perte qu'il avait faite, tant de ses gens que d'autre chose; comme aussi il n'était pas possible d'avoir la ville de Beaucaire, ni de recouvrer ses hommes qui étaient assiégés dans le château, et voulut que chacun lui dît son avis sur la manière de se gouverner. Un d'eux, appelé Foucault, lui répondit : « Seigneur, je « vous dirai ce qu'il faut faire : mon avis est que « nous restions quatre ou cinq jours bien renfermés, « sans bouger, ni faire semblant de rien, comme si « nous n'osions plus remuer ; quand nous aurons été « comme je le dis, un jour qu'ils ne se douteront de « rien, nous prendrons cent hommes que l'on pourra « trier et choisir, et les mettrons entre le château et « la porte de la ville ; puis quand le jour viendra à « luire nous les irons attaquer, et donnerons l'assaut « en sortant par la porte de nos barrières ; chacun « d'eux voudra aller à la porte de la ville pour la « défendre, ils ne se garderont pas de l'embuscade « dont j'ai parlé, et alors en nous battant avec eux « nous ferons semblant de reculer pour les attirer « à nous, et lorsqu'ils seront dehors pour tomber « sur nous, l'embuscade sortira du lieu où elle sera « postée, et entrera dans la ville par derrière eux. « De cette façon nous les enfermerons et pren- « drons la ville ; et s'il arrivait que nous pussions « réussir en notre dessein, je suis d'avis que nous « tâchions ensuite de faire quelque accommodement « avec le jeune comte et ses gens. » Lorsqu'il eut ainsi parlé, tous furent de son avis ; et alors le frère du comte de Montfort dit : « Seigneur, je suis d'opinion « que, sans plus tarder ni attendre, on mette cette « nuit l'embuscade, qu'on les attaque le plus matin « possible, et qu'on fasse ainsi qu'a dit Foucault. » On choisit donc incontinent les cent hommes dont on a

parlé pour les mettre dans l'embuscade; ils s'allèrent placer au lieu déterminé, et y demeurèrent jusqu'à l'heure assignée. Quand le matin fut venu et qu'il fit jour, le comte de Montfort s'arma, et ses gens allèrent assaillir la porte, ainsi qu'on en était convenu; du premier abord ils s'emparèrent de la porte, se mirent à crier : *Montfort! Montfort!* et voulurent entrer dans la ville. Ils furent vaillamment repoussés, et ceux de la ville firent en sorte qu'ils les obligèrent de reculer, car ils se doutaient bien de ce qui en était; mais ils avaient été bien avisés et avaient fait bonne garde; et ils les défirent tellement qu'ils les tuèrent, blessèrent et chassèrent; qui les eût vus frapper et battre, ne vit jamais de plus vaillantes gens; et à l'égard de ceux qui étaient dans l'embuscade, ils furent surpris en telle sorte qu'il n'en échappa pas un seul qui ne fût pris ou tué. Le comte de Montfort s'étant retiré, et voyant cette grande perte de gens, en fut fort affligé et plein de fâcherie. Il assembla donc son conseil pour voir ce qu'il devait faire dans son grand malheur, puisque son entreprise avait failli, et qu'il avait perdu ses gens, justement les meilleurs, car il avait perdu les cent chevaliers qu'il avait fait embusquer. Son frère lui répondit :
« Je ne vois d'autre remède sinon que vous envoyiez
« vers le jeune comte lui dire que, s'il veut vous
« rendre vos hommes qu'il vous tient assiégés, vous
« lui laisserez la Provence, Tarascon, Avignon et Beau-
« caire; ainsi donc, s'il veut vous rendre vos gens,
« vous leverez le siége, vous irez droit à Toulouse,
« et y prendrez tout ce que vous pourrez trouver, sans
« y laisser chose au monde, afin d'avoir des gens

« pour vous donner secours ; et alors vous pourrez
« revenir par ici, et recouvrer tout le pays que vous
« tient le jeune comte, savoir, la Provence, Marseille,
« Avignon, Tarascon et Beaucaire ; et vous pourrez
« alors faire pendre et étrangler tous ceux qui vous
« ont trahi, et ont fait entrer le jeune comte dans
« Beaucaire. » Un autre répondit au comte Gui, frère
du comte de Montfort, et lui dit : « Seigneur, vous
« devisez fort bien, mais je me doute qu'il en ira tout
« autrement que vous ne dites; ceux de la ville ne
« vous ont en rien offensé, ni fait tort, quand ils ont
« reçu dans Beaucaire leur seigneur naturel; car un
« serment fait par force ne se peut jamais tenir. C'est
« pourquoi ils sont et doivent être absous ; car une
« promesse faite par force ne doit point avoir lieu ; et
« qui a pris et conquis un pays à tort et sans droit,
« Dieu ne veut pas qu'il s'y maintienne ; vous pou-
« vez bien connaître que Dieu est contre vous, car
« ceux qui sont dans la ville font bonne chère, et vous
« tout au contraire. C'est pourquoi, seigneur, il me
« semble que vous devez faire quelque accommode-
« ment avec le jeune comte. »

Quand le comte de Montfort eut écouté ce que disait celui-ci, nommé Hugues de Lastic, il lui répondit :
« Vous avez longuement démontré ; mais je vous jure
« Dieu et tous les saints, qu'il n'en sera pas ce que
« vous en pensez ; et qu'avant que vous me voyiez à
« Castelnaudary ou à Montréal, j'aurai recouvré Beau-
« caire et aussi tous mes gens qui sont dans le châ-
« teau. » Alors Valats, dont on a déjà parlé, lui répondit : « En ce cas, seigneur, chacun pourra bien
« dire que vous avez bon courage de délibérer ainsi

« de reprendre la ville avec cette quantité de gens
« qui sont dedans; c'est pourquoi, seigneur, je suis
« d'avis que nous nous fournissions bien de vin et de
« vivres, car je vous promets qu'avant que vous ayez
« fait tout ce que vous dites, nous passerons ici Pâ-
« ques, la Pentecôte, et aussi Noël. » Alors le frère
du comte de Montfort lui dit : « Mon frère, je vois
« bien que tous ces gens-là s'ennuient, et je suis d'avis
« que, si vous pouvez trouver quelque bon accommo-
« dement à faire avec le jeune comte, vous le pre-
« niez et tâchiez de ravoir vos gens, si cela est pos-
« sible. »

Tandis qu'ils tenaient ainsi conseil, vint et arriva vers eux un de ceux qui étaient enfermés dans le château, et qui avait trouvé le moyen de s'échapper. Il dit et montra au comte de Montfort comment ceux qui étaient dans le château lui mandaient qu'ils ne pouvaient plus tenir : « car il y a, dit-il, trois jours qu'ils
« n'ont mangé chose au monde; ils n'ont ni pain ni
« chair, et ont mangé tous leurs chevaux, sans en lais-
« ser un seul. Ils sont plus morts que vifs, et ils aiment
« mieux mourir de faim que de rendre la place sans
« ta volonté. Il n'y a pas encore une heure que j'en
« suis sorti, et on me donnerait le monde entier que
« je ne voudrais pas être dedans. »

Quand le comte et son conseil eurent ouï ce que celui-ci leur dit et raconta, il n'y eut personne qui n'en soupirât, et chacun se prit à dire : « Sei-
« gneur, nous te prions tous que tu ne veuilles
« pas laisser ainsi périr tes gens, mais que promp-
« tement tu fasses écrire tes lettres, et les envoyes
« au jeune comte, afin que son plaisir soit de te

« rendre tes gens, comme nous te l'avons déjà dit. »

Le comte de Montfort ayant ouï ces paroles, fit écrire des lettres au jeune comte, renfermant ce qui avait été dit et délibéré. Il les bailla pour les porter au jeune comte dans la ville, à un sage et vaillant homme, lequel s'adressa à un nommé Dragonnet, lequel gouvernait alors le jeune comte. Quand Dragonnet eut vu ces lettres, et ouï que le comte de Montfort se recommandait à lui; ainsi que lui dit le messager, ledit Dragonnet se retira devers le jeune comte et ses barons et seigneurs, et leur dit et montra comment le comte de Montfort lui avait envoyé ses lettres et messages, demandant que le bon plaisir du jeune comte et de ses barons fût de lui rendre et délivrer ses gens assiégés dans le château, en leur laissant vie et bagues sauves; et que si on les lui rendait, il ferait incontinent lever le siége, s'en irait avec tous ses gens et laisserait au jeune comte toutes les places, villes et seigneuries nommées ci-dessus.

On fit réponse au messager qu'il s'en retournât vers son seigneur le comte de Montfort, lui dire que, s'il voulait faire ainsi qu'il disait dans ses lettres, et qu'il levât le siége, le jeune comte consentirait, pour l'honneur de noblesse, à laisser sortir ceux du château, seulement la vie sauve, sans en rien retirer ni emporter que leur corps.

Le messager ayant ouï la réponse du jeune comte et de son conseil, s'en retourna, et dit et déclara cette réponse à son seigneur. Alors le comte de Montfort fit abattre tentes et pavillons, lever le siége et déloger ses gens, et prit son chemin vers Toulouse. Il fit à ceux du château le signal de paix, dont ils furent fort joyeux, car ils avaient peur de mourir là de faim. Alors le comte de Montfort fit apprêter cinq ou six des plus apparens de sa compagnie, entre lesquels était son frère, et les envoya au jeune comte pour recevoir ses gens, ainsi qu'il était dit et convenu. Quand les messagers furent arrivés devant le jeune comte et ses barons, après salutations faites, ils dirent et montrèrent la cause pour laquelle ils venaient, et comment leur seigneur le comte de Montfort avait fait lever son siége et commencé à faire partir ses gens, d'après l'accommodement accordé par lui et ses barons; et ils lui montrèrent les pouvoirs à eux donnés par le comte de Montfort pour agir en cette affaire comme s'il y était en personne. Ils prièrent le jeune comte que son plaisir fût, d'après les accommodemens, de lui rendre et bailler ses gens, ainsi qu'il avait été dit et convenu. Lorsqu'ils eurent ainsi parlé, ils furent grandement accueillis par le jeune comte et ses barons. Après la réception des messagers, le jeune comte envoya avec eux une grande quantité de gens pour prendre le château, et ils dirent au capitaine de sortir dehors avec tous ses gens, sans rien emporter sinon leur habillement; ce qu'ils firent, et ils furent fort joyeux, et ils s'accueillirent les uns et les autres. Ils allèrent donc vers le jeune comte, prirent congé de lui, et le remercièrent très-féaument; puis allèrent devant leur seigneur, et furent là grandement accueillis et bien venus de chacun.

Le comte de Montfort fit donc trousser et charger son bagage; il prit la route de Toulouse, et arriva à Mongiscard, où il séjourna un grand temps, car il était

fort las, et aussi ses gens, tellement qu'ils ne le pouvaient être davantage. Le jeune comte prit possession du château de Beaucaire, où il trouva une grande artillerie et autres choses, et fut très-joyeux de ce qu'il y trouva; et les habitans de Toulouse furent avertis comment le comte de Montfort était à Mongiscard et venait vers eux. Quand le comte de Montfort eut séjourné quelque temps à Mongiscard, il en partit un beau matin, et fit marcher tous ses gens vers Toulouse[1], bien armés et en belle ordonnance, et bannières déployées, comme s'il voulait entrer en bataille; de quoi ceux de Toulouse furent incontinent avertis, et craignirent fort qu'il ne leur vînt faire quelque chose. Ils assemblèrent donc leur conseil, et conclurent entre eux que la plupart des gens de bien et de poids sortissent au devant de lui pour le recevoir et savoir pour quelle cause il venait ainsi armé et en bataille devers la ville. Cela fut ainsi fait, et ils se mirent en chemin pour aller recevoir ledit seigneur; la salutation faite, un des plus apparens et des plus grands de tous lui dit : « Seigneur, nous
« nous ébahissons fort pourquoi vous venez ainsi vers
« nous armé et bannières déployées : car, seigneur,
« vous devez bien penser et savoir que la ville est
« vôtre, et que vous en pouvez faire et de nous aussi
« à votre plaisir et volonté. Il ne vous faut donc pas
« mener une telle armée pour entrer dans la ville, car
« vous vous ferez à vous-même mal et dommage, si
« vous y portez le dégât et la foule, puisque vous nous
« devriez garder et défendre envers et contre tous. »
Alors le comte de Montfort répondit aux gens de

[1] En 1216.

Toulouse : « Seigneurs, qu'il plaise ou ne plaise pas
« à ceux de Toulouse, j'entrerai dans la ville avec
« ou sans armée, comme il me conviendra. Je ne me
« fie point à votre ville ni à ceux qui y sont; vous
« avez tous des intelligences avec ceux de Beaucaire,
« et ne m'avez jamais aimé, car vous avez tous fait
« serment au comte Raimond, et aussi à son fils le
« jeune comte; c'est pourquoi je vous jure que jamais
« l'armée ne se séparera de moi que je n'aie les otages
« de la ville, et des plus grands et des meilleurs. »

Quand les habitans qui étaient allés au devant du comte l'ouïrent ainsi parler, ils furent bien ébahis, et non sans cause, et l'un d'eux lui répondit : « Seigneur, s'il te plaît, aie pitié de la ville et des
« habitans; ne les veuille pas détruire, ainsi qu'on a
« délibéré de le faire, car nous n'avons tort ni coulpe
« sur ce que tu dis de Beaucaire; et depuis que nous
« t'avons fait serment, nous n'en avons fait aucun, ni
« n'en voulons faire à d'autre que toi; ainsi donc,
« seigneur, tu auras pitié de la pauvre ville, car
« quand tu l'auras détruite, c'est toi-même que tu
« détruiras; » et le comte répondit qu'il savait bien tout le contraire.

Alors s'avança et prit la parole un vaillant homme de ceux du comte de Montfort, dont on a déjà parlé, lequel de son nom s'appelait Valats, et il dit et parla ainsi au comte de Montfort : « Seigneur, s'il vous
« plaît, vous adoucirez votre esprit, car si vous fai-
« siez ce que vous dites, vous feriez mal; tout le
« monde vous en saurait mauvais gré, et vous se-
« riez grandement blâmé; vous savez bien, seigneur,
« que quand vous auriez perdu tous vos autres pays,

« ceux de cette ville suffiraient pour les recouvrer ;
« et d'autre part, vous voyez bien comment ses habi-
« tans sont venus au devant de vous pour vous rece-
« voir, ce qui n'est pas signe qu'ils vous veuillent
« mal. C'est pourquoi, seigneur, vous les devez garder
« et préserver de tout mal et danger envers et contre
« tous. »

Le comte de Montfort répondit qu'on ne lui en parlât plus, car il était résolu de faire ainsi qu'il avait dit. Il fit donc prendre et attacher tous ceux qui étaient sortis de la ville au devant de lui, et les fit mener ainsi attachés au château Narbonnais. Alors son frère, le comte Gui, lui dit : « Mon frère, si vous
« me voulez croire, vous ne continuerez pas ainsi,
« mais voici ce que vous pourrez faire sans grever la
« ville ou lui faire un très-grand dommage. Vous
« prendrez aux habitans le quart ou la cinquième
« partie de leurs biens, sans les mettre en prison ni
« les maltraiter, et il me semble qu'ainsi vous ne les
« greverez pas autant que vous le voulez faire pour
« avoir des gens d'armes, mais en tirerez beaucoup
« d'argent pour aller recouvrer Beaucaire et les autres
« terres que vous ont prises vos ennemis. »

L'évêque de Toulouse, dont on a parlé ci-dessus, lui dit et fit entendre qu'il achevât ce qu'il avait délibéré de faire contre Toulouse, lui disant qu'ils ne l'aimaient nullement, si ce n'est par force ; et que, si une fois il était dans la ville, il était d'avis qu'il n'y laissât rien, mais prît biens et gens, tout ce qu'il en pourrait avoir : « et sachez, seigneur, lui dit-il, que
« si vous ne faites ainsi, il sera trop tard pour vous
« en repentir. »

Le comte de Montfort s'arrêta à l'avis de l'évêque, et cela entre eux deux seulement, car je ne sache pas qu'il y en eût un autre dans ce conseil. L'évêque quitta le comte de Montfort, et lui dit qu'il s'en allait à Toulouse pour faire sortir tout le peuple au devant de lui, « afin, seigneur, lui dit-il, que « vous les puissiez prendre et saisir, ce que vous ne « feriez point dans la ville. »

L'évêque donc se sépara du comte et vint à la ville. Quand il fut reposé, il fit venir vers lui la plupart des habitans, leur dit et démontra comment le comte de Montfort était fort courroucé contre eux, à cause de quelques discours et faux rapports qui lui avaient été faits; que toutefois lui et d'autres lui avaient démontré le contraire, et qu'ainsi il était d'avis que, pour mieux gagner ses bonnes grâces, chacun allât au devant de lui et sortît de la ville pour l'aller recevoir, ce que l'évêque leur persuada par grande trahison, ainsi qu'il en était convenu, comme on l'a dit, avec le comte de Montfort. Le pauvre peuple se fiant donc aux paroles de son évêque, tant grands et petits, se prirent, qui le put, à aller au devant du comte de Montfort, tellement que dans toute la ville il ne demeurait quasi personne; et comme le peuple sortait pour aller au devant du comte, ses hommes y entraient à la file ; et à mesure que les gens de Toulouse arrivaient et venaient devant le comte, il les faisait prendre et lier, ainsi qu'il était convenu entre le comte et l'évêque. Il y en eut quelques-uns qui, quand ils virent qu'on les faisait prendre et lier, retournèrent devers Toulouse, et dirent à tous ceux qu'ils rencontraient ce qui arrivait, et que chacun pensât à s'en retourner, car ils étaient trahis et vendus : qui donc eût vu le peuple retourner et se retirer, et la fureur où il était, en eût été ébahi.

Quand le peuple se fut retiré dans la ville et qu'on sut que l'évêque avec les gens du comte qui y étaient entrés l'avaient déjà pillée et dépouillée en grande partie, avaient violé les femmes et les filles, tant que c'était grande pitié de voir le mal qu'en si peu de temps l'évêque avait fait faire dans Toulouse, ledit peuple, ayant reconnu ainsi la grande trahison et le dommage qu'on lui avait faits, prit le parti de se révolter et de se défendre contre le comte de Montfort. Ils s'armèrent du mieux qu'ils purent, et étant tous rassemblés, se trouvèrent très-nombreux. Quand ils furent armés, comme on l'a dit, ils firent de grandes et fortes barrières dans les divers coins de la ville, et y mirent aussi de grosses poutres, des tonneaux et autres choses du même genre. Quand les gens du comte de Montfort eurent ainsi vu s'armer les gens de la ville, et les grandes barrières qu'ils avaient faites, ils voulurent aller et frapper dessus. Ceux de la ville voyant venir les ennemis contre eux, allèrent au devant, non pas comme gens raisonnables, mais comme lions enragés et affamés, car ils aimaient mieux mourir que de vivre en telle oppression; et ils frappèrent tellement sur leurs ennemis, qu'ils les tuaient, blessaient et faisaient reculer; il n'était pas possible aux gens du comte de Montfort de supporter les grands coups que donnait ce peuple, tellement qu'ils furent mis en fuite vers le château Narbonnais, où ils se retirèrent.

Le comte Gui, frère du comte de Montfort, arrivait

à Toulouse avec une grande compagnie, pour y prendre logement, lorsque en entrant il vit le combat. Il voulut aider ses gens et ceux de son frère, mais il fut forcé de fuir comme les autres devant les gens de Toulouse, et il en demeura beaucoup, tant tués que blessés, des gens du comte et de son frère; ils furent mis tellement en déroute, qu'ils ne savaient que faire ni où se retirer; on les tuait en si grand nombre que peu s'en échappaient; et l'évêque y fût demeuré s'il ne se fût retiré dans le château Narbonnais.

Pendant que tout ceci se passait, le comte de Montfort arriva, s'arrêta d'abord dans la ville avec tous les prisonniers qu'il avait faits, et se retira dans le château, où il les mit et retint. On lui dit et raconta tout ce qui s'était passé, et comment ceux de la ville s'étaient révoltés et avaient tué et blessé beaucoup de ses gens, tellement que personne n'osait se montrer, ni aller dans la ville; et quand le comte eut vu tout cela, il pensa en enrager de dépit. Il manda donc à ses gens que chacun s'armât promptement, et qu'on allât mettre le feu par toute la ville, tellement que tout y fût à feu et à sang, et qu'il ne demeurât rien qui ne fût brûlé.

Quand les gens du comte de Montfort eurent ouï l'ordre de leur seigneur, ils allèrent incontinent mettre le feu, les uns à Saint-Remesy, les autres à Joux-Aigues, les autres à la place de Saint-Étienne; il y eut là une grande batterie entre les gens de la ville et ceux du comte, tellement que ceux-ci furent obligés de se retirer dans l'église de Saint-Étienne, à la tour de Mascaron et dans la maison de l'évêque. On s'occupa à éteindre le feu, et quand il fut éteint, ceux de la ville firent de grandes tranchées et barrières pour s'opposer à leurs ennemis, et ils se renforcèrent tellement, et prirent tel courage qu'ils obligèrent une partie des autres à se retirer dans la maison du comte de Comminges. Ceux de la ville allèrent les chercher et les chassèrent de cette maison avec grand dommage. Quand le comte vit et ouït de quelle manière ceux de la ville traitaient ses gens, il sortit du château Narbonnais avec une grande quantité de monde, et alla tout droit à la place de Sainte-Scarbes, où vinrent se joindre à lui ceux qui étaient dans l'église de Saint-Étienne, dans la tour de Mascaron et dans la maison de l'évêque. Il vint aussi du secours à ceux de la ville, de la Croix de Baragnon. Là, ils se heurtèrent et se mêlèrent tellement que c'était grande pitié de voir ceux qui tombaient morts et blessés; et ceux de la ville en firent tant que le comte de Montfort et ses gens furent forcés de se retirer dans l'église. C'est chose incroyable que ce que firent ceux de la ville une fois qu'ils furent irrités et acharnés contre leurs ennemis, aimant autant mourir que de vivre et supporter ce que leur avait fait le comte sans aucune cause.

Le comte s'étant retiré dans l'église, fut grandement courroucé d'avoir été ainsi déconfit et repoussé deux fois dans le jour. Il délibéra donc d'aller attaquer ceux qui étaient à la porte Sardane, et laissant là les autres, il alla droit à la porte Sardane ; mais s'il avait été bien reçu par ceux de Sainte-Scarbes, il le fut encore mieux par ceux de la porte Sardane. Ceux-ci les accueillirent tellement à leur arrivée qu'il en demeura beaucoup tant de morts que de blessés, en sorte que le comte fut forcé de retourner là d'où il était venu, à sa grande confusion.

Après tout ceci, et lorsque le comte se fut retiré dans le château Narbonnais, il fit venir tous ceux qu'il tenait prisonniers dans le château, et leur dit que, s'ils ne lui rendaient pas la ville, il les ferait tous mourir, et leur ferait couper la tête sans en épargner un; dont ils furent entre eux grandement ébahis : il n'était pas en leur pouvoir de faire ce que voulait le comte, car la ville était si soulevée que personne n'en pouvait être maître ni seigneur; le comte les avait tant et si terriblement irrités, qu'ils aimaient autant mourir en se défendant, que de vivre pour être traités comme les avait traités le comte de Montfort.

Alors l'évêque s'avisa d'une grande et perverse trahison pour décevoir les habitans de la ville. Il sortit du château Narbonnais, et s'en alla droit à l'abbé de Saint-Sernin, qui était du parti et des alliés du comte. Quand tous deux furent convenus ensemble, ils se mirent à aller par la ville, et commencèrent à dire aux uns et aux autres que le conseil du comte de Montfort lui avait dit et montré qu'il ne faisait pas bien de désespérer ainsi la ville, de la dépouiller et de retenir les habitans prisonniers comme il le faisait; que le comte se repentait grandement de l'avoir fait; et qu'enfin, si la commune de Toulouse voulait cesser tout ce bruit et revenir au comte, il consentait à leur pardonner, et à les tenir quittes de ce qu'ils avaient fait jusqu'à cette heure; que s'ils voulaient aussi lui bailler toutes les armes qu'ils avaient dans la ville, et lui livrer aussi toutes les tours, il consentirait à laisser libres ceux qu'il tenait prisonniers dans le château Narbonnais, sans rien prendre d'homme ni de femme; qu'il leur serait rendu jusqu'à la dernière maille tout ce qui leur avait été pris; que dorénavant ils vivraient tous en bonne paix et union; et que, s'ils voulaient consentir à cette proposition, lui évêque et l'abbé leur seraient cautions de tout ce qu'ils pourraient perdre par la suite; mais que, s'ils ne le voulaient pas, le comte et son conseil avaient délibéré de faire mourir de malemort tous ceux qu'ils tenaient prisonniers dans le château, dont la plupart étaient des premiers et des plus considérables de la ville, et ils étaient bien au nombre de cent ou quatre-vingts, bien apparentés dans la ville; et c'était de cela, disait l'évêque, qu'il était le plus marri, car il avait peur que le comte dans sa colère ne les fît mourir si on refusait l'accommodement qu'il proposait.

On tint conseil là-dessus pour voir ce qu'on devait faire : les uns consentaient à l'accommodement, les autres non; car ils se doutaient de ce qui devait leur arriver, attendu que l'évêque les avait toujours déçus et trahis, ainsi qu'il le fit encore cette fois. Mais après plusieurs discussions et plusieurs allées et venues, on dit et conclut, à cause des prisonniers, que l'on consentirait à faire de point en point ce qu'avaient proposé l'évêque et l'abbé, pourvu que le comte élargît les prisonniers, et les laissât aller avec des sauf-conduits et en sûreté, comme on l'avait dit. Les habitans firent donc à l'évêque et à l'abbé la réponse qu'on vient de dire.

Quand l'évêque et l'abbé eurent ouï la réponse des

habitans, ils leur dirent qu'il vaudrait beaucoup mieux que l'évêque allât faire confirmer l'accommodement par le comte de Montfort et son conseil, et cela pour leur bien et celui de la ville, et qu'ensuite il leur rapporterait la réponse qu'aurait faite le comte. Il partit donc et alla droit au comte de Montfort, lequel était dans le château Narbonnais, et lui dit et rapporta de point en point tout ce qu'il avait fait et conclu avec les habitans, dont le comte fut grandement réjoui, et sut très-bon gré à l'évêque, et l'en aima fort; car cet évêque était homme subtil quand il le voulait. Il fut donc convenu entre eux que l'évêque s'en retournerait vers les habitans de Toulouse, leur dire et déclarer que le comte et ses barons consentaient à l'accommodement, tel qu'on l'a dit; et que pour plus grande assurance et confirmation, il voulait que ledit accommodement fût passé et déclaré dans la maison commune au su de tout le monde. « Ainsi donc, leur
« dit l'évêque, demain matin, monseigneur le comte
« et ses barons se trouveront dans la maison com-
« mune, et vous tous habitans de Toulouse vous
« vous y trouverez aussi, et y porterez, ainsi qu'il est
« convenu, toutes vos armes et harnais, et l'accom-
« modement y sera conclu sur tous ses points. » Les habitans furent donc bien joyeux, espérant avoir la paix, et aussi recouvrer leurs amis et parens que le comte de Montfort leur tenait prisonniers. Quand donc l'évêque eut, ainsi qu'on l'a dit, persuadé et déçu les habitans, il s'en retourna devers le comte, au château Narbonnais; et quand vint le matin, le comte fit apprêter en armes tous ses gens, le plus secrètement qu'il put; et quand ils furent tous prêts, il

se mit en chemin avec tous ses barons et ses gens, et alla vers la maison commune, où de l'autre côté se rendirent tous les habitans de la ville, tant grands que petits. Quand ils furent arrivés des deux parts, l'abbé de Saint-Sernin prit la parole, et commença à dire aux habitans : « Seigneurs habitans de Toulouse, « monseigneur le comte, ici présent, nous a fait as- « sembler tous ici pour que dorénavant vous eussiez « ensemble paix et union, ainsi que vous l'a dit et dé- « claré monseigneur l'évêque Foulques, lequel a pris « une très-grande peine pour faire cet accommode- « ment; ainsi, il faut que vous déclariez et disiez « si vous voulez tenir pour bon ce qui a été dit et dé- « claré. » Quand l'abbé eut fini de parler, les habi- tans crièrent tout d'une voix qu'ils consentaient à tenir pour bon ce qu'avait fait et dit l'évêque, et qu'ils voulaient que cela fût tenu valable, ainsi qu'ils l'avaient dit, sans y manquer en rien. Alors l'abbé répondit que monseigneur le comte le chargeait de dire que, s'il y avait quelqu'un qui ne voulût pas se fier à lui et à l'accommodement, il lui donnerait congé et sauf-conduit pour s'en aller où bon lui sem- blerait; et qu'à ceux qui resteraient, on ne leur ôte- rait ni prendrait quoi que ce soit, pas seulement la valeur d'un denier. « Quand le comte, dit-il, voudrait « le faire, nous autres tous nous nous y opposerions « pour vous garder et défendre; car c'est ainsi qu'il « vous l'a promis et juré, excepté pour un seul, gran- « dement apparent, et qui a fait certaines choses « contre le comte. Il est donc excepté de l'accommo- « dement; mais s'il veut quitter la ville, il aura sauf- « conduit pour s'en aller où bon lui semblera. » Un nommé Aimeri répondit : « Seigneur, je vois bien que « c'est moi qui suis excepté, j'aime donc mieux m'en « aller que de demeurer ici. » Un des gens du comte lui dit qu'il ne serait que sage de s'en aller et de vider les lieux le plus vite qu'il pourrait, sans tarder davantage. Il partit incontinent. Tout ceci fait et l'accommodement passé, le comte fit prendre et saisir toutes les armes qu'avaient apportées les gens de la ville, et aussi les tours qui servaient à la fortifier; et quand il fut en possession des armes et fortifications, alors se fit la plus grande trahison qu'on ait jamais vue; car il n'y eut homme qui ne fût lié, pris et mis en prison, et c'était grande pitié de voir le mal que faisaient les gens du comte de Montfort. C'est de cette sorte que furent trahis et déçus par l'évêque et l'abbé, les habitans de Toulouse.

Quand le comte de Montfort eut ainsi les habitans en son pouvoir, il fit assembler son conseil pour voir comment il se devait gouverner dans cette affaire, car son intention était que la ville fût toute dépouillée et détruite, et les fortifications abattues jusqu'à terre. Son frère, le comte Gui, lui dit et répondit : « Seigneur, si vous suivez mon conseil, vous « n'en ferez rien, car si vous faites ainsi, vous serez « grandement blâmé et diffamé, vu que les habitans « ont fait et font tout ce que vous voulez, et vous « obéissent en tout ce que vous leur avez demandé; « si donc vous vous conduisez ainsi, vous vous nui- « rez à vous-même, car, puisqu'ils vous obéissent, « vous leur devez être de bon-vouloir, et les traiter « bien et pacifiquement sans leur faire aucune ex-

« torsion ni grief, et les devez défendre envers et
« contre tous ceux qui leur voudraient faire mal et
« dommage ; en agissant de cette sorte, vous les
« engagez pour toujours à vous aimer et servir. »
Ensuite parla un autre baron appelé Valats, et il dit
au comte : « Seigneur, ton frère te donne un bon
« conseil, et si tu me veux croire, tu feras ainsi qu'il
« t'a dit et montré ; car, seigneur, tu sais bien *que
« la plupart sont gentilshommes* [1], et par honneur
« et noblesse, tu ne dois pas faire ce que tu as dé-
« libéré. » Alors se leva un autre grand baron et
seigneur, qui dit au comte : « Seigneur, le comte
« Gui ton frère et le seigneur Valats te donnent un
« bon conseil, c'est pourquoi je suis d'opinion que tu
« fasses ce qu'ils te disent et conseillent ; si tu fais au-
« trement, de Dieu et du monde tu auras reproche ;
« car, seigneur, si tu déconfis et perds Toulouse,
« jamais homme au monde n'a fait une perte pareille
« à celle que tu feras, et il sera trop tard ensuite
« pour t'en repentir. »

Alors il en vint un autre par lequel se gouvernait le
comte, et qui s'appelait par son nom Lucas ; il dit au
comte : « Seigneur comte, tu dois faire ce que tu as dé-
« libéré de faire, car ni pour homme ni femme qui te
« dise le contraire, tu ne dois te retenir de faire ton
« vouloir, mais le dois accomplir sans avoir pitié ni
« merci d'hommes, de femmes, garçons ou filles qui
« se trouvent dans toute la ville ; tu dois inconti-
« nent envoyer tes gens pour prendre et piller tout
« ce qui s'y trouve, puisque maintenant tu en as le

---

[1] Ces paroles sont, dans le texte, en français et en italiques.

« pouvoir, et ne t'arrête pas aux conseils de ton frère
« et de Valats. »

Le comte appela donc à en délibérer avec lui ledit Lucas et l'évêque de Toulouse, qui menait toute cette affaire, et autres de leur parti et volonté. Alors Lucas commença à parler le premier et dit : « Sei-
« gneur, sache que jamais on ne se fie à celui qui
« vous a fait mal, et tu es tel envers eux, sei-
« gneur, car tu leur as tué et fait périr leurs pères,
« parens et amis, et de présent tu les retiens pri-
« sonniers, ce que jamais ils n'oublieront ; toujours
« ils l'auront sur le cœur, et jamais ne t'aimeront
« sincèrement ; tout ce qu'ils font, ils ne le font
« que par force et par fiction, car tu peux bien pen-
« ser que de leur plein gré ils désirent leurs seigneurs
« naturels, le comte Raimond, et son fils le jeune
« comte. » Et l'évêque de Toulouse ajouta : « Sei-
« gneur, sachez qu'ainsi que vous le dit le seigneur
« Lucas, vous ne les garderez pas long-temps et ne
« demeurerez leur seigneur ; car ce sont mauvaises
« gens et déloyaux ; et selon mon avis vous ferez
« comme vous avez délibéré de faire et comme vous
« l'a dit le seigneur Lucas, sans leur laisser quoi que
« ce soit, ni avoir pitié d'un seul d'entre eux ; et quant
« à ceux que vous tenez prisonniers, je suis d'opinion
« que vous les retiriez de Toulouse et les fassiez me-
« ner en vos autres places et forteresses, les uns ici,
« les autres là, et les reteniez tant qu'il vous paraîtra
« convenable, et que vous les fassiez garder bien et
« étroitement. » Tous ceux qui étaient là s'arrêtèrent à cette opinion, la louèrent et l'approuvèrent.

Le comte de Montfort donc en sortant du conseil fit

incontinent attacher et lier les prisonniers, et les fit chasser hors de la ville en les frappant et battant, tellement que c'était grande pitié de voir le mal qu'on leur faisait en les emmenant, et que plusieurs moururent par les chemins de mauvais traitemens ou de l'angoisse et tristesse qu'ils eurent en se voyant ainsi livrés et trahis; on les dispersa en telle sorte, les uns ici, les autres là, que jamais depuis on ne les a revus, et ils ne sont point retournés dans la ville, car il les fit tous mourir de malemort.

Ceci fait, le comte de Montfort convoqua un autre conseil à Saint-Pierre-de-Côme, où on s'assembla : là le comte dit et déclara que, si les habitans qui étaient demeurés dans Toulouse ne voulaient pas mourir tous, il fallait que de là à la Toussaint, qui était très-prochaine, ils lui payassent une grande somme, qu'il spécifia; ce que les habitans furent forcés de faire pour avoir paix et bon accord. Quand le comte eut cette somme, il partit, s'en alla à Saint-Gaudens, et de là en Bigorre, puis se rendit à Lourdes, où il avait un fils marié, à qui il avait donné tout le pays de Bigorre, excepté ledit château de Lourdes dans lequel il ne put jamais entrer, car ceux qui tenaient le château le défendirent bien, tellement que jamais le comte n'en put avoir la seigneurie ni domination, de quoi il fut grandement courroucé, en sorte qu'il s'en retourna devers Toulouse, où il fit plus de mal que jamais, car il acheva alors de piller et ruiner la ville et d'abattre les tours et forteresses sans en laisser une seule pour échantillon, ce qui fut une grande perte et ruine. Lorsqu'il eut fait tout ceci, il partit de Toulouse et s'en fut à Posquières, qui était une forte place, qu'il prit et dont il fit à sa volonté; puis il alla à Bernis, où il tua beaucoup d'hommes et de femmes, et alla ensuite prendre La Bastide et tout le pays que tenait un nommé Dragonnet, dont on a parlé ci-dessus, et qui était un des principaux du parti du jeune comte; mais il tourna casaque, fut traître, et se mit du parti du comte de Montfort.

Or l'histoire dit que, pendant que tout ceci se faisait, l'évêque de Nevers envoya par le Rhône un grand secours au comte de Montfort; ce secours était conduit par un nommé Adémar, contre lequel, si on l'eût laissé faire, le jeune comte se serait volontiers battu ainsi que ses gens. Quand le secours fut venu, le comte de Montfort alla mettre le siége devant le château de Crest, place forte et imprenable dont était capitaine un nommé Arnaud d'Aydie, qui avait avec lui beaucoup de gens pour la défendre et garder, et aussi beaucoup de vivres; mais il la rendit incontinent au comte de Montfort; ce qui fut une grande lâcheté.

Pendant que le comte de Montfort faisait tout cela, le comte Raimond arriva devers son neveu, le comte de Comminges, avec une belle et grande compagnie de gens qu'il amenait d'Espagne, car les habitans de Toulouse avaient envoyé certains messagers le chercher en Espagne, où il était pour lors depuis son départ de Toulouse. Le comte Raimond dit au comte de Comminges tout ce qui en était, et lui fit voir les messagers. Quand le comte de Comminges sut l'affaire, il fut d'opinion que sans aucun délai ils armassent promptement tous leurs gens, et que tandis que personne ne savait encore sa venue, ils allassent droit à Toulouse, ainsi que le demandaient les habitans. Alors cet Aimeri, dont on a déjà parlé, et qui était sorti de Toulouse pendant que le comte de Montfort ruinait la ville, leur dit : « Seigneurs, je suis « d'avis que vous envoyiez quelqu'un devers Tou- « louse, pour les avertir de votre venue et du jour où « vous arriverez, afin de bien surprendre vos enne- « mis. » Les messagers répondirent : « Seigneur, il ne « vous est pas nécessaire d'y envoyer, car chacun est « bien averti de l'heure, et de vous attendre, en « grande espérance de vous voir et de vous avoir « avec eux ; mais songez à y arriver promptement, « car si une fois vous et vos gens êtes dans la ville, « jamais vous ne verrez mieux combattre que ne le « feront ceux de la ville ; et n'eussiez-vous autres « qu'eux, vous pourriez combattre le monde entier. » Ils se mirent donc en chemin en belle et bonne ordonnance, et le comte de Comminges marcha devant avec ses gens pour découvrir le pays et savoir s'il n'y avait pas d'embuscade, car ils avaient peur d'être trahis. Quand le comte de Comminges fut proche de la Salvetat, près de Toulouse, il rencontra un des hommes du comte de Montfort avec une quantité de gens qu'il conduisait, lesquels étaient venus en course jusque là sans se douter de rien ; et dès qu'ils se virent, sans rien dire ni demander, ils coururent les uns sur les autres, et se mirent à se battre de telle sorte que les gens du comte de Comminges commençaient à reculer et à perdre terrain, et fussent demeurés sur la place défaits, n'eût été un hardi et vaillant homme appelé de son nom Roger de Montaut, qui venait après le comte de Comminges avec quantité de gens bien en point, et se douta de ce que c'était. Alors, sans rien dire et sans songer à qui perdait, il se mit et mêla avec ses gens au milieu des ennemis, et frappa si bien, dès le premier abord, qu'il fit quitter la place aux gens du comte de Montfort, qui alors n'y demeurèrent pas long-temps. A ce bruit arriva un autre vaillant homme du comte Raimond, appelé Roger d'Aspel, suivi aussi d'une quantité de gens. D'Aspel, en revenant, rencontra un des gens du comte de Montfort, appelé Artaud de la Brue, et il lui donna un tel coup, qu'il le mit par terre, d'où celui-ci ne s'est jamais relevé. Roger Bernard rencontra un autre des gens de Montfort, appelé Sicard de Tornades, et le frappa tellement qu'il le perça tout au travers du corps, et le jeta à terre tout mort; les gens du comte Raimond firent si bien qu'ils commencèrent à déconfire les gens du comte de Montfort; et le capitaine qui les conduisait, appelé par son nom Joris, voyant ainsi déconfire et tuer ses gens, se mit à fuir; alors arriva le comte Raimond avec toute sa troupe; et quand il vit tant de gens morts et blessés, il fut grandement ébahi de ce que c'était.

Alors Bernard de Comminges dit au comte Raimond, le voyant ainsi ébahi : « Seigneur, vous pou« vez bien connaître que Dieu vous aime, et qu'il « vous montre signe de bonne fortune, car, ayant « rencontré vos ennemis, nous les avons, comme « vous pouvez voir, déconfits et mis en fuite; et le « cœur me dit, seigneur, que vous en ferez ainsi de « tous les autres, car Dieu vous aidera. » Alors la nuit étant venue, ils furent forcés de se loger sans campement et le plus près qu'ils purent de la ville.

Le comte Raimond envoya un messager à ceux de la ville, pour leur faire savoir qu'il était arrivé, et qu'ils sortissent au-devant de lui pour l'introduire dans la ville. Quand vint le matin, il se leva un brouillard si fort et si épais qu'on ne pouvait se voir soi-même dans toute sa longueur. Ceux de la ville vinrent donc vers le comte Raimond, à savoir Jean et Raimond Bellenguyer et autres des plus apparens qui fussent alors dans la ville. Le comte Raimond les reçut très-joyeusement et leur fit grande chère; et après la salutation faite d'une et d'autre part, ils se mirent en chemin vers Toulouse; alors vous auriez vu déployer maints étendards et enseignes au vent, vous auriez entendu sonner les trompettes, tellement que tout retentissait tant du bruit des trompettes que de celui que faisaient les gens. Quand ceux de la ville eurent ouï le bruit des trompettes et celui de la multitude, ils sortirent en plus grand nombre qu'on n'ait jamais vu pour recevoir leur seigneur naturel; le comte Raimond entra avec ses gens, et fut reçu des grands et des petits, qui tous lui faisaient la plus grande fête qu'ait jamais vue homme né jusqu'à ce jour, car les uns lui baisaient la robe, les autres les jambes et les pieds; et il se fit alors dans Toulouse de si grandes réjouissances, les unes pour le comte, les autres pour leurs parens et amis qui étaient revenus avec lui, que c'était une chose étonnante à voir.

Quand le comte Raimond fut entré dans la ville, vous eussiez vu chacun des habitans, tant grands que petits, s'armer, l'un d'une pertuisanne, l'autre d'une lance, celui-ci d'un bâton ou gourdin de frêne, en sorte que jamais on ne vit et n'ouït en si peu de temps s'élever un tel tapage; alors ceux de la ville se mirent à courir dans les rues en criant : *Vive le comte Raimond !* et tant qu'ils attrapaient des gens du comte de Montfort, ils les mettaient à mort, grands et petits, sans en épargner un seul, quand ils les pouvaient avoir; et il s'en fit en peu de temps un tel massacre, que les gens du comte de Montfort ne savaient où aller ni où se retirer; car ils voyaient toute la ville pleine des gens du comte Raimond, et en étaient tellement ébahis qu'ils ne savaient que faire ni que dire. Les gens de la ville étaient tellement irrités contre les gens du comte de Montfort, à cause des grands maux qu'ils leur avaient faits, qu'ils ne pouvaient se tenir de se venger quand ils attrapaient un des siens.

La comtesse de Montfort, qui était alors au château Narbonnais, avec une grosse garnison pour le garder et défendre, demanda ce que c'était que ce grand bruit qui se faisait par la ville. On lui dit : « Ce sont les habitans qui tuent et blessent autant de « vos gens qu'ils en peuvent atteindre, car le comte « Raimond est entré et arrivé dans la ville, et il est à « craindre qu'il ne vienne ici nous donner l'assaut, si « nous n'avons promptement aide et secours; c'est « pourquoi il serait bon de mander à monseigneur « le comte qu'il vienne promptement. » Quand la comtesse eut ouï ceci, elle fut fort ébahie, et fit incontinent écrire, pour l'envoyer à son seigneur le comte de Montfort, une lettre où était contenu tout ce qu'on vient de dire; et que, s'il ne venait promptement, elle avait grand'peur qu'il ne la revît jamais, non plus que ses gens et ses enfans, car le comte Raimond et les siens ne cessaient de tuer ses gens. La lettre fut donnée à un écuyer de la comtesse, pour la porter au comte de Montfort, lequel était alors retourné à Beaucaire.

Pendant que la comtesse envoyait son message au comte de Montfort, ceux de Toulouse avaient fait de grands fossés et aussi de grands boulevards pour se défendre ; quand les fossés et boulevards furent faits, le comte Raimond assembla son conseil, tant des habitans que d'autres, pour voir comment il se devait gouverner et donner ordre à la ville ; après en avoir discuté, il fut arrêté, par délibération du conseil, que l'on créerait un viguier pour gouverner la ville, et donner ordre à ce qu'il faudrait faire ; on créa donc alors le premier viguier que jamais Toulouse ait eu. Cela fait, arriva le frère du comte de Montfort, avec une grande quantité de gens qu'il amenait, croyant prendre ceux de Toulouse au dépourvu ; et aussi y arrivèrent Valats et Foucault, avec une grande compagnie de gens qu'ils conduisaient bannières déployées. Ils s'assemblèrent à la plaine de Montolieu ; et quand ils furent assemblés, le comte Gui fit donner l'assaut pour entrer dans la ville ; mais ceux de la ville sortirent au devant pour s'opposer à leur entrée, et firent si bien que, quand le comte Raimond et le comte de Comminges virent leur déportement et vaillantise, ils firent armer tous leurs gens, allèrent au secours des habitans, et frappèrent de telle sorte qu'ils firent reculer le comte Gui, frère du comte de Montfort, ainsi que Foucault et Valats, et leur tuèrent et blessèrent une grande partie de leurs gens. Quand le comte Gui vit la grande perte qu'il avait faite de ses gens, il fut très-fâché et dolent qu'on les eût ainsi déconfits. Il les rassembla donc une seconde fois, et ils s'en allèrent à la porte Saint-Jacques pour assaillir de nouveau ceux de la ville; mais cela ne leur avança de rien; il en resta là plus d'un qui n'en revint jamais; et ceux de la ville les combattirent en telle sorte que force fut au comte Gui et à ses gens de s'en retourner à la plaine de Montolieu. Quand ils se furent retirés, le comte Gui dit à ses gens : « Seigneurs, il me semble « que Dieu s'est pris de colère contre nous, et cela « parce que mon frère s'est saisi des habitans de Tou- « louse, quand ils venaient au-devant de lui en s'hu- « miliant, et lui offraient leurs corps et leurs biens « pour en faire à son plaisir. Mon frère leur fut tant « cruel et leur fit tant de mal, ainsi que tous vous le « savez bien, que jamais homme n'en fit autant à d'au- « tres; c'est pourquoi il n'est pas merveille qu'ils se « défendent ainsi contre nous; vous pensez bien « qu'ils aimeront mieux mourir que de retomber en « nos mains, ainsi que vous le pouvez voir et con- « naître; et tout ce que nous avions gagné en deux « ans, nous l'avons perdu en un seul coup; car ils « aiment bien mieux leur seigneur naturel, le comte « Raimond; c'est pourquoi ils sont plus fiers et plus « hardis qu'ils ne le seraient autrement. Seigneurs, « ajouta le comte Gui, je ne sais quel conseil prendre « en cette affaire. » Alors Foucault et Valats lui répondirent « qu'ils ne voyaient pas de meilleur parti « à prendre que de mander à l'archevêque d'Auch, à

« Guiraud d'Armagnac, et à Salton, qu'ils vinssent
« promptement et sans délai avec tous leurs gens,
« pour leur donner secours, et qu'ils n'y apportassent
« aucun retard. » Le messager partit donc pour aller
vers eux; mais pendant ce temps, le comte Raimond
et ceux qui étaient avec lui ne s'endormaient pas : le
comte faisait écrire des lettres, et les envoyait à son
fils, lui mandant de venir promptement à Toulouse,
car il était dedans avec beaucoup de monde.

Or l'histoire dit que, tandis que les messagers du
comte Gui et du comte Raimond faisaient leur route,
il vint de Gascogne et de Caraman un grand secours
au comte Raimond. Il vint d'abord de Gascogne, un
nommé Gaspard de La Barthe, et aussi Roger de Comminges : ces deux amenaient une grande compagnie
bien armée et accoutrée; d'autre part, vinrent Bertrand-Jourdain, Guiraud de Gourdon, seigneur de
Caraman, et Armand de Montaigu, et son frère Gaillard; Bertrand et Guitard de Marmande, Étienne de
la Valette, Adémar son frère, Guiraud de Lamothe,
Bertrand de Pestillac, et Guiraud d'Amanjeu, tous
gens vaillans et hardis, qui venaient avec une grande
compagnie à Toulouse vers le comte Raimond. Quand
ils furent proches, ils firent déployer leurs étendards
et enseignes, firent sonner leurs trompettes, et vinrent droit à Toulouse. Le comte Raimond et le comte
de Comminges furent grandement réjouis de leur arrivée : le comte Raimond leur fit très-grande chère,
car c'était tous de grands personnages et seigneurs;
il s'éleva à leur venue une telle joie dans la ville,
que jamais on n'en vit tant à la fois, et que le bruit
que faisaient ceux de la ville fut ouï de la comtesse

de Montfort, qui demanda ce que ce pouvait être que ce bruit qu'ils faisaient. On lui dit que ce bruit était à cause du secours qui leur était arrivé du pays de Gascogne, d'Albigeois et de Caraman. Quand la comtesse ouït ceci, elle en fut tant ébahie que de grand ébahissement elle tomba à terre toute pâmée ; ceux qui étaient là près d'elle la firent promptement revenir ; et quand elle fut revenue, elle se prit si fort à pleurer et soupirer, qu'il n'était personne qui la pût réconforter et rassurer, tant elle avait peur que le comte Raimond ne prît le château Narbonnais, et ne les fît tous mourir de malemort.

Pendant que tout ceci se passait, le messager que la comtesse avait envoyé à son seigneur le comte de Montfort arriva devers lui, et lui remit les lettres de la comtesse. Le comte de Montfort lui demanda secrètement quelles nouvelles il lui apportait ; celui-ci répondit : « Seigneur, guère bonnes, car vous avez « perdu Toulouse. Le comte Raimond est dedans avec « une grande armée, et vous a tué et massacré une « grande partie de vos gens ; mais vous en pourrez « mieux voir la vérité par les lettres que vous envoie « la comtesse. » Le comte de Montfort se retira donc en son particulier, et alla ouvrir et lire les lettres ; et quand il les eut lues, il défendit au messager de dire à ses gens, quand ils l'interrogeraient, la moindre chose des nouvelles qu'il apportait. « Mais, dit-il, « s'ils te demandent quelque chose, dis-leur que le « comte Gui ne trouve personne qui lui fasse obsta- « cle en rien et pour rien, qu'il remporte toujours la « victoire sur tous ses ennemis, que le comte Rai- « mond s'est enfui sans qu'on sache où il est allé, et

« que le roi d'Angleterre veut traiter avec moi. »

Les gens du comte de Montfort ayant su qu'un messager était venu de Toulouse, et avait porté quelques nouvelles, comme ils desiraient en savoir quelque chose, ils allèrent trouver le comte de Montfort, pour qu'il leur dît ces nouvelles ; quand ils furent en sa présence, un d'eux lui demandant les nouvelles de Toulouse, le comte de Montfort leur dit : « Seigneurs, j'ai bien à louer Dieu des secours qu'il
« nous accorde, car mon frère, le comte Gui, me mande
« qu'il ne trouve homme vivant qui ose se révolter con-
« tre lui, et qu'il conquiert beaucoup de pays ; d'au-
« tre part, que le comte Raimond s'est enfui tellement
« qu'on n'en sait aucune nouvelle. » En disant tout ceci à ses gens, le comte de Montfort faisait en apparence la meilleure mine qu'on ait jamais faite ; mais dans son cœur il en était bien autrement. Quand il leur eut dit tout cela, un de ses barons dit aux autres : « Seigneurs,
« je crains que tout n'aille bien autrement que le
« comte ne dit, car il a bien semblance de faire bonne
« mine par force. » Cependant le comte de Montfort trouva moyen d'avoir trêve avec le jeune comte pour s'en venir vers Toulouse donner secours à ses gens ; et quand la trêve fut octroyée, il fit incontinent plier tentes et pavillons, se mit en route avec ses gens pour tirer vers Toulouse. Quand ses gens virent que tout soudainement il levait ainsi le camp, et se mettait en route, plusieurs se doutèrent de ce qui en était, en sorte qu'un certain nombre le quittèrent et s'en retournèrent d'où ils étaient venus ; les autres le suivirent. Tant chemina le comte de Montfort, qu'il arriva au pays de Toulouse ; et quand il fut à Basiège, il fit

mettre ses gens en ordre et en bataille, car il était fort sur ses gardes, vu que le comte Raimond était dans Toulouse, et que tout le pays tenait pour lui; et ils vinrent vers Toulouse, étendards et enseignes déployés [1]. Alors le comte de Montfort dit à ses gens : « Seigneurs, vous devez grandement vous réjouir, car « voici l'heure venue où nous allons nous venger de « nos ennemis, prendre le comte Raimond et l'égorger. »

Or l'histoire dit que, pendant que le comte de Montfort parlait ainsi à ses gens, vint devers lui son frère, le comte Gui; et incontinent ils se mirent à l'écart. Alors le comte de Montfort demanda à son frère, le comte Gui, comment il était arrivé que le comte Raimond eût ainsi recouvré la ville, et lui eût tué ses gens.

Le comte Gui répondit à son frère : « Je ne sais « comment le comte Raimond ni ses gens sont entrés « dans la ville; mais je puis bien vous dire que ja- « mais vous n'avez vu au monde gens plus vail- « lans que ceux de cette ville; car deux fois dans « un jour je les ai combattus, et les deux fois j'ai été « déconfit et défait. Vous diriez que ce sont plutôt « des diables que gens raisonnables, tellement ils se « défendent. » Quand le comte de Montfort eut ainsi ouï parler son frère, il lui dit et répondit: « Jamais je « ne ferai décharger une bête de somme ni tendre un « pavillon que je ne sois dans Toulouse au milieu du « marché; et nous y mourrons tous, ou je vengerai « la honte que m'ont faite les gens de cette ville. » Alors Valats, dont on a parlé, lui répondit : « Sei- « gneur, ne faites pas un tel serment, car je vous pro-

[1] En septembre 1217.

« mets bien qu'avant qu'il soit long-temps, vous di-
« rez tout autrement ; et si vous attendez, pour dé-
« charger vos bêtes de somme et tendre vos pavil-
« lons, que vous soyez, comme vous dites, dans la
« ville, je vous réponds, seigneur, que Noël sera
« venu avant que vous y entriez, car vous n'avez ja-
« mais vu gens plus vaillans et adroits aux armes que
« ceux de cette ville ; et je peux bien vous dire que,
« si vous les eussiez gagnés à vous, et qu'ils vous vou-
« lussent servir ainsi qu'ils servent le comte Raimond,
« vous pourriez combattre le monde entier, vînt-il
« contre vous ; et seulement avec les gens de cette
« ville, vous résisteriez et remporteriez la victoire. »
Alors un cardinal, qui était en la compagnie du
comte de Montfort, prit la parole, et dit : « Seigneur,
« que personne n'ait peur et ne s'ébahisse de rien ;
« mais que chacun songe et s'apprête à aller attaquer
« la ville. Je vous assure que nous la prendrons cette
« fois avec tous ceux qui sont dedans ; car Dieu le
« veut. C'est pourquoi, que chacun ait bon courage,
« vous en recevrez bonne récompense de Dieu et
« aussi de l'Église ; je vous le dis, vous devez tous
« avoir bon courage, et attaquer la ville, et prendre
« vengeance du mal qu'on vous a fait. » Chacun donc
s'alla préparer et mettre en point pour donner l'assaut ;
et l'on fit grande provision d'échelles et autres choses
nécessaires et convenables en pareille occasion. Quand
ceux de la ville virent ainsi venir leurs ennemis, et
les grands préparatifs qu'ils avaient faits pour donner l'assaut, chacun s'alla armer et préparer du mieux
qu'il sut ou qu'il put ; et ils attendirent leurs ennemis
sans être ébahis de rien. Le comte Gui, frère du comte

de Montfort, vint dans les fossés qu'avaient faits ceux de la ville, et le comte de Montfort vint aussi avec tous ses gens. Mais ceux de la ville les voyant ainsi venir, quand ils furent proches, le comte de Comminges prit une arbalète, en tira un coup au comte Gui, et l'atteignit par le milieu des deux cuisses, tellement qu'il les traversa toutes deux de part en part, dont il tomba par terre; et ses gens le relevèrent incontinent; et alors vous eussiez ouï crier : *Toulouse! Comminges et Foix !* tellement qu'on n'aurait pas entendu Dieu tonner en paradis, tant était grand le bruit qui s'éleva alors; et ils se mêlèrent les uns et les autres, se battant et tuant, tellement que c'était grande pitié de les voir; car on ne voyait que gens tombés d'un et d'autre côté. Ceux de Toulouse firent si bien que force fut au comte de Montfort de reculer et se retirer du mieux qu'il put; autrement ils y fussent tous demeurés. Quand ils se furent retirés, un des plus considérables de la compagnie du comte de Montfort vint à lui, et lui dit : « Seigneur, Toulouse
« n'est pas mal pris de cet assaut, et nous ne sommes
« pas mal entrés dans Toulouse. Votre frère est mort,
« votre fils est malement blessé; et il y en a tant
« d'autres tués et blessés, que cela ne se peut croire. »

Alors le comte de Montfort répondit : « Seigneurs,
« je vois bien que notre affaire va mal; mais je vous
« jure Dieu que nous y mourrons tous, ou je se-
« rai vengé de ces traîtres de la ville qui m'ont ainsi
« manqué de foi. » Alors lui répondit Hugues de Lastic : « Seigneur, cela s'apprête mal pour que
« nous prenions vengeance de ceux de la ville, car
« ils vous ont tué beaucoup plus de monde que vous

« ne pensez ; et je crains bien qu'à la fin nous n'y
« mourrions tous, car je vois que nos ennemis l'em-
« portent toujours. » Alors arrivait le secours que le
comte Gui avait envoyé demander à l'archevêque
d'Auch et aux autres ; et quand ils furent près de
Toulouse, et qu'ils eurent ouï dire comment le comte
de Montfort avait été déconfit, et son frère, le comte
Gui, grièvement blessé, ils en furent grandement
réjouis, et s'en retournèrent là d'où ils étaient venus.
Au bout de cinq ou six jours, le comte de Montfort
fit assembler son conseil dans le château Narbonnais ; et quand ils furent assemblés, le comte leur
dit : « Seigneurs, je suis fort marri de mes gens que
« m'ont tués ceux de la ville, et encore plus de mon
« frère et de mon fils, qui sont grandement blessés,
« dont j'ai peur qu'il ne leur faille mourir. C'est pour-
« quoi je suis tant ébahi que je ne sais que faire ni
« que dire. D'autre part, j'ai perdu la Provence, Avi-
« gnon et Beaucaire, et maintenant j'ai perdu Tou-
« louse, dont je suis tant marri que je n'en puis plus ;
« je vous ai donc fait assembler, afin de voir com-
« ment je me dois gouverner en cette affaire, ce qu'il
« faut que je fasse et ne fasse pas, et que chacun
« m'en dise son avis et intention. »

Alors le cardinal dont on a déjà fait mention dit :
« Seigneur comte, ne sois ébahi de rien, car Dieu
« t'aidera ; tu recouvreras Toulouse en peu de temps,
« mettras à mort tous ceux qui sont dedans, et la dé-
« truiras tellement que tu n'y laisseras pierre sur
« pierre ; et si quelqu'un des tiens y meurt, sois sûr
« qu'il ira en paradis comme si c'était un martyr.
« Vous pouvez tous être sûrs de cela. » Alors Va-

lats répondit au cardinal, et lui dit : « Seigneur, « vous parlez avec bien grande assurance ; et si « le comte croit votre conseil, il ne lui fera guère « profit, car vous et les autres gens d'église, êtes « cause de tout ce mal et perte, et le serez encore « si l'on vous croit. » Alors s'éleva un autre baron du comte de Montfort, qui s'appelait Gervais, et il dit au comte : « Seigneur, le cardinal et ses con- « sorts peuvent dire ce qu'il leur plaira ; vous pou- « vez connaître qu'à combattre ceux de la ville vous « n'aurez gain ni profit. Le courage leur croît, ainsi « que les secours, et baissent chez vous ; car de jour « en jour nous perdons nos gens. Je suis donc d'a- « vis qu'on ne les aille plus assaillir ; mais que l'on « forme un autre camp du côté de Gascogne, afin que « de nulle part au monde ne leur puissent plus arri- « ver vivres ni secours, ni quoi que ce soit. » Le comte de Montfort dit qu'il trouvait ce conseil très-bon, et qu'il serait fait ainsi que l'avait dit Gervais. Aussitôt ceux du conseil l'approuvèrent. Le comte de Montfort fit donc passer la Garonne à une partie de ses gens, et ils allèrent mettre le siége devant Saint-Subra. Lorsqu'ils eurent mis le siége, un des gens du comte de Montfort s'en vint au gravier de Saint-Subra, sur la rive de l'eau, et ceux de la ville lui tirèrent un coup de trait, et l'atteignirent si bien qu'il tomba mort à terre, et n'est jamais retourné vers ses compagnons ; quand il fut tombé, ceux de la ville sortirent par le pont, allèrent attaquer le camp, de telle sorte qu'ils firent retirer les assiégeans. Depuis ce moment il n'y eut pas de jour qu'ils ne se battissent et tuassent. Et pendant que tout ceci se faisait, arriva le comte de Foix avec une grande compagnie de gens, tant Navarrins que Catalans et autres, et ils entrèrent dans la ville pour donner secours au comte Raimond; et tous ceux de la ville furent fort réjouis du secours que leur amenait le comte de Foix.

Le comte de Montfort, quand il le sut, en fut très-fâché et mal content; et quand le comte de Foix fut entré à Toulouse, tous les habitans s'armèrent, tant grands que petits, les uns portant des pertuisannes, les autres des massues et des bâtons, car ils n'avaient pas alors d'autres armes, comme on l'a dit, et ils se mirent avec le comte de Foix pour aller avec lui contre les assiégeans, et les frappèrent de telle sorte, qu'ils mettaient tout à mort sans rien épargner, ni vilains ni gentilshommes, car ils les haïssaient tellement, à cause des grands maux qu'ils en avaient reçus au temps passé, qu'ils ne s'en pouvaient assez venger; et ils les poursuivaient de telle sorte que les autres ne savaient où aller ni se retirer. A cette heure fut fait un tel carnage des gens du comte de Montfort, qu'on ne pourrait le croire si on ne l'avait vu, et qu'on ne saurait estimer tout ce que tuèrent alors les gens de la ville, car bien peu s'en purent sauver et défendre. Quand le comte de Montfort eut vu qu'on lui tuait ainsi ses gens, il abandonna le siége, et qui put fuir en ce moment se trouva bien heureux. Ainsi donc le comte de Montfort, qui était là en ce moment, se trouva tellement ébahi qu'il ne savait que faire ni que dire, mais se prit à fuir comme les autres, et tira droit vers Muret, où il avait laissé toutes les barques qui lui avaient servi à passer l'eau pour venir mettre le siége; et ils se pressaient de telle sorte pour entrer dans les barques, qu'ils se poussaient l'un l'autre dans l'eau, et que beaucoup se noyèrent à cette heure. Le comte de Foix et ceux de la ville les poursuivaient de si près que le comte de Montfort entra tout armé, homme et cheval dans l'eau, où il se serait noyé, n'était que ses gens le retirèrent promptement; toutefois son cheval y demeura et se noya. Quand le comte de Montfort eut passé l'eau avec ceux qui avaient pu se sauver, il s'en alla et se retira à l'autre camp sur la plaine de Montolieu; et là, se voyant si vilainement chassé et mis en déroute, il était tellement fâché et marri, que personne ne le saurait dire ou penser.

Quand le comte de Montfort se fut sauvé, ceux de la ville y rentrèrent; et quand ils furent rentrés dans la ville, et que le comte Raimond sut ce qui s'était fait, il en fut très-joyeux et content, et il convoqua son conseil général, tant de ceux de la ville que de ses gens, et les fit assembler à Saint-Sernin. Là, le comte Raimond dit et montra à ses gens comment ils devaient bien louer Dieu et le remercier de ce qu'il les avait ainsi aidés, et avait défait et chassé leurs ennemis. Ce pourquoi sa volonté était que, sous peine de mort, nul homme des siens, grands ou petits, ne fît aucun outrage ni mal à aucun homme de Toulouse, ni grand ni petit, mais qu'il voulait que là où on les rencontrerait, on leur rendît autant d'honneur et de respect qu'à lui-même en personne.

Quand le comte Raimond eut dit et montré tout ceci à ses gens, il leur ajouta : « Seigneurs, je vous ai « fait ici tous assembler, afin de savoir de vous tous si « chacun de vous a bon vouloir de me secourir et ai-

« der à défendre ma terre et héritage. » A quoi le comte de Foix répondit, pour tous les autres seigneurs et barons, que chacun d'eux était décidé à vivre et mourir avec lui et à le secourir envers et contre tous jusqu'à la fin de la guerre, et que tous y mourraient ou vivraient avec lui sans jamais l'abandonner, et que tout serait perdu ou que tout serait gagné. Alors s'avança un grand et sage homme de ceux de la ville, lequel en était alors capitoul, et il lui dit, au nom de la ville et de tous ses habitans, qu'ils lui offraient leurs biens et leur corps, et tout ce qu'ils possédaient, pour le servir et maintenir envers et contre tous, et que de ce moment ils abandonnaient tout ce qu'ils avaient au comte Raimond et à ses gens pour en faire à leur plaisir et volonté; il remercia aussi grandement les seigneurs et barons de ce qu'ils avaient résolu, chacun pour sa part, d'assister le comte Raimond et de garder et défendre son droit et aussi la ville. Tout ceci fait et dit, le comte Raimond et ses gens tinrent conseil et délibérèrent de faire construire force trébuchets et pierriers, pour abattre le château Narbonnais, où se tenait le comte de Montfort; de creuser aussi force profonds fossés entre le château et la ville, de faire rétablir et réparer les murailles que le comte de Montfort avait fait démolir, et de faire faire de grands échafauds, tous à double plancher et très-solides. On mit donc la main à l'œuvre, ainsi que l'avait décidé le conseil, et jamais on ne vit travailler tant de gens, car il ne s'y épargnait ni hommes ni femmes, et chacun s'y mettait pour sa part; et l'on fit tant d'ouvrage en si peu de jours, qu'homme vivant ne saurait le croire.

Tandis qu'ils travaillaient ainsi aux fossés, aux engins et aux murailles, un sage et vaillant homme appelé Arnaud de Montaigu leur dit : « Seigneurs, « je suis d'avis que pendant que l'on travaille ainsi, « je m'en aille chercher des gens pour nous donner « aide et secours. » Il fut donc décidé que ledit Montaigu irait chercher des gens et des secours, ce qu'il fit.

Quand tout ceci fut fait, tant murailles que trébuchets et fossés, le comte Raimond fut d'avis que, sans plus attendre, on allât dresser les engins devant le château Narbonnais, afin de l'abattre; et on les dressa incontinent. Quand lesdits engins furent prêts, on les fit tirer contre le château Narbonnais, et tellement tirer qu'ils ne laissaient dans le château tour ni muraille qu'ils ne jetassent à terre; ils le battaient de telle sorte, que le comte de Montfort se prit à s'ébahir, car il ne savait où tenir ni se retirer dans le château. Il en sortit donc, et alla au camp de la plaine de Montolieu. Là, il assembla son conseil, auquel il dit et montra le grand dommage que lui avait fait le comte Raimond, d'abattre le château Narbonnais; et que d'autre part, il lui avait tué et détruit ses gens; ce pourquoi il ne savait que faire ni que dire. Alors l'évêque de Toulouse lui répondit : « Seigneur, « ne t'ébahis de rien, car voici que M. le cardinal a « envoyé ses lettres et messagers par tout le monde, « afin que chacun te vienne donner aide et secours; « et tu l'auras tel que jamais personne ne l'eut ou « ne le vit. Tu pourras donc alors recouvrer la ville, « et prendre vengeance de qui bon te semblera. » Quand l'évêque eut ainsi parlé..................

. . . . ˚. . (¹).

Alors se leva un des vaillans hommes qu'eût le comte de Montfort, afin qu'on ne le vît pas mort; et incontinent son frère prit le corps et le fit porter vers le cardinal et l'évêque de Toulouse, lesquels furent fort marris et dolens quand ils le virent, et le reçurent avec de grands pleurs et larmes.

Un messager vint vers ceux de la ville leur dire et annoncer la mort du comte de Montfort; et ils furent tellement joyeux de cette nouvelle, que jamais on n'avait vu ni ouï une telle joie. Vous eussiez ouï leurs cloches et signaux sonner à grand carillon, et par la ville aussi, de grosses troupes de ménétriers; et tous, grands et petits, allaient rendre grâces à Dieu dans les églises de ce qu'il les avait délivrés du comte de Montfort.

Tout ceci fait, ceux de la ville furent d'avis que chacun allât s'armer, et qu'ils allassent attaquer le camp, de l'autre côté de l'eau, à l'hôpital de Saint-Subra. Lorsqu'ils furent armés et accoutrés, ils sortirent et passèrent l'eau, allèrent attaquer le camp, et firent si bien qu'ils forcèrent les ennemis à l'abandonner, sans en emporter chose au monde, car ils étaient tous bien contens de se sauver quand ils le pouvaient. Il y demeura de grandes richesses, tant en pavillons que tentes et autres choses; et ceux de la ville se refirent grandement avec les richesses qu'ils trouvèrent dans le camp; et il y demeura aussi maint pri-

¹ Il se trouve ici, dans les deux manuscrits qu'on possède de ces mémoires, une lacune de quarante-huit pages, qui devaient contenir le récit des événemens survenus depuis le commencement de l'année 1218 jusqu'au 25 juin de la même année, jour où fut tué Simon de Montfort.

sonnier, dont ils eurent mainte rançon et finance.

Tout ceci fait, les assiégés du camp de Montolieu furent d'avis que puisque leur seigneur était ainsi mort, il fallait de nécessité nommer comte le fils du comte de Montfort, appelé de son nom Amaury. Le cardinal ayant donc pris la parole, dit et démontra comment le comte de Montfort, leur seigneur, étant mort, il était de nécessité de se donner un seigneur et chef pour régir et gouverner ainsi que l'avait fait le comte en son vivant, et qu'il était d'avis que l'on fît comte Amaury. L'évêque fut aussi de cette opinion, et les autres seigneurs et barons s'accordèrent également à nommer comte Amaury, en lui baillant toutes et chacune des terres et seigneuries que son père avait durant sa vie.

Quand donc il eut été mis à la place de son père, les seigneurs lui prêtèrent serment et hommage, chacun pour ce qu'il tenait de lui; et lorsque Amaury eut reçu du cardinal la bénédiction de comte, il manda son conseil, car il était sage et vaillant chevalier; et quand tous furent rassemblés en conseil, le nouveau comte Amaury leur dit et montra comment ceux de la ville lui avaient tué son père, et aussi une grande légion de ses gens; ce pourquoi il était décidé à prendre et avoir vengeance de ceux de la ville, sans plus attendre ni prolonger, et qu'il voulait donc qu'on allât donner l'assaut à la ville, et que tous y mourussent ou qu'on la prît avec tous ceux qui étaient dedans.

Chacun étant de son avis, il fit incontinent venir une grande quantité de charrettes et les chargea de paille, sarmens et autres menus bois, et quand elles

furent chargées il les fit mener le plus près possible des portes de la ville; puis on y mit le feu pour brûler les portes. Quand ceux de la ville virent ceci, ils s'armèrent tant grands que petits; les uns sortirent sur les ennemis, les autres allèrent pour éteindre le feu, et ils firent si bien que pas un seul de ceux qui menaient les charrettes n'échappa, mais tous furent tués. Ensuite ils allèrent attaquer le camp de la plaine de Montolieu, et frappèrent de telle sorte que personne ne tenait devant eux, mais qu'ils mettaient tout à mort; jamais il n'y avait eu un tel carnage et tuerie qu'on le vit à cette heure : le massacre fut tel que les assiégeans furent obligés de fuir et d'abandonner le camp; ceux de la ville y gagnèrent une grande et inestimable richesse. Ensuite ils se retirèrent avec le gain qu'ils avaient fait et bien joyeux de la victoire qu'ils avaient remportée, puis ils demeurèrent des deux côtés un long temps sans bouger ni se rien demander les uns aux autres. Quand ce vint au bout de ce temps, le comte Gui dit et montra aux barons et seigneurs de l'armée des assiégeans que ce siége ne leur était guère profitable, et qu'ils y perdaient de jour en jour plus qu'ils ne gagnaient, ainsi que chacun le pouvait bien voir et connaître. « C'est pourquoi, dit-il, je suis d'avis et
« d'opinion que nous levions le siége jusqu'à un autre
« moment que nous pourrons revenir avec une plus
« grande armée. Vous voyez bien que nos ennemis ne
« nous prisent ni craignent en rien, car mort est celui
« qui les tenait en crainte, et d'autre part, nous per-
« dons ici corps et biens. Déjà nous n'avons plus ni
« chevaux ni rien; ce pourquoi il me semble que

« nous devons lever le siége. » Le comte Gui ayant parlé ainsi, chacun fut de son avis de lever le siége et de s'en aller.

Quand le nouveau comte Amaury ouït le vouloir de ses gens, et ce qu'avait dit son oncle le comte Gui, il fut fort marri et courroucé, et il leur dit : « Seigneurs, grand déshonneur me ferez-vous si, « ainsi que vous l'avez dit, vous levez le siége et me « laissez, car ceux qui le sauront pourront bien dire « que j'ai eu peu de souci de venger la mort de mon « père; c'est pourquoi je vous prie que vous ne me « veuilliez ainsi laisser ni lever le siége, que d'abord « je n'aie pris vengeance de la mort de mon père. »

Valats, dont on a déjà parlé, lui répondit : « Sei- « gneur comte, vous voyez bien que nous ne faisons « que perdre de jour en jour de nos gens et de nos « biens; si je croyais vraiment que nous pussions te- « nir le siége, nous serions tous plus contens de le « tenir que non pas de le lever et de nous en aller; « mais, comme vous le pouvez bien voir, nous sommes « ici au vent, à la pluie, et nos ennemis sont en la « ville à couvert sous des toits. Ils ont beaucoup de « pain, de vin, de viande et autres choses nécessaires « à leurs besoins. D'autre part, tous les jours il leur « arrive secours d'un lieu ou d'un autre; ainsi il me « semble qu'il n'y aura pas, pour le moment, moyen « de les vaincre ni prendre; c'est pourquoi je suis d'o- « pinion que nous levions le siége, ainsi que l'a dit « le comte Gui, jusqu'à la venue du printemps. »

L'évêque de Toulouse dit au cardinal : « Sei- « gneur, je suis fort dolent et courroucé qu'il nous « faille ainsi lever le siége, et nous en aller sans pren-

« dre vengeance de la mort du comte Simon de Mont-
« fort. » Et le cardinal dit tout courroucé et en colère, que puisque chacun était délibéré de lever le siége, qu'on le levât, et que chacun s'en allât et s'en retournât dans son pays et terre. Ils plièrent donc et ramassèrent tout leur bagage, mirent le feu aux bâtimens qu'ils avaient faits pour le siége, et aussi au château Narbonnais, et tout incontinent s'en allèrent, chacun comme il put, l'un n'attendant pas l'autre; et quand ils furent partis, ceux de la ville éteignirent du mieux qu'ils purent le feu du château Narbonnais.

Ainsi le nouveau comte, le cardinal et l'évêque de Toulouse s'en allèrent à Carcassonne; mais, avant de s'en aller, ils avaient laissé de bons gages, car le père du comte y était demeuré, et aussi maints autres morts dont on ne savait pas le nombre. Le comte emporta cependant le corps de son père à Carcassonne; il le fit ensevelir dans l'église de Saint-Nazaire, et dit aux seigneurs qui étaient avec lui, que puisqu'il ne pouvait prendre vengeance de ceux de Toulouse, il les priait qu'ils l'aidassent à garder et défendre les terres qui lui étaient demeurées.

Le cardinal lui répondit : « Vous n'avez pas autre
« chose à faire que de mettre bonnes et fortes garni-
« sons en toutes vos places et seigneuries, tellement
« que personne ne vous les puisse ôter, ni faire outrage. »
Et le cardinal dit à l'évêque de Toulouse : « Seigneur
« évêque, vous vous en irez devers le roi de France,
« et lui direz que la sainte Église lui mande qu'il ne
« manque pas de se trouver au mois de mai en ce
« pays, avec toutes ses forces, pour prendre ven-
« geance de la mort du noble comte Simon de Mont-

« fort, que les gens de Toulouse ont tué; et j'enverrai
« au saint Père à Rome pour qu'il mande partout la
« Croisade, afin qu'on nous vienne aider et secourir. »
Ensuite le comte de Saxe s'en alla, et pria les seigneurs de faire accommodement et bonne paix avec ceux de Toulouse; à quoi le cardinal répondit « que
« plutôt qu'on ne fît la paix et accord avec ceux de
« Toulouse, avant d'avoir vengé la mort du comte de
« Montfort, ils se laisseraient écorcher tout vifs. » Le comte de Saxe s'en retourna donc en son pays.

Tout ceci fait et dit, le jeune comte, fils du comte Raimond, partit de Toulouse avec une grande armée, alla tout droit à Condom, et de là à Marmande, et partout fut reçu et obéi.

Aiguillon et autres places, que défunt le comte de Montfort avait prises, se rendirent au jeune comte. Le comte de Montfort y avait mis de bonnes et fortes garnisons; mais ceux du pays les tuèrent. D'autre part, le comte de Comminges se mit en campagne avec une autre grande armée, pour recouvrer sa terre et seigneurie que lui tenait un nommé Joris, pour le comte de Montfort: le comte de Comminges reconquit toute sa terre et seigneurie. Joris fut pris et tué avec la plupart de ses gens, et le comte de Comminges gagna sur lui de grandes richesses.

Or l'histoire dit que, tout ceci fait et le printemps venu[1], Amaury assembla une grande armée pour aller recouvrer les places que le jeune comte avait prises en Agénois et autres lieux. Il alla droit à Marmande, et y mit le siége; mais les gens que le jeune comte avait laissés à Marmande se défendaient bien et vail-

[1] En 1219.

lamment, tellement qu'Amaury n'avançait guère. Les nouvelles en furent donc portées au jeune comte, qui assembla promptement une grande armée pour aller secourir ceux de Marmande. Comme le jeune comte voulait partir, lui vint un message pour qu'il allât promptement et sans délai donner secours au comte de Foix, qui était entré dans le Lauraguais avec une petite troupe, et y avait fait la plus belle prise de bétail et de gens que personne eût jamais faite en ce temps; car il avait pris tout le bétail du Lauraguais, tant bœufs que vaches, jumens, brebis et autres bêtes, et les menait à Toulouse. Mais ceux qu'Amaury avait laissés en garnison, tant pour le pays de Lauraguais que pour celui de Carcassonne, s'étaient réunis, et étaient venus à sa rencontre pour lui ôter son butin. Quand donc le comte de Foix vit le grand nombre de gens qui venaient vers lui, il se retira dans Basiège, en attendant le secours qu'il avait fait demander au jeune comte. Le jeune comte vint avec tous ses gens, dont le comte de Foix fut fort joyeux. Alors ils tinrent conseil sur ce qu'il y avait à faire, et le jeune comte dit au comte de Foix : « Seigneur, c'est le « moment de voir qui sera hardi ou couard, car nous « avons ici la fleur de tous nos ennemis, ainsi que « vous pouvez le voir à leurs enseignes déployées. « Foucault et Valats y sont, les deux plus vaillans et « hardis que le comte Amaury ait en sa compagnie. » « Eh bien donc, dit Roger Bernard, on verra aujour- « d'hui qui sera preux et vaillant; il n'y a autre chose « à faire ici que de s'aller mettre aux mains avec eux, « chacun du mieux qu'il pourra, et sans plus tarder. »

Alors le jeune comte dit à Roger Bernard : « Sei-

« gneur, quand toutes les forces de France seraient
« ici assemblées, il faut qu'ils aient bataille avec
« nous; ou nous y demeurerons tous, ou nous sorti-
« rons d'ici. » Alors il leur cria : « Francs chevaliers,
« aux armes! que chacun s'aille apprêter et habil-
« ler, car aujourd'hui eux ou nous prendrons fin. »
Quand Arnaud de Villemur, un sage et vaillant homme,
ouït ainsi parler le jeune comte, il lui dit : « Sei-
« gneur, il ne vous convient pas d'aller ni entrer en
« bataille contre ces gens; vous n'y auriez point
« d'honneur, car, seigneur, vous savez bien que Fou-
« cault et Valats ne sont pas vos égaux, et que, si
« vous les aviez pris, cela ne vous profiterait de rien
« ni en avoir ni en terre; c'est pourquoi je suis
« d'avis que vous demeuriez. Toutefois, si vous avez
« plaisir et volonté de voir la bataille, je consens
« que vous vous y mettiez, pourvu que nous soyons
« toujours à vos côtés. » Alors le jeune comte répondit à Villemur : « Seigneur, qu'on le trouve bon ou
« mauvais, je me mettrai dans la bataille, et qui me
« faillira aujourd'hui sera toujours méprisé, car nul ne
« se doit pour rien épargner, et chacun doit confon-
« dre ses ennemis, s'il le peut. » Quand le comte de
Foix eut ouï ceci, il demanda au jeune comte que son
plaisir fût de lui donner le premier corps, et le jeune
comte lui dit et répondit : « Seigneur comte de Foix,
« vous et Roger Bernard ferez l'avant-garde avec tous
« ceux des gens de votre pays en qui vous vous fiez
« le plus; moi et mon frère Bernard et ceux de Tou-
« louse, nous ferons l'arrière-garde, pour vous se-
« courir, s'il en est besoin; et le comte de Comminges
« et le reste de nos gens feront le corps de bataille. »

Alors un vaillant homme, appelé Le Loup de Foix, cria : « Seigneur, que chacun pense à se défendre; » et chacun se mit en chemin, les étendards déployés. Quand Foucault et Valats virent venir les ennemis, ils dirent à leurs gens : « Que chacun pense à se dé-
« fendre et à avoir bon courage, car voici nos enne-
« mis qui nous viennent livrer la bataille ; que cha-
« cun donc y aille résolument, car il nous semble
« que nous devons avoir la victoire, puisque nous
« combattons pour l'Église et ses droits ; c'est pour-
« quoi chacun doit avoir très-bon courage et volonté
« de se porter vaillant et sans aucune peur. Seigneurs,
« viennent aussi le jeune comte et le comte de Foix
« avec son fils Roger Bernard, et aussi le comte de
« Comminges qui conduit le corps de bataille. »

Alors le vicomte de Lautrec dit : « Seigneurs, il
« me semble que nous ferons une folie si nous les
« attendons, vu le grand nombre qu'ils sont. » Mais Foucault lui répondit : « Seigneur vicomte, si vous
« avez peur, je vous conseille de vous enfuir, car
« nous attendons ici nos ennemis, soit pour vivre,
« soit pour mourir. » Alors les gens du comte de Foix qui faisaient l'avant-garde s'avancèrent tellement qu'entre eux et leurs ennemis il ne restait plus qu'un fossé; et de première arrivée, ils commencèrent à frapper tellement les uns sur les autres, que c'était pitié de le voir, et on aurait ouï crier : *Toulouse! Foix! Comminges!* et d'autre part : *Montfort!* Le jeune comte arriva dans le fort de la bataille, et s'alla mettre en la plus grande presse comme un lion enragé, et frappa tellement qu'il n'y avait homme qui osât se trouver devant lui et qui ne

lui fît place quand il le voyait venir. Alors un des gens du comte Amaury, appelé Pierre Guiraud de Séguret, quand il vit le jeune comte ainsi frapper et tuer gens, se mit à crier : « Seigneurs! que chacun « songe à tirer au jeune comte; car si nous l'avons, « tout le reste est à nous : autrement nous sommes « tous morts et défaits. » Quand le jeune comte eut ouï parler ainsi Séguret, il se fit bailler une lance forte et courte; et ainsi qu'un courageux léopard, se mit encore plus fort en la presse; et alors rencontrant un nommé Jean Brigier, il lui donna un tel coup de sa lance que ni armure ni rien de ce qu'il portait n'y put résister, il le perça d'outre en outre, et Brigier tomba à terre. Après avoir fait ce coup, le jeune comte cria : « Francs chevaliers, frappez, l'heure est « venue où nos ennemis vont être déconfits ! »

Comme le jeune comte disait cela à ses gens, vint par la presse Séguret, qui lui donna un grand coup de lance, tellement que sa lance se rompit; le jeune comte n'en eut ni mal ni danger, et ne bougea pas de dessus son cheval. Mais alors il se tint pour outragé, et tout incontinent, avec le comte de Foix, il rompit le corps des ennemis, et frappa sur eux de telle sorte, qu'il les tuait ou les mettait en déroute, et qu'il n'en resta pas un seul. Quand le vicomte de Lautrec vit cette déconfiture, il se mit à fuir avec ses gens pour se sauver; et furent pris et retenus, Foucault, Jean, Thibaut, et aussi Séguret, lequel le jeune comte fit tout incontinent pendre et étrangler. Le jeune comte et ses gens firent si bien que le camp leur demeura, et ils gagnèrent de grandes richesses, outre la prise du bétail, dont on a parlé; cela fait, ils se retirèrent et menèrent la prise à Toulouse avec les prisonniers, dont ils avaient un grand nombre.

Alors un des hommes d'armes d'Amaury partit, et s'en alla tout droit à Marmande lui porter les nouvelles, et comment le jeune comte lui avait déconfit ses gens qu'il avait laissés en garnison dans le Lauraguais et le Carcassès; et qui pis est, il en tenait beaucoup prisonniers, avait fait pendre Séguret, et avait mené à Toulouse tout le bétail qu'il avait trouvé dans le Lauraguais. Quand le comte Amaury eut ouï le message, il pensa mourir de douleur, et principalement quand il apprit que Foucault et autres étaient prisonniers, et Séguret pendu et étranglé; et de la grande colère qu'il en eut, il fit incontinent donner l'assaut à Marmande. Mais ceux de Marmande ne s'en inquiétèrent guère. Ils sortirent de la ville, et vinrent attaquer les ennemis. Ils avaient pour capitaine un vaillant homme appelé Guiraud de Samatan; et ils firent et combattirent en sorte que de chaque côté il en demeura beaucoup sur la place, et qu'on ne savait qui avait du meilleur ou du pire; ils continuèrent ainsi plusieurs jours à se battre sans que jamais on sût qui avait du meilleur.

Pendant que ceux de la ville se défendaient ainsi, arriva le fils du roi de France avec un grand secours qu'il amenait; et quand ceux de Marmande le surent, ils s'ébahirent fort, car tous les jours il venait du secours. Tout incontinent le fils du roi fit donner l'assaut, et fit en sorte que, de première arrivée, on emporta les barrières. Quand le capitaine de Marmande vit ceci, et qu'il n'y avait pas moyen de tenir, il leur fut grandement avis à tous d'envoyer un messager au fils du roi pour voir s'il les voulait recevoir en leur laissant vie et bagues sauves, au moyen de quoi ils lui rendraient les barrières et la ville. Le messager étant arrivé au camp des assiégeans, fit son message au fils du roi, lequel lui répondit, de l'avis de tous les assiégeans, que, si la garnison leur voulait rendre la ville, ainsi qu'elle le disait, on consentait de les recevoir à merci, et qu'on les laisserait aller, mais sans rien emporter, sinon leur corps. Quand le messager eut ouï la réponse du fils du roi, il s'en retourna vers la ville, et conta aux assiégés tout ce qui avait été fait et dit au camp.

Lorsque le capitaine et les autres eurent ouï la réponse, ils sortirent incontinent de la ville, vinrent se rendre à la tente du fils du roi, le saluèrent, ainsi que tous ceux qui étaient avec lui, et se mirent à sa merci. L'évêque de Saintes voyant venir le capitaine et ses gens, dit au fils du roi : « Seigneur, « je suis d'avis que tout incontinent vous fassiez « mourir tous ces gens, comme hérétiques et fé- « lons, et qu'il n'en soit pris aucun à vie sauve; « puis vous en ferez de ceux de la ville ni plus ni « moins; car ils ont fait tant de mal au seigneur comte « Amaury que cela ne se peut croire, et l'on ne sau- « rait accomplir œuvre meilleure que de les faire « tous mourir de malemort. » Quand l'évêque eut fini de parler, le comte de Saint-Pol lui répondit : « Seigneur évêque, vous parlez mal à propos; car si « monseigneur le fils du roi faisait ainsi que vous « le dites, la France en aurait à tout jamais reproche « et déshonneur. » Et le comte de Bretagne prit en-

suite la parole, et dit « qu'on ne devait pas faire ce
« que proposait l'évêque ; et que quant à lui, il n'y
« consentirait pas. »

Quand le fils du roi eut entendu les discours de
part et d'autre, il leur dit : « Seigneurs, je ne suis
« pas ici pour faire tort à l'Eglise ni aucunement pour
« épargner le jeune comte et ses gens. » L'archevêque d'Auch lui répondit : « Seigneur, je vous pro-
« mets bien et vous jure que le jeune comte et ses
« gens ne sont point hérétiques ni contre la foi ; et
« il me semble que l'Eglise leur fait un grand tort, et
« devrait recevoir le comte à merci, puisqu'il veut
« revenir à elle. D'ailleurs sont prisonniers à Toulouse
« Foucault et d'autres grands seigneurs et barons ;
« s'il arrive que vous fassiez mourir ces gens, jamais
« seigneur n'aura causé plus grand mal, car aussitôt
« que le jeune comte saura qu'on lui a de la sorte
« fait mourir ses hommes, il fera pendre et étrangler
« tous ceux qu'il tient, ce qui sera une grande perte. »
Ainsi parla l'archevêque d'Auch, et chacun loua fort
son dire.

Le fils du roi répondit donc que son conseil et
opinion seraient suivis, et que le capitaine et ses
gens n'auraient point de mal. Quand ceux du comte
Amaury eurent ouï ceci, ils s'en allèrent dans la ville,
et y mirent à mort hommes et femmes, tant qu'ils en
trouvèrent : c'était grande pitié de le voir ; et le fils
du roi en fut grandement courroucé et mal content
contre Amaury, quand il le sut ; et du grand courroux
qu'il en eut, il partit, et prit son chemin vers Toulouse
avec tout son monde, et laissa aller le capitaine et
ses gens où il leur plut.

Quand ceux de Toulouse surent que le fils du roi venait vers eux avec une si grande armée, et qu'ils apprirent aussi le grand massacre de Marmande, tout incontinent le jeune comte manda à tous ses alliés et amis que chacun lui vînt donner aide et secours, afin de garder la ville, car le fils du roi de France venait sur lui avec une grande armée. Quand ceux à qui le jeune comte avait envoyé ses messagers eurent ouï l'affaire et sa sommation, ils se mirent en chemin pour le venir secourir et aider; et ils étaient bien mille chevaliers et plus, tous gens vaillans et bien armés, et montés sur bons coursiers. Et aussi y vinrent un grand nombre d'autres gens, tellement que le jeune comte ne craignait pas le fils du roi ni son armée, et que la ville se trouva en état d'attendre en sûreté les ennemis. Alors un sage et vaillant homme, appelé de son nom Pierre Fors, dit au jeune comte : « Seigneur, je serais
« d'opinion que vous envoyassiez devers le fils du roi
« lui dire et montrer comment lui, qui est votre pro-
« pre parent et de votre sang, fait mal de venir ainsi
« vous détruire, et qu'il devrait plutôt vous garder,
« si un autre le voulait faire. Il me semble que si
« vous envoyez vers lui, il aura à cela quelque égard. »
Alors le jeune comte répondit : « Seigneur, votre con-
« seil est bon, mais néanmoins nous ferons tout au-
« trement, car nous avons bonne et forte ville, et
« sommes en compagnie de bonnes gens fidèles; c'est
« pourquoi je suis d'avis de ne point envoyer, mais
« de les laisser venir, pour voir ce qu'ils voudront
« faire, et que cependant nous ayons soin de nous
« bien munir et de préparer notre affaire, afin que s'ils
« nous attaquent, nous nous défendions bien et sans

« les craindre. » Lorsque le jeune comte eut ainsi parlé, chacun fut de son avis et opinion; et alors vinrent devant le jeune comte et ses gens les capitouls de la ville, pour dire qu'à compter de ce moment ils abandonnaient à ceux qui demeuraient pour garder la ville tout ce qu'ils avaient, corps et biens, qu'ils ne s'épargnassent rien au monde de ce qui leur serait nécessaire, tant les étrangers que leurs amis et privés; de plus, ils leur promirent de leur payer leurs gages à leur volonté et tels qu'ils les voudraient demander, pourvu que chacun fît bien son devoir de défendre et garder la ville. Et quand les capitouls eurent ainsi parlé, le jeune comte et ses barons leur surent bon gré d'avoir ainsi de leur bonne volonté offert eux et leurs biens; et chacun en eut meilleur courage pour défendre et garder la ville.

Tout ceci fait, on manda promptement tous les menuisiers et charpentiers de la ville, pour mettre en état les calabres et les pierriers, et on manda à Bernard Parayre et à Garnier qu'ils allassent promptement tendre et apprêter les trébuchets, ainsi qu'ils le savaient faire, et que l'on garnît les tours, les murailles et les portes, ainsi qu'il semblerait bon de le faire, et qu'il conviendrait en telle occasion. Ils mirent donc alors des garnisons partout où il était de nécessité et besoin, et surtout aux barbacanes[1] et aux portes de la ville.

Et premièrement on mit à la barbacane et porte du Basaigle d'Aydie de Barasc, Arnaud de Montaigu, Bernard de Roquefort, Guillaume de Barasc et tous leurs gens.

A la porte et barbacane de Saint-Subra, Guiraud

[1] Sorte d'ouvrage avancé.

de Minerve, Guiraud de Bélaffar, Arnaud de Fède et tous leurs gens.

Bernard de Penne, Bernard de Monestier et tous leurs gens furent chargés de la tour Bausagnes.

Roger Bernard, fils du comte de Foix, et Bernard Jourdain, et Aimeri de Roquenégade furent mis avec tous leurs gens à la porte et barbacane des Croix.

Arnaud de Villemur et son neveu Guiraud Mantes, Guiraud Bernard et Guiraud Arnaud, vaillans hommes, furent mis avec tous leurs gens à la porte et barbacane d'Arnaud Bernard.

Aspès de Lomagne, avec tous ses gens, à la porte de Posanville.

Amable et Hugues de Lamothe et Bertrand de Pestillac furent avec leurs gens chargés de la porte et barbacane où étaient tout le bruit et la mêlée.

Pierre Fors, Ratier de Caussade, Reinier de Bonne et Jean Martin furent mis avec tous leurs gens à la porte et barbacane de Matebœuf.

Les barons de Toulouse et le jeune comte furent chargés de la porte et barbacane de Villemur.

Arnaud de Comminges et son cousin Arnaud Raimond d'Aspel, avec les chevaliers de Montaigu, furent chargés de la porte et barbacane nouvellement faites.

Arnaud de Pontis, qui était alerte et vaillant, et Marestan son oncle, et Roger de Noë, tinrent avec leurs gens la porte et barbacane de Partus.

Guiraud Maulx et son frère Guiraud Maulx, et Jourdain de Lantar, la porte et barbacane de Saint-Étienne.

Sicard de Puy-Laurens et Ami de Monteil furent à la porte et barbacane de Montolieu.

Bernard Mercier et ses gens, à la porte et barbacane de Montgaillard.

Le vicomte Bertrand, frère du jeune comte, et son compagnon Arthur, à la porte et barbacane du château Narbonnais.

Bernard de Montaut, Guillebert de Labat et Frésolle, à la porte et barbacane du Vieux-Pont.

Bernard Jourdain, seigneur de la Yerle, Guiraud de Gourdon, seigneur de Caraman, Bernard Boisse et tous leurs gens furent chargés du pont neuf du Basaigle, lequel était nouvellement construit. On les mit là pour défendre l'abreuvoir et la navigation, afin qu'il n'y vînt aucune barque ni vaisseau des ennemis.

Lorsque chacun eut son poste assigné, tous firent serment de bien et dûment défendre envers et contre tous, et à la vie et à la mort, les barbacanes et portes qui leur étaient confiées, sans en bouger ni les quitter depuis le moment où ils seraient assiégés jusqu'à la fin.

Cela fait, les gens de la ville assemblèrent beaucoup de gens vaillans pour aller se joindre aux autres, si besoin était. La ville fut de cette manière garnie et renforcée de vaillantes gens et de grands engins, tellement qu'ils ne craignaient point l'armée qui venait sur eux. D'ailleurs ils avaient dans la ville les corps saints, auxquels ils se fiaient aussi pour être leurs intercesseurs auprès de Dieu.

Or l'histoire dit que pendant tout ceci, le fils du roi venait devers Toulouse, accompagné de trente-trois comtes et du légat de Rome, lesquels avaient juré que dans toute la ville de Toulouse il ne demeurerait ni hommes, ni femmes, ni garçons, ni filles; que tous seraient mis à mort sans épargner aucun, ni vieux ni jeunes, et que dans la ville il ne demeurerait pierre sur pierre, mais que tout serait abattu et démoli. Quand ceux de la ville surent leur vouloir, ils se munirent encore mieux, et attendirent leurs ennemis avec bon courage pour les recevoir, ainsi qu'il parut. Le fils du roi arriva donc devant Toulouse et y mit le siége [1]; mais ceux de la ville ne s'en embarrassaient guère, ainsi qu'ils l'ont bien montré, et ne craignaient rien, car ils étaient fournis de tout ce qui leur était de besoin. Quand le siége fut mis, on tira de la ville maints coups de pierriers et d'autres engins, tellement que les assiégeans n'osaient se tenir dans le camp. Ils vinrent donc donner l'assaut, ou firent semblant de le donner; mais ceux de la ville les reçurent de telle manière, qu'ils eurent grand plaisir à s'en retourner; et à compter de ce moment, les gens de Toulouse se défendaient tellement, qu'enfin force fut aux assiégeans de lever le siége, et de s'en aller comme ils étaient venus, à leur grande confusion et dommage [2]. Le jeune comte, fils du comte Raimond, et nommé aussi Raimond, comme son père, se porta en cette occasion très-vaillamment, et aussi tous les autres barons et seigneurs qui étaient dans la ville avec lui.

[1] Le 16 juin 1219.
[2] Le 1er août.

FIN DE L'HISTOIRE DE LA GUERRE DES ALBIGEOIS.

CHRONIQUE

DE

GUILLAUME DE PUY-LAURENS

CONTENANT

L'HISTOIRE DE L'EXPÉDITION DES FRANÇAIS

CONTRE LES ALBIGEOIS [1].

[1] (Voir la *Notice* placée en tête de ce volume.

CHRONIQUE

DE

GUILLAUME DE PUY-LAURENS.

PROLOGUE.

Comme, parmi les faits qui se sont passés depuis un siècle environ, il faut, entre tous ceux qui ont eu lieu de ce côté-ci des mers en Europe, tenir pour grandement digne de mémoire l'entreprise formée pour la défense de la foi catholique et l'extirpation de l'hérétique méchanceté dans la province de Narbonne et d'Arles, dans les diocèses de Rhodez, de Cahors, d'Agen, et certaines autres terres du seigneur comte de Toulouse, au-delà du Rhône, laquelle on sait avoir à peine pris fin après un laps de soixante-dix années ; j'ai fait dessein de laisser par écrit à la postérité quelques-unes des choses que j'ai vues moi-même, ou recueillies de près, afin que puissent les grands, moyens et petits, comprendre, par ce qui s'est passé, les jugemens dont Dieu voulut frapper ces malheureuses contrées à cause des péchés du peuple. Et, bien que j'aie dit les péchés du peuple, je n'en exclus point la négligence des prélats et des princes, pour qu'à l'avenir ils prennent garde que l'ennemi ne jette derechef l'ivraie sur la bonne semence, maintenant que le champ a été, par si grand labeur, rendu à saine culture, avec de si prodigieuses dépenses, et après si large effusion de sang humain.

En effet, durant que dormaient jadis ceux qui auraient dû veiller, le vieil ennemi introduisit secrètement en ces pays misérables des hommes, fils de perdition, ayant de vrai quelque apparence de piété, mais en abjurant au fond la virtuelle essence ; desquels les discours, comme un chancre qui gagne de proche en proche, infectèrent et séduisirent un grand nombre, tellement que personne ne se tenant sur la muraille pour s'opposer, en faveur de la foi, à qui l'assaillait, les hérétiques tirèrent si bon parti de leurs efforts, qu'ils commencèrent à avoir par les villes et bourgs des lieux où s'héberger, des champs et des vignes et très-amples maisons où ils prêchaient publiquement et prônaient les hérésies à leurs adeptes. Or, il y en avait qui étaient Ariens, d'autres Manichéens, d'autres même Vaudois ou Lyonnais ; lesquels, bien que dissidens entre eux, conspiraient tous néanmoins, pour la ruine des ames, contre la foi catholique (et disputaient ces Vaudois très-subtilement contre les autres ; d'où vient qu'en haine de ceux-là, ceux-ci étaient admis par des prêtres imbéciles) ; si bien que toute cette terre, réprouvée qu'elle était, et tout près de la malédiction, ne poussait guère plus qu'épines et chardons, ravisseurs et routiers, larrons, homicides, adultères et usuriers manifestes.

D'abondant, les capelans [1] étaient auprès des laï-

---

[1] *Capelan* ou *chapelain* ; c'est ainsi que, dans le midi, le peuple appelle encore en général les prêtres.

ques en si grand mépris, que leur nom était par plusieurs employé en jurement, comme s'ils eussent été juifs. Ainsi, de même qu'on dit : « J'aimerais « mieux être juif; » ainsi, disait-on : « J'aimerais « mieux être capelan que faire telle ou telle chose. » Les clercs aussi, quand ils paraissaient en public, cachaient la petite tonsure qu'ils portent près du front avec les cheveux du derrière de la tête ; d'autant que les hommes d'armes n'offraient que rarement leurs fils à la cléricature, mais présentaient aux églises, dont alors ils percevaient les dîmes, les enfans de leurs vassaux ; et les évêques recevaient aux saints ordres ceux qu'ils pouvaient trouver, suivant les circonstances du temps. Davantage, les hommes d'armes eux-mêmes, méprisant toute domination, au gré de leur bon plaisir, adhéraient, sans que nul l'empêchât, à telle ou telle secte hérétique; et les hérétiques étaient en si grande révérence qu'ils avaient des cimetières où ils enterraient publiquement ceux qu'ils avaient pervertis, en recevant lits garnis et vêtemens, et legs plus abondans que les gens d'Église : voire n'étaient-ils astreints à guet et gardes, ni tailles. Enfin, si quelque homme de guerre, marchant avec eux, était pris par les ennemis, il ne lui arrivait point mal.

Ainsi donc, par leur moyen, Satan possédait en repos la majeure partie de ce pays comme un sien domicile; car les ténèbres s'y étaient logées, la nuit d'ignorance le couvrait, et s'y promenaient librement les bêtes de la forêt du diable.

CHAPITRE Ier.

Du bienheureux Bernard, abbé de Clairvaux, lequel maudit le château de Vertfeuil, parce qu'il repoussa et ne voulut entendre la parole de Dieu.

Un religieux, savoir saint Bernard, abbé de Clairvaux, homme illustre de mœurs et docte dans les lettres, enflammé du zèle de la foi, visita jadis les contrées que travaillait le mal d'une si grande infidélité, et crut bon de venir vite au château de Vertfeuil où verdissaient en ce temps les rejetons d'une nombreuse noblesse et multitude vulgaire, comprenant que, s'il pouvait éteindre l'hérétique perversité dans ce lieu où elle s'était fort répandue, il lui serait plus facile de prévaloir ailleurs contre elle. Comme donc il eut commencé de prêcher dans l'église contre ceux qui en ce lieu étaient les plus considérables, ils sortirent de l'église et le peuple les suivit : mais le saint homme, sortant après eux, se prit à débiter sur la place publique la parole de Dieu : les nobles alors se cachèrent de toutes parts dans leurs maisons, et lui de continuer à prêcher le menu peuple qui l'entourait. Sur quoi, les autres faisant tapage et frappant sur les portes, de façon que la foule ne pouvait entendre sa voix, et de la sorte arrêtant la parole divine, lui pour lors, ayant secoué la poussière de ses pieds en témoignage contre eux, et comme pour leur déclarer qu'ils n'étaient que poussière et qu'ils retourneraient en poussière, se départit du milieu d'eux, et regardant la ville, il la maudit en disant : « Vertfeuil, que Dieu te dessèche! » Chose qu'il annonçait sur de manifestes indices ; car en ce temps (ainsi que le rapporte un vieux récit) il y avait dans ce château cent chevaliers à demeure, ayant armes, bannières et chevaux, et s'entretenant à leurs propres frais, non aux frais d'autrui ; lesquels dès ce moment furent maintes et maintes fois assaillis par misère et gens de guerre, si bien que la grêle fréquente, la stérilité, guerre ou sédition ne leur permirent de prendre repos, même pour un peu. Moi-même, en mon enfance, ai vu le noble homme dom Isarn Nebulat, anciennement principal seigneur de Vertfeuil, et qu'on disait vieillard centenaire, vivre très-pauvrement à Toulouse, et se contenter d'un seul roussin. Au demeurant, comment et combien fut-il, par le jugement de Dieu, sévi contre plusieurs seigneurs du même château qui faillirent à sa cause, c'est ce que montre l'évidence même des choses, puisque la malédiction du saint personnage ne put être arrêtée dans ses effets jusqu'à ce que le comte de Montfort ayant donné Vertfeuil au vénérable père dom Foulques, évêque de Toulouse, elle commença dès lors à être petit à petit adoucie, après l'expulsion des seigneurs du lieu, ainsi qu'il se verra plus tard.

CHAPITRE II.

Comment fut le château de Lavaur assiégé, long-temps avant l'arrivée des croisés, à cause des hérétiques qui s'y trouvaient.

A ce propos, je parlerai de cet autre château voisin, ayant nom Lavaur, où le diable s'était, par le moyen des hérétiques, assuré domicile, et dont il avait fait une synagogue de Satan; lequel, en l'an de l'Incarnation du Seigneur 1170 [1], fut assiégé par un certain cardinal [2] envoyé par le pontife romain, qui força les hérétiques dudit lieu de se rendre à lui. Deux d'entre eux, et c'étaient les principaux, furent convertis à la foi catholique, et placés par ce cardinal pour être chanoines, savoir, l'un, qui s'appelait Bernard Raimond, dans l'église cathédrale de Saint-Étienne de Toulouse, et l'autre dans le monastère de Saint-Sernin; et il me souvient qu'en mon enfance j'entendais appeler celui qui avait été dans l'église cathédrale *Bernard Raimond l'Arien* toutes fois qu'il était fait mention de lui; je sais même l'avoir vu. Or, ces choses se passèrent long-temps avant que l'armée des croisés arrivât à Béziers (à cause de quoi j'ai cru devoir les rapporter comme faits préparatoires); d'ailleurs la justice de Dieu ne s'endormit point sur la méchanceté des gens de Lavaur peu de temps avant la venue des croisés, alors que Bonfils, l'un des seigneurs de ce château, tua par

---

[1] En 1181. — [2] Le cardinal de Saint-Chrysogone.

trahison dans sa chambre, afin de se l'acquérir tout entier, deux siens neveux, enfans d'un feu frère à lui, qu'il avait fait venir sous prétexte d'une feinte maladie, et leur promettant de leur donner des figues de la primeur. En effet, frustré dans le même jour de son méchant dessein, il reçut le talion avec le coup de la mort.

Néanmoins, et malgré ce que j'ai dit plus haut, la fièvre d'hérésie ne baissait point; voire alla-t-elle s'accroissant et gagnant en plusieurs autres lieux (comme le montreront les chapitres suivans); et les fléaux de la vengeance divine suivirent ses progrès à la trace.

Au demeurant, pour amener par ordre le récit que je me propose, je crois devoir commencer la série des faits survenus de nos jours par les comtes toulousains, selon ce qu'en retient notre mémoire; lesquels comtes furent en les susdits pays seigneurs principaux, et dont la négligence ou la faute augmenta le mal qui s'y était déclaré, ainsi qu'on le peut conclure de circonstances dont plaise à Dieu que je n'omette aucune ou du moins bon nombre. Si auraient-ils dû mettre tous leurs soins à couper net ce mal (qui peut-être naquit peu à peu quand il se tenait encore caché), du moment que sous leur domination il eut levé la tête et se fut montré au grand jour.

CHAPITRE III.

Digression au sujet du songe que fit le vénérable père alors évêque d'Albi.

Avant d'aborder mon sujet, et pour qu'on comprenne bien jusqu'à quel point étaient parvenus le péril et le mépris de l'autorité des prélats en ce temps où quiconque pouvait impunément choisir une secte quelconque, je rapporterai ce que j'ai entendu raconter au vénérable père dom Guillaume, évêque d'Albi, de solennelle mémoire. Il disait donc qu'il lui était arrivé autrefois que, s'étant livré au sommeil, il rêvait, et lui paraissait être assis près de Guillaume Pierre de Bérens, lequel était son parent, et se trouvait malade, ainsi qu'il lui semblait. En face de son lit était un four ardent, vers lequel ledit malade faisait mine d'aller; et interpellé par le prélat qui s'y opposait, mais sans pouvoir l'en empêcher, il sortait de sa couche en rampant pour entrer dans le four. Durant que l'évêque était dans l'agonie d'une telle vision, voilà qu'on vient tout-à-coup frapper à la porte de la chambre à coucher où il dormait, et les gens envoyés de nuit vers le prélat lui annoncent que ledit Guillaume est par hasard tombé malade, et qu'il réclame sa présence. Sur-le-champ il se mit en route, et fit hâte, pressé qu'il était par ce qu'il avait vu en songe, d'autant qu'il ignorait auparavant que l'autre fût malade; étant arrivé après trois lieues de marche, il le trouva en très-méchant état, s'assit près de son lit, et entre autres raisons du desir que Guillaume avait eu de le voir, fut par lui consulté pour savoir s'il laisserait, à deux fils qu'il avait, son héritage indivis ou non. A quoi le prélat ayant répondu qu'il était plus sûr de partager la succession, de peur que l'un ou l'autre ne revendiquât l'héritage tout entier, s'il restait indivis, le malade acquiesça à cet avis. Telles et autres choses de ce genre ayant enfin été ordonnées, l'évêque demanda audit Guillaume ce qu'il voulait qui fût fait de lui, et s'il désirait être enterré dans le couvent de Gaillac, dans celui de Candeil, ou dans l'église d'Albi. D'abord il répondit qu'il ne se mît point en peine sur ce point, qu'il s'était déjà déterminé à cet égard; puis, l'évêque insistant néanmoins pour savoir dans lequel de ces trois endroits il avait choisi le lieu de sa sépulture, il dit qu'il voulait être transporté chez les Bononiens ou Bonosiens, c'est-à-dire chez les hérétiques. Enfin, sur ce que le pontife s'efforçait de l'en dissuader, et lui rappelait qu'il ne pouvait faire une telle chose : « Ne vous fatiguez pas davantage, « reprit le malade, car si je ne pouvais faire autre- « ment, je courrais à eux en me traînant à quatre « pattes. » A ces mots, l'évêque l'abandonna comme un homme abandonné de Dieu, d'autant que, malgré son saint caractère, il ne pouvait l'empêcher de faire ce qu'il avait dit. Voilà jusqu'où était parvenue la dépravation hérétique, si bien que l'autorité pontificale ne la pouvait plus réprimer, même dans un parent et un sujet.

CHAPITRE IV.

De la dispute de ce même évêque avec un hérésiarque, au sujet d'une parabole sur l'apostasie dudit Guillaume de Bérens.

Au sujet de l'apostasie dudit Guillaume de Bérens, ce même prélat usa par la suite, ainsi que je lui ai entendu raconter, d'une parabole bien pressante contre l'hérésiarque maître Sicard dit le Célérier, lequel résidait publiquement à Lombers. En effet, un jour qu'il se trouvait dans ce château, les chevaliers et les bourgeois insistèrent auprès de lui pour qu'il daignât avoir un colloque avec leur hérésiarque, et sur ce qu'il leur dit que cette conférence pourrait être inutile, vu que l'hérétique, endurci dans son erreur, ne reviendrait pas facilement à la vérité, ils ne l'en pressèrent pas moins d'entrer en dispute avec lui en leur présence. L'évêque considérant qu'en s'y refusant davantage, ils attribueraient son refus bien plus à la crainte qu'au susdit motif, il consentit à leurs instances; puis s'étant joints, lui et l'hérésiarque, il commença, et lui dit : « Sicard, vous êtes
« mon paroissien, puisque vous résidez dans mon
« diocèse; vous me devez donc rendre raison de vo-
« tre foi; et quand je vous interrogerai, vous devez
« simplement répondre à mes questions oui ou non. »
A quoi l'autre ayant répliqué par la promesse de faire comme on lui demandait : « Croyez-vous, lui dit l'é-
« vêque, qu'Abel tué par Caïn son frère, Noé enlevé
« au déluge, Abraham, Moïse, David et les autres pro-

« phètes, aient été sauvés avant la venue du Seigneur? — Non, » répondit l'hérésiarque avec assurance. *Item*, le prélat lui ayant demandé s'il croyait que Guillaume Pierre de Bérens, mort dernièrement, fût sauvé, il affirma nettement qu'il l'était, parce qu'il était mort hérétique. « Sur ce je dis, reprit l'évêque, qu'il vous
« est arrivé, Sicard, comme à Guillaume du bourg
« de Saint-Marcel dans notre terre, alors qu'à son re-
« tour de sa terre avec le titre de médecin, il déclara
« que de deux malades qui lui furent présentés, l'un
« mourrait la nuit suivante et l'autre réchapperait:
« ce qu'il disait à cause des symptômes qu'il avait vus
« dans chacun d'eux. Mais comme l'issue fut tout le
« contraire de ce qu'il avait annoncé, si bien que le
« condamné guérit, et que l'autre vint à mourir, « Je
« reconnais, dit le médecin, que j'ai lu tout à rebours;
« c'est pourquoi je retournerai à l'étude pour relire
« en droit sens ce que j'ai lu de travers. » Pareille-
« ment, Sicard, je vous dirai qu'il vous est advenu de
« lire nos livres à rebours, vous qui condamnez ceux
« à qui l'Écriture et Dieu lui-même rendent témoi-
« gnage, et qui accordez le salut à un homme qui,
« si long-temps qu'il a vécu, a fait sa coutume de ra-
« pines et de maléfices. Il vous faut donc avant tout
« lire à droite ce que vous avez lu à gauche jusqu'ici. »

Ces mots dits, l'évêque se retira ; l'hérésiarque resta muet et confus avec ses croyans, sans pourtant que l'autorité du pontife pût l'empêcher de résider comme par le passé dans sa demeure ordinaire.

CHAPITRE V.

De la généalogie des très-illustres personnages les comtes de Toulouse, dans les domaines de qui survinrent en dernier lieu les hérétiques, après que les derniers venus eurent dévié de la route tracée par les premiers fidèles.

Il est tenu pour certain que cet illustre personnage, Raimond, comte de Toulouse, figura en l'an du Seigneur 1098, à la prise d'Antioche, plus à celle de Jérusalem, en l'an du Seigneur 1099; après quoi il assiégea lui-même Tripoli, élevant près de cette ville et sur le bord de la mer, un château qu'on nomme *le mont Pélerin*, afin de la battre plus facilement. Durant ce siége, il mourut au service de Jésus-Christ, l'an du Seigneur 1101[1]; son fils Bertrand continua l'entreprise; et sept ans après qu'elle eut été commencée, il reçut Tripoli à composition, en présence et avec le secours du roi de Jérusalem.

Or, il avait un frère cadet, ayant nom Alphonse, lequel, étant retenu captif dans Orange, fut délivré, l'an du Seigneur 1133[2], par une armée nombreuse que les citoyens de Toulouse y envoyèrent, amené dans leur ville, et reconnu par eux comme étant leur seigneur naturel. Ils avaient auparavant expulsé de leurs murs Guillaume de Saint-Marcel, homme d'armes, qui tenait le château dit de Narbonne pour le comte de Poitou, lequel appartenait à la race des princes de Toulouse. Ce même comte Alphonse engendra un fils nommé Raimond[3], qui fut homme d'au-

---

[1] Le 28 février 1105. — [2] en 1123. — [3] Raimond v.

dace, plein de vaillance, et grand de renom; celui-là épousa Constance, fille de Louis, illustre roi de France, dont il eut Raimond, en l'an du Seigneur 1156, puis deux autres fils, savoir, Taillefer et Baudouin ou Baudoyn. Lui-même mourut, et fut enterré à Nîmes dans le cloître de l'église cathédrale, l'an du Seigneur 1194, et de l'âge de son fils aîné le trente-troisième; lequel, du vivant de son père, avait pris pour femme Béatrix, sœur de Trencavel, vicomte de Béziers, et en eut une fille, qu'il donna en mariage au roi de Navarre (à celui qui gît en l'église de l'hospice de Roncevaux); puis à Pierre Bermond de Sauves, lorsqu'elle fut répudiée du vivant dudit comte son père. Cedit comte, en l'an du Seigneur 1196, épousa l'illustre dame Jeanne, sœur de Richard, roi d'Angleterre, après la mort de Guillaume, roi de Sicile, son premier mari; laquelle lui donna le dernier comte, le seigneur Raimond, l'an du Seigneur 1196[1], dont elle accoucha à Beaucaire, au diocèse d'Arles. Sitôt ses relevailles faites, femme qu'elle était pleine de courage et de zèle, et sensible aux injures de son mari, qu'avaient offensé un grand nombre de gens puissans et de chevaliers, elle assiéga le château de Casser, appartenant aux seigneurs de Saint-Félix, et le pressa vivement; mais cela lui servit de peu, vu que quelques-uns des siens fournissaient traîtreusement et en secret des armes aux assiégés, et autres choses nécessaires. Sur quoi elle leva le siége, et même il lui fut à peine possible de sortir du camp, à ce point que les traîtres y ayant mis le feu, les flammes la suivaient et se précipitaient après elle. Outrée d'une

[1] En 1197.

telle injure, elle faisait diligence pour joindre son frère, le roi Richard, et lui porter sa plainte; mais l'ayant trouvé mort; alors qu'elle-même était enceinte derechef, elle succomba sous le poids d'une double douleur, et fut ensevelie aux pieds de sa mère, Éléonore, reine d'Angleterre, et près de son frère Richard, lequel gissait aux pieds du roi Henri, son père, dans l'église de Fontevrault. Richard et Jeanne sa sœur moururent dans l'an du Seigneur 1199 ; quant audit comte Raimond, après le décès de Jeanne, il épousa, en l'an du Seigneur 1200, la sœur de Pierre, roi d'Aragon, nommée Éléonore, dont le père, Bernard Bérenger, roi d'Aragon, avait trépassé à Perpignan, l'an du Seigneur 1196[1].

Davantage, à une époque précédente, savoir, l'an du Seigneur 1188, le dixième jour de septembre, à la sixième heure, il y eut une éclipse de soleil grandement terrible et obscure.

CHAPITRE VI.

De Fulcrand, évêque de Toulouse, et de son successeur Raimond de Rabastens, déposé de l'épiscopat, et de l'état misérable du siége épiscopal de Toulouse.

En ce temps-là, dom Fulcrand était évêque de Toulouse; et je ne puis rapporter de lui que peu de choses, ayant ouï dire que peu de choses il a faites, sinon, ainsi que je l'ai appris de ses contemporains, qu'il vivait comme un bourgeois, dans le logis épisco-

[1] Le père d'Éléonore était Alphonse II, roi d'Aragon.

pal, du peu de revenus qu'il touchait de ses métairies et de son four; car il ne percevait rien des dîmes que possédaient alors les chevaliers ou les monastères, et les prémices étaient aux capelans qui les prenaient, comme il suit, quand les dîmes étaient payées en grains : le laboureur mettait dans ses granges neuf quarteaux, puis divisait le dixième, et donnait pour prémices au capelan un fond d'un quarteau, retourné et comble, ce qu'il répétait pour chaque quarteau de la dîme; en sorte que trois fonds de quarteau faisaient un quarteau; et si le décimateur en avait trois, le capelan en prenait un; mais l'évêque n'en recevait aucune portion. Bien plus, s'il voulait sortir de la ville pour visiter les paroisses, il lui fallait implorer une escorte des seigneurs sur les terres de qui il se disposait à passer; pour quoi l'on pouvait peut-être croire que le comte n'était pas accusé à tort de ne point pourvoir à la sûreté de son évêque. Il semblait excusable, sinon en tout, en cela du moins qu'il ne pouvait maintenir la paix dans ses domaines, pour autant que ses vassaux ne lui laissaient pas de trêve, et si peu qu'il faisait venir à lui des routiers d'Espagne, auxquels il donnait licence de courir librement sur ses terres. Même serait-ce peut-être vouloir beaucoup qu'il eût extirpé, sans le consentement de ceux qui s'opposaient à lui, les hérétiques déjà moult enracinés dans le pays. Mais cette excuse n'était pas non plus suffisante, puisqu'il aurait pu pour un tel dessein trouver les bons avis et secours qu'on lui refusait pour autre chose. Au demeurant, soit simplicité, soit négligence, on pouvait dire de lui ce qu'on lit dans l'Écriture : « J'ai passé par le champ de l'homme pa-

« resseux, et voilà que les orties l'ont rempli tout en-
« tier. » Je veux parler des hérétiques, gent en effet
inutile et dévorante, dont les progrès pouvaient aussi
par aventure être en grande partie rejetés sur les prélats, en tant qu'il leur était du moins loisible d'aboyer, de réprimander et de mordre.

Dom Fulcrand, évêque, étant mort vers l'année 1201[1], on choisit pour son successeur Raimond de Rabastens, archidiacre d'Agen. Mais pour autant que tout d'abord il se jeta dans le vice de simonie, la bénédiction lui manqua à la fin; et lorsque, aussi pauvre que son prédécesseur, il eut consumé ses métairies et engagé ses forts en plaidant et combattant inutilement durant près de trois années contre Raimond de Beaupuy, son vassal, il fut finalement condamné par le siége apostolique à être dépossédé de l'épiscopat.

CHAPITRE VII.

De frère Pierre de Castelnau, légat, et de son collègue maître Raoul, ensemble de dom Foulques, évêque, envoyé pour ressusciter l'épiscopat.

Comme donc il fut à la connaissance du siége apostolique que ces contrées étaient travaillées du mal, tant de l'hérésie que d'une incroyable rapine et d'une misérable infamie, le souverain pontife y envoya vers le même temps pour légat frère Pierre de Castelnau, de l'ordre de Cîteaux, homme prudent et discret, lui donnant pour collègue maître Raoul,

[1] En septembre 1200.

personne lettrée et de bonnes mœurs; lesquels avertirent le comte de Toulouse d'expulser les hérétiques et routiers de ses terres, et d'y maintenir la paix; à quoi même ils le lièrent par serment. Il arriva dans le même temps que, par l'inspiration de Dieu, le vénérable homme et religieux, dom Foulques, abbé de Florèges, ou Toronet, de l'ordre de Cîteaux, fut élu évêque de Toulouse. Or, quand ledit légat, qui le connaissait très-bien, apprit sa promotion, malade qu'il était et gissant dans son lit, il éleva les mains vers le ciel, et rendit grâces à Dieu de ce qu'il donnait un tel homme à l'église de Toulouse.

Foulques entra pour la première fois dans son église le jour de la fête de Sainte-Agathe, qui était un dimanche de carême; et après qu'il eut prié, se tournant vers le peuple, il commença un sermon sur l'évangile de ce jour : *Celui qui sème est sorti pour semer la semence;* ce qui s'accordait parfaitement avec son début, savoir, que personne ne devait plus douter qu'il ne fût envoyé, comme un autre Élisée, pour ressusciter l'évêché de Toulouse. C'est en l'an de grâce 1205 qu'il arriva en cette ville[1]. J'ai dit ressusciter l'évêché, car il était mort; et le mot ne doit étonner. Je lui ai entendu dire, à lui Foulques, et cela même dans un sermon, que quand il y entra, il ne trouva, de la terre au ciel, rien qu'il pût toucher présentement, si ce n'est quatre-vingt-seize sous toulousains, et en outre qu'il n'osait envoyer sans escorte à l'abreuvoir commun du fleuve, quatre mulets qu'il avait amenés, mais qu'ils buvaient l'eau d'un puits creusé en dedans de sa maison.

[1] En 1206.

Lui-même était pressé par les créanciers qui le sommaient de paraître devant les capitouls. Au dehors, les Ariens, les Manichéens, les hérétiques et Vaudois avaient rempli tout le pays; car le Seigneur, qui, au temps de la primitive Église, ne fit point choix de nobles ou de puissans selon la chair pour détruire les plus forts empêchemens, mais bien de ce qu'il y a de plus faible au monde, le Seigneur ordonnait peut-être qu'un pauvre évêque viendrait marchant à pied, pour chasser l'hérétique corruption.

CHAPITRE VIII.

De dom Diègue, évêque d'Osma, et de saint Dominique, son compagnon, envoyés pour prêcher contre les hérétiques.

Dans ce temps-là aussi, le Seigneur-Dieu, qui conserve des flèches de choix dans le carquois de sa providence, tira d'Espagne deux athlètes d'élite pour les employer à ce grand ouvrage; je veux dire dom Diègue, évêque d'Osma, et ce religieux, Dominique, depuis déclaré saint, son compagnon et chanoine régulier de son église. Ces deux personnages donc mettant la main à la grande œuvre, après s'être adjoint des abbés de l'ordre de Cîteaux, et autres gens de bien, commencèrent en toute humilité, abstinence et patience, à attaquer la superstition des hérétiques, qui se glorifiaient de la puissance de Satan; ils se rendaient de château en château aux disputes convenues, non point suivis d'un pompeux cortége, ou d'une multitude de gens à cheval, mais par le sentier des piétons, les pieds nus et déchaux. Une des premières rencontres eut lieu à Vertfeuil, à laquelle affluèrent un grand nombre d'hérésiarques, savoir : Pons Jourdain, Arnaud d'Arifat, et autres. En icelle, après force objections de part et d'autre, ils en vinrent à ce passage de saint Jean où Dieu dit : *Nul ne monte au ciel,* etc.; et sur ce que l'évêque d'Osma leur demandait comment ils l'interprétaient, l'un d'eux répondit que Jésus, qui parlait, s'appelait le fils de l'homme qui est dans le ciel. « Votre sens est « donc, reprit l'évêque, que celui qui est dans le ciel, « et dont il s'appelle le fils, est un homme ? » Eux ayant dit qu'ils l'entendaient ainsi, il ajouta : « Or ça, le Sei- « gneur disant par la bouche d'Isaïe : *Le ciel est mon « siége, et la terre l'escabeau de mes pieds,* il suit « de ce que l'homme siégeant dans le ciel touche de « ses pieds la terre, que la longueur de ses jambes est « de tout l'espace entre la terre et le ciel ? » Sur quoi, les autres avouant qu'il en était ainsi : « Dieu vous « maudisse ! répondit aussitôt l'évêque, car vous êtes « de grossiers hérétiques : je pensais que vous aviez « quelque subtilité. » Alors ils se perdirent dans leurs efforts pour trouver à ces paroles des subterfuges et évasions; par la susdite ambiguïté, en effet, les Chrétiens catholiques prouvaient que Dieu et homme est celui qui descendit du ciel pour devenir homme et pourtant était dans le ciel, d'où il était descendu en tant que Dieu.

Il y eut une autre dispute à Pamiers, dans laquelle la sœur de Bernard Roger, comte de Foix, soutenait ouvertement les hérétiques, si bien que frère Étienne de Nîmes : « Allez dame, lui dit-il, filez votre « quenouille, il ne vous appartient pas de parler en

« débats de cette sorte. » Là, on disputa contre les Vaudois, en présence de maître Arnaud de Campragnan, pour lors clerc séculier, lequel fut choisi pour arbitre par les deux parties, et dont l'arrêt étant qu'ils avaient eu le dessous, quelques-uns d'entre eux revinrent au cœur de l'Église, approchèrent le siége apostolique, et furent reçus à pénitence, avec permission, ainsi que je l'ai ouï dire, de vivre à la façon des réguliers : parmi ceux-ci, le principal était Durand de Huesca, qui composa certains écrits contre les hérétiques; ils vécurent plusieurs années en la susdite façon dans quelque endroit de la Catalogne; mais ensuite apostasièrent peu à peu. Quant aux autres hérétiques, ils furent convaincus, même au jugement de nos ennemis; et, à ce propos, je dirai que j'ai entendu raconter à dom Foulques, évêque, que Pons d'Adhémar de Rodelle, chevalier plein de sagacité, lui disait en ce temps : « Nous n'aurions pu croire en aucune ma-
« nière que Rome eût tant d'efficaces raisons contre
« ces gens-ci. — Est-ce, répondit l'évêque, que vous
« ne voyez pas combien leurs objections ont peu de
« force? — Si fait, reprit l'autre. — Pourquoi donc,
« ajouta Foulques, ne les expulsez-vous et chassez
« de vos terres? — Nous ne le pouvons, dit-il; nous
« avons été nourris avec eux, nous avons parmi eux
« des gens de nos proches, et nous les voyons vivre
« honnêtement. »

C'est ainsi que la fausseté, par la seule apparence d'une vie pure, enlevait à la vérité les esprits mal avisés.

CHAPITRE IX.

De la dispute solennelle qui eut lieu à Mont-Réal, et fut soumise par écrit à des juges laïques.

Parmi les autres disputes que les prédicateurs soutinrent en divers lieux contre les hérétiques, la plus solennelle fut à Mont-Réal, en 1207; dans laquelle figurèrent nos susdits athlètes, et le vénérable personnage Pierre de Castelnau, légat, ensemble son collègue, maître Raoul, et plusieurs autres gens de bien ; et du côté adverse, l'hérésiarque Arnaud d'Othon, Guillebert de Castres, Benoît de Termes, Paul Jourdain, et autres à force, dont les noms ne sont point écrits dans le livre de vie. On controversa par écrit durant plusieurs jours par-devant certains arbitres choisis d'accord, savoir Bernard de Villeneuve et Bernard d'Arsens, chevaliers, plus Bernard de Got et Arnauld de la Rivière, bourgeois, auxquels quatre l'une et l'autre partie remit ses écritures. Du côté des hérétiques, le fond de la dispute fut qu'Arnaud d'Othon appela l'Église romaine (qu'avait défendue l'évêque d'Osma), au rebours d'Église sainte et d'épouse du Christ, l'Église du diable et doctrine des démons, disant qu'elle était cette Babylone que Jean nommait dans l'*Apocalypse* la mère des fornications et abominations, la saoule du sang des saints et martyrs de Jésus-Christ ; soutenant que son ordination n'était sainte ni bonne, ni établie par le seigneur Jésus, et que le Christ ni les apôtres n'avaient jamais disposé la messe telle qu'elle est aujourd'hui ; à quoi l'évêque s'offrit de prouver le contraire par les autorités du Nouveau-Testament. O douleur! qu'à ce point de vil abaissement fût arrivé l'état de l'Église et de la foi catholique parmi des Chrétiens, qu'il fallût répondre à tant d'outrages sous l'arrêt de personnes laïques !

Les écrits donc leur ayant été remis de part et d'autre, avec pouvoir de décider, les juges, en ayant voulu délibérer, se séparèrent sans achever la besogne. Dans la suite des temps, je demandai à Bernard de Villeneuve ce qu'on avait fait de ces écrits, et si la dispute avait été jugée; lequel Bernard me répondit que rien n'avait été décidé, vu que les pièces d'écriture s'étaient perdues à l'arrivée des croisés, quand les gens de Mont-Réal et autres prirent tous la fuite; il me dit cependant que cent cinquante hérétiques environ, ayant ouï ce qui s'était dit d'un et d'autre côté, s'étaient convertis à la vraie foi : pour moi, je soupçonne que quelques-uns de ses collègues, favorables aux hérétiques, auront supprimé lesdits écrits; de même que peu après dom Pierre de Castelnau, légat, passa au Seigneur par le glaive des impies, non sans que le comte de Toulouse ait été grandement soupçonné d'avoir fait la chose. Il faut rejeter les juges et les princes eux-mêmes capables de tels actes.

CHAPITRE X.

Du recours au siége apostolique après que la prédication n'eut servi de rien à l'expulsion des hérétiques, et de l'origine de l'ordre des Prêcheurs pour le soutien de la foi.

Deux ans s'étant donc passés et plus dans ce pieux labeur, sans pouvoir éteindre par telle manière l'hérétique embrasement, les benoîts athlètes de Dieu, considérant que la chose avait besoin d'une plus haute sagesse, furent obligés d'en appeler au siége apostolique. Au demeurant, pour maintenir l'entreprise de la prédication, par inspiration divine, on pourvut à l'établissement de prêcheurs à perpétuité, et pour cette fin principalement, l'ordre des Prêcheurs fut institué sous le béat évêque dom Foulques. Leur porte-enseigne, le bienheureux Dominique, en accepta à la fois la direction et la fatigue. Mais il n'entre pas dans mon récit d'en dire davantage à ce sujet, d'autant que, par l'histoire de sa vie et l'évidente propagation générale dudit ordre, il est déjà manifeste (qu'on y consente ou non) et vrai sans nul doute, selon ce que dit le saint apôtre, qu'il a fallu des hérésies dans nos temps ou dans nos contrées pour que le bienheureux ordre s'étendît et fructifiât, non pas seulement chez nous, mais bien par le monde entier.

Le péril où étaient ces pays ayant donc été déclaré au saint Siége, alors occupé par le souverain pontife pape Innocent III, un légat fut envoyé, savoir dom

Arnaud Amaury, abbé de Cîteaux, homme de grande religion et prévoyance, afin de pourvoir à un état de choses sur lequel on ne pouvait plus s'abuser. En outre, vu que l'hérésie s'était, par l'adhésion des principaux du pays, accrue à tel point qu'elle pouvait encore plus aisément faire mouvoir des armées qu'échauffer l'esprit de ses zélateurs, il fut envoyé en France, où guerroyer pour le Seigneur est chose d'habitude, devers le roi et les barons, et tandis que des prédicateurs d'un rang moins élevé et pris dans le peuple, mais gens à ce capables, s'employaient à prêcher contre les hérétiques, par l'autorisation apostolique, l'indulgence accordée d'ordinaire à ceux qui vont outre-mer au secours de la Terre-Sainte.

CHAPITRE XI.

De Pierre, roi d'Aragon, qui épousa Marie de Montpellier, dont il avait répudié la mère; et de la naissance de son fils Jacques.

Pour ne rien omettre des choses accessoires qui semblent se rapporter au présent ouvrage, en sorte que j'ai cru devoir les entremêler aux solennelles affaires dont je traite, je mets ici que, l'an du Seigneur 1204, Pierre, roi d'Aragon, prit pour femme dame Marie, fille de Guillaume de Montpellier, dont il avait répudié la mère, ayant nom Grécie, et nièce d'Emmanuel, empereur de Constantinople; ce qu'il fit pour autant que par elle il ambitionnait de devenir maître de Montpellier. Bernard, comte de Comminges, l'avait eue pour femme avant lui, et l'avait répudiée après en avoir eu deux filles, dont l'une fut mariée à Sanche de Barre, et l'autre à Centulle, comte d'Astarac. Après l'avoir gardée quelque temps sans qu'elle lui donnât de progéniture, le roi la renvoya, mais se réconcilia par la suite avec elle, grâce aux exhortations des prélats; et l'ayant approchée la première nuit qu'elle vint en son camp, elle devint grosse de ce Jacques qui règne maintenant, et étant retournée à Montpellier, elle le mit au monde en cette ville. Derechef répudiée par le roi son époux, elle plaidait avec lui en cour de Rome, et là mourut en renom de piété.

Ledit roi Jacques est né l'an du Seigneur 1208.

CHAPITRE XII.

Du comte Baudouin, frère du comte de Toulouse, né et élevé en France, et que son frère refusa ensuite de reconnaître.

JE rapporterai aussi qu'avant ce temps, Baudouin, frère du comte de Toulouse, né et élevé en France, vint vers son frère pour demeurer près de lui; mais n'en ayant pas été reconnu et accueilli comme il l'espérait, il revint promptement en France, et obtint des barons et prélats, qui avaient connaissance de sa naissance et nourriture, des lettres scellées, par lesquelles ils attestaient qu'il était fils de dame Constance, mère du susdit comte, et sœur du roi de France Louis. A son retour, le comte voyant qu'il ne pouvait plus le rejeter, le retint près de lui, mais sans apanage : toutefois il le chargea de la conduite d'une guerre qu'il avait en Provence avec les princes de Baux. Baudouin s'y comporta bravement, battit les ennemis en rase campagne, et supporta de telles fatigues qu'il en cracha long-temps le sang. N'y put-il cependant gagner les bonnes grâces de son frère jusqu'à obtenir qu'il lui assignât quelque domaine. On verra plus tard de quelle manière il fut traité.

CHAPITRE XIII.

Du comte de Toulouse, lequel, après avoir ouï la réponse du roi de France, se rendit près de l'empereur Othon, malgré la défense du roi ; et de la prise de Béziers.

LE comte, apprenant qu'on prêchait en France la croisade contre ses domaines, vint trouver son cousin, Philippe, roi de France, pour avoir son avis sur l'imminente situation de ses affaires ; et en ayant reçu de pacifiques exhortations, il alla, contre sa défense, vers l'empereur Othon, ennemi du roi, ce qui lui valut sa haine. De retour chez lui, il vint, sans faire mine de résistance, au devant de l'armée des croisés, où se trouvaient ses cousins, Pierre, comte d'Auxerre, et Robert de Courtenay, ensemble beaucoup d'autres grands personnages, auxquels sa venue fut agréable. En entrant sur son territoire, les croisés durent d'abord assiéger la cité de Béziers, dont les habitans, en punition de leurs péchés, abandonnés de la sagesse divine, et assez osés que de résister orgueilleusement à ceux qu'ils auraient dû prévenir par un pacifique empressement, ne purent repousser la première attaque du vulgaire de l'armée, et s'enfuirent, à l'abri des églises, devant la foule qui escaladait leurs murs et s'en emparait. Poursuivis l'épée dans les reins jusque dans l'église de Sainte-Marie-Madeleine, dont ce jour-là était la fête, il en fut fait un grand carnage à milliers, l'an du Seigneur 1209. On publia à cette époque que Dieu avait tiré cette vengeance de ceux qui, à pareil jour, avaient jadis tué par trahison leur seigneur Trencavel, bien que du reste on rapportât contre eux d'indicibles accusations au sujet de la souillure d'hérésie et de mille blasphèmes.

CHAPITRE XIV.

De la capitulation de Carcassonne, et de l'ordre établi pour conserver et conquérir le pays.

ÉTANT donc maîtres de la cité de Béziers, les susdits seigneurs chevaliers dirigent leurs enseignes vers Carcassonne, et le vicomte Roger, accablé d'effroi, obtient pour conditions de paix que les habitans, sortant de la ville en chemise et en haut-de-chausses, l'abandonneront aux arrivans; tandis que lui, vicomte, resterait en otage jusqu'à ce que fût accompli ce qui avait été réglé. Or, étant ainsi en otage, il mourut peu de temps après de la dysenterie, d'où bon nombre de gens prirent occasion de répandre beaucoup de menteries, et qu'il avait été tué tout de bon. Pour lors, entre les prélats et les barons, et par l'entremise du légat, il fut question de décider lequel méritait d'obtenir le pays conquis, et qui poursuivrait la conquête ; et comme les premiers personnages de l'armée eurent refusé l'offre qui leur en avait été faite, Dieu trouva le dévot et vaillant Simon, comte de Montfort, qui, vaincu enfin par les prières répétées des prélats et des barons, accepta ce qu'il avait d'abord refusé à l'exemple des autres, disant que la cause de Dieu ne souffrirait jamais faute d'un champion.

Cependant les natifs des terres voisines, frappés de terreur, fuyaient de toutes parts, délaissant villes et forts, si ce n'est que les châteaux de Cabaret, de Minerve et de Termes faisaient résistance ; et contre eux on dirigea beaucoup d'efforts au même instant et pendant tout l'hiver, jusqu'au commencement de l'été suivant. D'ailleurs, durant ce temps, la parole de Dieu ne demeura enchaînée, car ceux qui en avaient reçu mission prêchaient toujours la croisade.

CHAPITRE XV.

De la grande confrérie instituée à Toulouse, et croisée contre les hérétiques et manifestes usuriers.

Or donc, le vénérable père Foulques, évêque, ayant en grand souci que tous ses citoyens de Toulouse ne manquassent point à profiter de l'indulgence qui était accordée aux étrangers, et voulant par un tel acte de dévotion les attacher à l'Église, et par leur moyen abattre plus facilement l'hérétique méchanceté, aussi bien qu'éteindre la fureur de l'usure, réussit, avec l'aide de Dieu et l'appui du légat, à instituer à Toulouse une grande confrérie, dont il revêtit tous les frères du signe puissant de la croix, et dans laquelle entra presque toute la cité, à l'exception d'un petit nombre, plus quelques-uns même du faubourg; il les lia tous à l'Église par la foi du serment, préposant à ladite confrérie, en qualité de baillis, Aimeri de Castelnau, dit Cofa, son frère Arnaud, ces deux-ci chevaliers, Pierre de Saint-Roman, et Arnaud Bernard, dit Endurat, tous hommes vaillans, discrets et puissans; si bien que, Dieu aidant, la confrérie prévalut à tel point que les usuriers étaient contraints de répondre en leur présence à ceux qui les dénonçaient, et de donner satisfaction de leur malvouloir; sinon on courait en armes détruire et piller les maisons des contumaces. Sur quoi, quelques-uns pour se défendre se retranchèrent à l'abri de tours fortifiées, et même une grande division éclata entre les gens de la ville et les gens du bourg, de telle sorte que ceux-ci établirent par contre une autre confrérie, unie par le lien du serment; et les choses étaient arrangées en façon que celle-ci s'appelait la confrérie blanche, l'autre la confrérie noire, lesquelles avec armes et bannières, voire souvent à cheval, en venaient aux mains; car le Seigneur était venu, par ledit évêque son serviteur, apporter entre eux, non point une paix funeste, mais un glaive salutaire.

CHAPITRE XVI.

Comment Jacques, fils du roi d'Aragon, fut donné en otage au comte de Montfort. Siége et prise du château de Lavaur.

En l'an 1210 de l'Incarnation du Seigneur, des traités et conditions de paix ayant été conclus et arrêtés entre le roi d'Aragon d'une part, lequel était principal seigneur de Carcassonne, sous la suzeraineté du roi de France, et le comte de Montfort d'autre part, ledit roi donna pour gage de leur féale observation à cedit comte de Carcassonne son fils Jacques, encore enfant. En outre, les prélats et principaux de l'armée formèrent le dessein d'assiéger le château de Lavaur, au diocèse de Toulouse, où l'on disait renfermés grand nombre d'hérétiques; et leur devenait cette entreprise bien licite, par la négligence du comte de Toulouse, lequel on trouvait désobéissant et relâché sur le point de purger ses terres des hérétiques et routiers. Déjà même il ne marchait plus avec les croisés comme au commencement, parce qu'ils avaient résolu de pénétrer sur son territoire, outre qu'il se disposait à leur résister, munissant et fortifiant ses citadelles et châteaux.

Ce fut alors que Baudouin, son frère, lui demanda Castelnaudary, qui était la première place sur le passage des pélerins, lui promettant de la mettre en bon état de guerre et la défendre; mais le comte n'y voulut consentir. Toutefois, il lui donna le château de Montferrand à munir et à garder, et lui promit d'aller à son secours s'il venait à être attaqué. L'armée cependant marcha en hâte au siége de Lavaur, qu'Aimeri, seigneur de Mont-Réal et de Lauriac, frère de noble femme Guiraude, dame dudit château, s'était chargé de défendre à cause de sa sœur, pensant que la force des murailles qui le fermaient et l'enceignaient de toutes parts le rendait inexpugnable au courage même de ceux qui voudraient s'y risquer, outre que le comte de Toulouse s'était engagé à lever une armée, au cas où les croisés viendraient devant la place. Davantage, il y avait au dedans quantité d'hérétiques, non pas seulement de ceux qui y demeuraient d'habitude, mais beaucoup encore qui s'y étaient rendus de loin, dans l'espérance que plusieurs y seraient frappés, desquels ils se saisiraient pour avoir leur argent, ainsi que je le tiens d'une personne bien instruite de ceci ; car à l'aide de mots convenus, ils trafiquaient de tout, et même de leurs croyans, comme l'a prédit l'apôtre saint Pierre. Ce fut donc à ce château que s'attacha l'armée bénie de Dieu, l'entourant de tous côtés, au moyen d'un pont de bois jeté sur le fleuve, qui permettait la communication d'une rive à l'autre, et ne laissant jour ni nuit aucun repos aux assiégés, qu'elle harcelait sans cesse à l'aide de pierriers, de grosses balistes, et autres machines de siége.

CHAPITRE XVII.

Comment la confrérie de Toulouse alla au siége du château de Lavaur.

Cependant les confrères de Toulouse furent requis par le légat et par leur évêque, de venir à l'armée porter aide et secours à la cause de la foi et de la paix. Sur quoi, prenant armes et provisions, ils se réunirent sur la place de Mont-Aigon, formant une grande troupe, afin de se consulter et décider par quelle porte ils sortiraient pour se rendre à l'armée. Lors le comte vint au milieu d'eux, et leur interdit par menaces et prières d'aller au secours de ses ennemis; mais eux ne voulurent l'entendre, aimant mieux garder le serment prêté au légat; et venant à la porte de Saint-Étienne, ils se disposaient à la dépasser, quand ils y trouvèrent ledit comte, qui, mettant ses bras sur les barres, et protestant qu'ils les lui briseraient plutôt, empêcha ainsi leur départ. Finalement, pensant bien qu'à quelque porte qu'ils se présentassent de ce côté, il en ferait autant, ils tournèrent brusquement (ce qu'il n'avait pas prévu) leurs enseignes vers les ponts de la Garonne, la traversèrent, et retournant plus bas par un gué, ils arrivèrent à l'armée devant le château de Lavaur, d'où les apercevant de loin, les assiégés pensèrent que c'était le comte qui venait à leur secours. Mais quand ils les virent dresser leurs tentes dans le camp des assiégeans, à l'aspect de ce renfort d'ennemis, ils perdirent confiance ; et sentant qu'ils ne pouvaient se défendre, d'autant que les machines de guerre avaient dépouillé leurs murailles de toutes leurs défenses, ils donnèrent des otages, et se rendirent à discrétion aux croisés. Avant la fin du siége, le comte de Foix était tombé sur de nouveaux pèlerins qui arrivaient sans défiance à l'armée, et en avait égorgé une grande quantité dans le bois.

Le comte Simon s'étant donc emparé du château qui lui avait été livré à discrétion., fit pendre à un gibet le susdit Aimeri, noble notable, plus un petit nombre de chevaliers ; les autres nobles, avec quelques-uns qui s'étaient mêlés à eux dans l'espoir qu'on épargnerait les chevaliers, au nombre d'environ quatre-vingts, furent livrés au glaive ; enfin quelques trois cents hérétiques croyans, brûlés en ce monde, furent ainsi livrés par lui au feu éternel, et la dame du château, Guiraude, précipitée dans un puits, y fut comblée de pierres ; quant au vulgaire, il fut conservé sous condition.

CHAPITRE XVIII.

De la prise du château appelé Casser, où soixante hérétiques furent brûlés. Le château de Mont-Ferrand est pris. Baudouin, frère du comte de Toulouse, est assiégé et reçu à composition.

Ayant achevé ce qui pressait en cet endroit, l'armée de Dieu vint en hâte vers un château nommé Casser, et l'ayant attaqué et pris, elle y brûla environ soixante hérétiques qu'on y trouva. De là, passant au château de Mont-Ferrand, que Baudouin, frère du comte de Toulouse, avait fortifié, elle en forma le siége; et comme ce comte ne lui portait aucun secours, ainsi qu'il l'avait promis, Baudouin, forcé par des attaques continuelles, fut reçu à la paix de l'Église, qu'il s'obligea par serment de défendre désormais. Ensuite, on combattit tout l'hiver pour conquérir encore du pays : quant aux frères de la confrérie de Toulouse, ayant été renvoyés chez eux, le comte se les attacha à force de soins et de peines, et rétablit la concorde entre les deux partis, si bien que tous alors travaillaient avec ardeur à fortifier et munir leur ville contre les étrangers, et le légat lança sur eux tous une sentence d'excommunication. Ce fut vers ce temps-là, que Raimond, fils dudit comte, épousa dona Sancie, sœur de Pierre, roi d'Aragon, auquel le comte fit un don simulé de la ville de Toulouse, afin qu'il parût avoir un prétexte plausible de la défendre. Or, l'année suivante (de l'Incarnation du Seigneur 1211), l'armée des croisés, dans laquelle se trouvait un grand nombre d'Allemands, assiégea cette ville; et plaçant son camp et ses tentes en face du faubourg et la meilleure portion de la ville, elle la fatigua de fréquens assauts; mais non moins fatiguée par la résistance des assiégés, elle leva le siége; puis leur quarantaine étant achevée, les pélerins retournèrent chez eux, après avoir causé un grand dommage aux citoyens de Toulouse en leurs moissons, vignobles, et autres objets à eux.

CHAPITRE XIX.

Comment le comte de Montfort fut assiégé dans Castelnaudary, d'où il sortit au secours des siens, et triompha des ennemis; après quoi il rentra dans la place, et le comte de Toulouse leva le siége.

Après leur retraite, le comte de Toulouse sortit en force de Toulouse, et vint assiéger le comte de Montfort dans Castelnaudary, qu'il attaqua après avoir dressé ses machines. Or il arriva un jour qu'au moment où quelques chevaliers de Montfort lui apportaient des vivres du diocèse de Carcassonne, le comte de Foix, suivi d'un grand nombre d'hommes armés, courut à leur rencontre, et engagea un grand combat avec eux en pleine campagne ; ce qui ayant été incontinent annoncé au comte, après avoir pourvu à la défense du château, il sortit, à la vue de toute l'armée, avec soixante chevaliers au plus pour aller au secours des siens, qui étaient déjà presque défaits; de façon qu'arrivé dans la plaine, il n'en trouva plus qu'un petit nombre qui fût en selle et résistât encore. Pour lui, se ruant comme un lion sur les ennemis, qui, voyant qu'il les attaquait en personne, cherchèrent leur salut dans la fuite, il les poursuivit vivement, l'épée dans les reins, fit çà et là un grand carnage, et rentra dans le château avec la victoire. Ce fut au plus fort de ce combat, que Guillaume Cat, chevalier de Mont-Réal, que le comte avait en sa familiarité à cause du compérage qui existait entre eux, passa traîtreusement au parti de Satan contre ledit comte, ignorant que les accidens et succès de la guerre sont variables, et qu'il devait cette fois en arriver autrement qu'il ne l'espérait. Sa félonie fut cause que le comte depuis ce moment n'en détesta que plus fort l'alliance des chevaliers de notre langue [1]. Cependant le comte de Toulouse, confondu de cette victoire, et affaibli par la ruine de ses complices, brûla les machines, leva le siége pendant la nuit, et se retira dans ses foyers.

CHAPITRE XX.

Comment Miramolin, roi d'Afrique, fut pris par le roi d'Aragon, et la ville de Calatrava par les Chrétiens. L'année suivante le comte de Montfort met une garnison dans le fort du Pujol, mais elle y est assiégée par les Toulousains, prise et mise à mort.

Vers ce temps, le roi d'Aragon vint à Toulouse, et y mit pour son lieutenant un chevalier nommé Guillaume de l'Échelle, et sous lui un nommé Burguet, surnommé de Samaros, lequel resta chez les citoyens de Toulouse. Le roi retourna ensuite en Espagne, parce que Miramolin, roi d'Afrique, avait déclaré la guerre aux Chrétiens; sur quoi le seigneur Arnaud Amaury, qui en ce temps était déjà archevêque de Narbonne, se prépara avec cent chevaliers français à y prendre part; et cinq rois s'étant en outre réunis pour livrer bataille, ils remportèrent,

---

[1] *Nostræ linguæ;* langue d'oc.

Dieu aidant, une victoire qui, selon le bruit public, coûta environ cent mille hommes aux Sarrasins; puis, aussitôt après, savoir en l'an du Seigneur 1212, ils s'emparèrent de la ville de Calatrava, le roi des Sarrasins fuyant honteusement devant eux. Cependant le comte Simon ne prenait nul repos, et n'en laissait aucun à ses ennemis, les pressant et attaquant partout où ils pouvaient se montrer. Ainsi, l'an du Seigneur 1213, au commencement de l'été, il mit dans un certain fort ayant nom le Pujol, auprès de Toulouse, une garnison de gens d'armes, afin d'inquiéter les Toulousains quand ils sortiraient pour faire la moisson. Mais le comte de Toulouse les assiégea, et les attaquant à grand effort de machines, les força de se rendre, moyennant qu'ils auraient la vie sauve. (Parmi eux se trouvait Roger des Issarts, chevalier français, lequel avait été blessé à la tête d'un coup de dard.) Or voici de quelle manière on leur tint cette promesse : s'étant retirés dans une tour, et ne songeant plus à se défendre, d'autant qu'on leur offrait sûreté, parce que le bruit courait chez les assiégeans que Gui de Montfort arrivait à leur secours, Roger Bernard, fils du comte de Foix, et quelques autres chevaliers vinrent ensemble à cette tour, leur ordonnèrent de l'ouvrir en leur faisant des sermens, pourvu qu'ils en livrassent l'entrée : et sur ce que les autres s'y refusaient par peur d'être égorgés, on leur promit, après les avoir menacés de mort s'ils persistaient, qu'on leur laisserait la vie sauve, comme nous l'avons dit, et ce sur la parole du comte et des principaux de Toulouse; nonobstant quoi le brave chevalier Simon de Saxe fut égorgé sur l'heure par la populace de l'armée. Quant au reste, ayant été conduits à Toulouse, ils furent massacrés quelques jours après dans les prisons par le peuple, de même que tous ceux qui avaient été faits prisonniers en d'autres lieux, et traînés hors de la ville comme des charognes : ce qui porta bientôt grandement malheur à toute la gent toulousaine, comme la suite le fera voir. J'oubliais de dire que celui d'entre eux qui fut tué d'abord dans le premier feu de l'émeute avait été arraché hors de l'église de Saint-Saturnin, où il s'était réfugié, si bien que la boucherie commença par une violation des immunités et libertés de l'Église : mais, comme je l'ai déjà dit, il en arriva mal à un grand nombre.

CHAPITRE XXI.

Le château de Muret est assiégé par le roi d'Aragon. Le comte de Montfort vole au secours de sa garnison. Préparatifs pour une bataille en rase campagne.

En effet, dans ce même temps, le roi d'Aragon, qui avait été heureux contre les Sarrasins, voulut éprouver aussi sa fortune contre les Chrétiens. Il vint donc à Toulouse vers la fin de l'été, et s'étant consulté avec les comtes, les grands et les citoyens de la ville, il en sortit en force, et vint assiéger le château de Muret, où le comte Simon avait établi une garnison qui gênait fort la ville de Toulouse. Là, il fut joint par un grand concours des pays d'alentour, qui servit à grossir son armée. Ce qu'ayant appris, le comte de Montfort vola de suite au secours des siens.

Or, voici ce que j'ai entendu dire il y a plusieurs années au vénérable dom Maurin, abbé de Pamiers, homme digne de foi et estimable de tout point, lequel, n'étant encore que sacristain, avait la garde du château de Pamiers : étant sorti jusqu'à Bolbone au devant du comte, et apprenant de sa bouche qu'il venait pour secourir les assiégés, et même pour combattre les assiégeans, s'ils l'attendaient dans la plaine, il lui répondit : « Vous avez peu de monde eu égard « au nombre de vos ennemis, parmi lesquels est le « roi d'Aragon, homme très-expert et éprouvé dans « les armes, ayant avec lui les comtes et une grande « armée ; la partie ne serait donc pas égale si vous « vous engagiez avec si peu de forces contre le roi « et si copieuse multitude. » Mais le comte, à ces mots, tirant une lettre de son aumônière : « Lisez, « dit-il, cette lettre; » et le sacristain y trouva que le roi d'Aragon l'adressait à une certaine noble dame, épouse d'un noble du diocèse toulousain, lui persuadant que c'était pour l'amour d'elle qu'il venait chasser les Français de son pays, et lui débitant autres pareilles sornettes. Et comme le sacristain, après avoir lu, eut répondu au comte : « Que voulez-vous « dire par là ? — Ce que je veux dire ! s'écria Simon; « c'est que Dieu me soit en aide autant que je crains « peu un homme qui vient pour une femme boule-« verser les affaires de Dieu. » Ainsi disant, il renferma promptement cette lettre dans sa bourse. Et peut-être était-ce quelque domestique ou secrétaire de la susdite noble dame, qui en avait fait une copie pour le comte, comme d'une chose digne de remarque, et celui-ci la portait avec lui en témoignage devant le Seigneur contre celui qui, comme un efféminé, ne croyait ou ne craignait pas que, même par la confiance en Dieu, on pût lui résister.

Le comte et les siens, continuant leur route, entrèrent donc à Muret; et quand ils passèrent sur le pont, les ennemis auraient pu à leur aise, s'ils l'avaient voulu, les compter à un homme près. Là, après que furent entrés les vénérables Pères qui l'accompagnaient, savoir Foulques, évêque de Toulouse, Gui, évêque de Carcassonne, et Bédèse, évêque d'Agde, ils se mirent, vu les vicissitudes de la guerre, à négocier, pour obtenir paix ou trêve; mais comme le roi ne voulut accepter ni l'une ni l'autre, si ce n'est à des conditions honteuses et dommageables au parti de l'Église, le comte Simon, présumant que s'il abandonnait ce château aux ennemis, tout le pays se soulèverait contre lui pour se joindre à eux, en sorte que ses périls nouveaux seraient pires que les premiers, et considérant d'ailleurs qu'il défendait la cause de Dieu et de la foi, tandis que les autres marchaient au rebours, et étaient entravés dans les liens de l'excommunication, crut préférable de s'exposer au péril un seul jour, que d'accroître l'audace de ses ennemis par la lenteur et l'inaction. Quoi plus? les athlètes du crucifix choisirent pour combattre le jour prochain de l'Exaltation de la sainte Croix; et lors, s'étant confessés de leurs péchés, et ayant entendu l'office divin comme à l'ordinaire, nourris du pain salutaire de l'autel, et reconfortés par un sobre repas, ils revêtent leurs armes, et se préparent à en venir aux mains. Or, au moment où le comte allait monter à cheval, la sangle de sa selle s'étant rompue, il remit pied à terre, et on la raccommoda aussitôt; mais lorsqu'il monta derechef, son cheval le frappa d'un coup de tête au front avec tant de force, qu'il demeura quelque temps tout abasourdi, de sorte que s'il eût eu foi, comme beaucoup usent de le faire, à ces devins vagabonds qui courent le pays, il aurait eu à craindre que quelque chose de sinistre ne lui advînt du combat.

Bref, on décida de ne point sortir directement sur l'armée des assiégeans, afin de ne pas exposer les chevaux à une grêle de traits, et l'on marcha par la porte du côté de l'orient, tandis que leur camp était au contraire à l'occident, de sorte que, ne devinant pas leur dessein, les ennemis crurent d'abord qu'ils prenaient la fuite, jusqu'à ce que s'étant avancés un peu dans ce sens, ils traversèrent enfin un ruisseau, et revinrent en plaine sur l'ennemi. Il y avait là, avec le comte de Montfort, Gui, son frère, Baudouin, frère du comte de Toulouse, Guillaume des Barres, Alain de Roussy, et beaucoup d'autres au nombre d'environ mille hommes en armes.

CHAPITRE XXII.

De l'ordre et issue de cette bataille, en laquelle le roi d'Aragon fut tué, et quantité de nobles avec lui. On fait un grand carnage des gens de Toulouse.

Le roi d'Aragon se prépara donc au combat, bien que le comte de Toulouse conseillât au contraire qu'ils restassent dans leur camp, afin d'accabler à coups de traits et javelots la chevalerie des assiégés, de pouvoir les aborder plus sûrement après les avoir ainsi affaiblis, et de les tailler ensuite plus aisément en pièces, ou de les mettre en fuite, d'autant qu'ils ne pouvaient tenir dans le château, faute de vivres; ce à quoi le roi ne voulut pas entendre, attribuant ce conseil à la crainte, et le taxant de lâcheté. Ainsi, ayant rangé son armée en bataille, il engagea la mêlée, et la première attaque fut confiée au comte de Foix, suivi des Catalans et d'une multitude de gens de guerre. De l'autre côté, comme je le tiens du seigneur Raimond, dernier comte de Toulouse (lequel, alors incapable de combattre, à cause de son âge, avait été conduit hors du camp sur un cheval de main, au sommet d'une hauteur d'où il pouvait voir l'engagement), de l'autre côté, dis-je, le comte Simon s'avança avec les siens rangés en trois corps, selon l'ordre et usage de la discipline militaire, comme il la savait, de façon que les derniers rangs hâtant leur course chargèrent tout en même temps que les premiers, connaissant bien qu'un choc donné d'ensemble enfante la victoire; et ils culbutèrent tellement leurs ennemis du premier coup, qu'ils les chassèrent devant eux de la plaine comme le vent fait la poussière de la surface du sol, les fuyards se jetant comme ils purent derrière les derniers rangs de leur armée. Puis les vainqueurs tournant alors du côté où se trouvait le roi, dont ils avaient distingué la bannière, ils se ruèrent vers lui d'une telle violence, que le choc des armes et le bruit des coups étaient portés par l'air jusqu'au lieu où était celui dont je tiens ce récit, non moins que si c'eût été une forêt qui tombât sous une multitude de haches. Là fut tué le roi avec un grand nombre des principaux seigneurs de l'Aragon, qui périrent autour de lui. Le reste prit la fuite, et fut tué à foison tout en courant. Les comtes de Toulouse et de Foix eux-mêmes ne durent, ainsi que d'autres, leur salut qu'à une prompte retraite.

Cependant le peuple de Toulouse, retranché dans le camp derrière des chariots et autres équipages, ignorait encore à qui appartenait la victoire, jusqu'à ce qu'enfin reconnaissant les enseignes de ceux qui ramenaient battant les fuyards, ils coururent pêle-mêle vers un navire qu'ils avaient au bord de la Garonne : ceux qui purent y entrer se sauvèrent, les autres furent noyés ou périrent par le glaive au milieu des champs, si bien que le nombre des morts a été porté en tout à quinze mille. Quant au corps du roi, les frères hospitaliers de Saint-Jean l'ayant demandé et obtenu, et, comme on le dit alors, trouvé tout nu sur le champ de bataille, ils l'enlevèrent.

Durant qu'on égorgeait ainsi çà et là le peuple dans la plaine, il ne manqua pas de gens qui lui reprochaient sa conduite envers les prisonniers qu'il avait naguère massacrés à Toulouse. Au demeurant, plusieurs ayant été pris dans le combat et conservés, moururent en prison, ou se rachetèrent à prix d'argent, ni se trouva-t-il qu'il eût péri un seul homme du côté de l'Église. Voilà, dans cette bataille, ce que valurent son orgueil et ses débordemens à ce roi qui avait toujours eu du bonheur contre les Sarrasins, et que l'amour paternel ne put même en rien détourner de ses desseins insensés ; car il avait remis son fils ès-mains de son ennemi pour ôtage du traité entre eux conclu, et celui-ci, s'il l'eût voulu, aurait pu aussi bien le faire périr pour tirer vengeance de la foi violée. Mais c'était pitié que de voir et entendre les lamentations du Toulousain pleurant ses morts, puisqu'il y avait à peine une maison qui n'eût un mort à pleurer, ou qui n'eût à croire quelqu'un des siens tué ou pris pour le moins. La cause de tout ce mal fut que le peuple entrant en folie par trop grande audace, tous coururent aux armes, poussés de la même fureur, se confiant dans les forces humaines, et non en la divine protection, tandis que leurs adversaires, pleins de leur foi en Dieu, étaient par leur petit nombre préservés d'une telle présomption ; et célébrant en toute dévotion la fête de la sainte Croix, ils vainquirent en ce jour les adversaires de cette même croix, comme de dignes champions du Seigneur qu'ils étaient. Même, retournés en triomphe dans leur camp, ils rendirent grâces au Seigneur Jésus-Christ de ce que, par ses mérites, il leur avait fait vaincre, malgré leur faible nombre, une telle multitude et si grande.

CHAPITRE XXIII.

Baudouin, frère du comte de Toulouse, est pris dans son lit par trahison, et condamné par son frère au supplice de la corde.

Il arriva peu de temps après, que Baudouin, frère du comte de Toulouse, étant allé dans l'Agénois, sur les terres que le comte lui avait octroyées, il vint en un château nommé l'Olme, où il fut par quelques gens vendu traitreusement, pris pendant la nuit reposant dans son lit, et livré au comte son frère, lequel, après l'avoir tenu prisonnier pendant plusieurs jours à Montauban, se laissant aller au méchant conseil de Roger Bernard, fils du comte de Foix, de Bernard de Portelles, Catalan, et certains autres, pour venger le roi d'Aragon, qui avait péri dans la bataille, condamna son frère à être pendu, sans lui laisser qu'à peine la liberté d'avoir un prêtre pour se confesser. Après quoi, les frères Templiers ayant demandé et obtenu son corps, ils le descendirent de l'arbre auquel il avait été attaché, puis, à Ville-Dieu, en leur château, lui donnèrent, près de l'église, la sépulture ecclésiastique. Du reste, le comte aggrava beaucoup son mal renom par ce fratricide, d'autant qu'il aurait dû au moins lui épargner la honte de la potence, ne fût-ce que pour n'avoir pas à en rejeter l'opprobre sur lui-même, et qu'il aurait pu le faire périr d'une autre mort moins ignominieuse : mais d'ailleurs, le juste, quel que soit le genre de son trépas, sera admis en lieu de rafraîchissement. Finalement, ce prince, tenu par son serment de rester fidèle à l'Église, ne pouvait s'y soustraire en ce moment extrême, lors surtout que son frère ne lui avait jamais permis de bien espérer de lui à tel titre, mais l'avait au contraire exposé aux plus grands périls. Vers ce temps, l'illustre Philippe, roi de France, fit prisonniers, en bataille rangée, les comtes de Flandre et de Boulogne, et dans les lieux mêmes qu'ils convoitaient et se fussent partagés si la fortune les avait secondés, il les fit garder et charger de fers. En même temps, Louis, son fils, marchant contre le roi

Jean d'Angleterre, en la province d'Aquitaine, le mit en fuite et le chassa loin devant lui.

CHAPITRE XXIV.

Comment maître Pierre de Bénévent, cardinal de l'Église romaine, fut envoyé légat pour traiter de la paix. Des otages Toulousains sont envoyés à Arles, en Provence, et le château de Narbonne est livré.

Postérieurement à tout ceci, et après la mort du roi d'Aragon, maître Pierre de Bénévent, cardinal, fut envoyé par le souverain pontife pour mettre fin, par la paix et avec l'aide de Dieu, aux efforts de la guerre; et en sa présence, le comte et les citoyens de Toulouse s'obligèrent par serment à déférer aux mandat et jussions du saint Père. De plus, outre le château de Narbonne qui lui fut livré, les gens de la ville et du faubourg donnèrent des otages, qui devaient rester à Arles, en Provence; sur quoi, le légat confia la garde et tenance dudit château à l'évêque de Toulouse, au nom de l'Église romaine. Quant au comte de Toulouse, son fils et leurs femmes, ils vinrent demeurer en la maison de David de Roaix.

CHAPITRE XXV.

Tradition du château de Foix.

Dans le même temps, le comte de Foix livra son château de Foix à ce même légat, pour gage de son obéissance aux mandats apostoliques, et le légat en remit la garde à l'abbé de Saint-Thibéri, au nom de l'Église romaine, lequel abbé y mit son neveu Bérenger pour châtelain. Plusieurs jours après, le comte de Toulouse sortit de la ville pour aller chercher près de qui il pourrait travailler à la cause, et son fils se rendit en Angleterre, vers le roi, son cousin, afin de se consulter avec lui. On avait alors conclu une trêve en préambule à la paix qui devait suivre, pendant laquelle il était permis aux soldats de parcourir le pays, sans toutefois entrer dans les places, et de voyager, non sur des coursiers, mais sur des roussins, avec un seul éperon et sans armes. Et je rapporterai ici un fait que j'ai entendu raconter en ce temps, savoir que Raimond de Recaud, homme libre et chevalier, qui avait été des conseillers les plus intimes du comte de Toulouse, alla trouver Foulques, évêque de Toulouse, et lui demanda la maison des Hospitaliers, dite La Maynaderie, afin d'y cloîtrer ses jours en l'honneur de Dieu; sur quoi l'évêque lui répondit, en parabole, qu'après avoir tué le comte par ses conseils, et étant celui à l'occasion duquel il avait presque tout fait, il s'efforçait maintenant d'obtenir le bénéfice en question, à l'instar de ce fou qui ayant tué un homme d'un coup de pierre à la tête, se présenta avec les pauvres pour prendre part aux aumônes qu'on distribuait pour le défunt, et qui s'étant assis à son rang, et voyant passer outre, sans lui donner comme aux autres, le distributeur, s'écria : « Ne me donnerez-vous donc rien, à moi qui « ai tout fait ? » Ce fut ainsi que l'évêque crut devoir repousser sa demande par une similitude ; et cette histoire ne fut pas peu répandue dans le temps.

CHAPITRE XXVI.

Célébration d'un concile général. Tout le pays est adjugé au comte de Montfort.

LE souverain pontife, Innocent III, pape, convoqua pour lors un concile général de toutes les nations, lequel se tint à Rome, l'an du Seigneur 1215. Là furent présens le comte de Toulouse et son fils, qui revint d'Angleterre avec un certain trafiquant, lequel se donnait l'air d'être à son service, le comte de Foix, pour sa part, et Pierre Bernard, du chef de la fille aînée du comte de Toulouse, qu'il avait épousée, demandant que, si le pays leur devait être rendu, il lui fût octroyé par droit de primogéniture. D'autre part était Gui, frère du comte de Montfort à qui tout le territoire fut adjugé, à l'exclusion formelle du comte de Toulouse. De plus, le château de Narbonne fut livré audit comte ; il reçut le serment des citoyens et des bourgeois de Toulouse, fut nommé lui-même et tenu pour comte de Toulouse, et les notaires dressaient les actes publics en son nom. Lors il fit abattre les remparts de la cité et les murailles du faubourg, combler les fossés et démolir les tours des maisons fortifiées dans l'intérieur de la ville, afin qu'on n'osât plus se rebeller contre lui, et finalement enlever les chaînes des carrefours. Quant au château Narbonnais, lequel en ce temps était très-fort dans toute sa hauteur, comme il l'est encore aujourd'hui, il le fit déblayer et ouvrir par une porte vers l'orient, afin d'y pouvoir entrer quand il le voudrait à l'insu ou contre le gré des habitans, et fit creuser entre la ville et le château de grands fossés bordés de hautes palissades. Ensemble, il donna la comtesse de Bigorre à son fils Gui, pour fortifier sa comté du côté de la Gascogne; et les otages qui avaient été livrés au légat par les citoyens de Toulouse eurent la liberté de retourner chez eux.

CHAPITRE XXVII.

Que le comte de Toulouse se retira en Espagne, et que son fils étant venu en Provence, il y fut accueilli par les Avignonais, et le pays Venaissin se donna à lui.

Après le susdit concile général, le comte Raimond se retira en Espagne, et son fils alla en Provence où leurs femmes avaient déjà passé, après que le comte Simon fût venu à Toulouse : là il fut reçu par les citoyens d'Avignon; pareillement, le pays Venaissin se donna à lui, si bien qu'il suscita encore la guerre au comte de Montfort. Or, tout ceci nous engage bien à réfléchir sur l'exécution des jugemens divins! de telle manière les travaux entrepris pour la défense de la foi catholique et l'extirpation de l'hérétique perversité, commencés en premier lieu par la douceur de la prédication, puis continués par la rigueur de la justice séculière, enfin amenés presqu'à leur terme, furent, par le Seigneur, mis en tel point qu'il fallut recommencer sur nouveaux frais, comme si rien n'eût été fait; et qu'à l'instant où il pensait avoir consommé son œuvre, l'homme fut forcé de la reprendre par le bout. Mais la tournure qu'avaient prise les choses explique clairement la raison de ce jugement de Dieu; car de même que quand les Hébreux, une fois au sein de la Terre-Promise, s'énorgueillirent de la protection divine, le Seigneur permit, à cause de leur ingratitude, que les Égyptiens vinssent les attaquer, et qu'ils fussent tout entourés de nations qui les molestaient, pour leur apprendre à se contenir en humilité; de même encore que l'ange de Satan fut envoyé par lui à l'Apôtre avec l'aiguillon de la chair, afin qu'il ne s'enflât point trop par la grandeur des révélations qui lui étaient accordées, infligeant ainsi aux uns la peine de leurs fautes et maintenant les autres dans l'exercice de la vertu; de même, pour ce qui regarde les affaires des croisés, placées en si bon état, Dieu se servit de ses décrets ordinaires. En effet, lorsque le comte Simon, homme en tout bien louable, eut, avec l'aide du Seigneur, acquis tout le pays, et après qu'il l'eut partagé entre les grands et les siens chevaliers, ceux-ci commencèrent à le régir, non plus dans une fin conforme au principe de la conquête, ne songeant plus déjà aux choses du Christ, mais aux leurs, et se faisant esclaves de leurs désirs en avarice et volupté. Et parce qu'avec le bras de Dieu, un seul avait mis en fuite quasi mille ennemis, et deux dix mille, attribuant ce triomphe à leurs propres forces et non aux forces divines, ils mettaient peu ou point de soin à rechercher et à contenir les hérétiques. C'est pourquoi le Seigneur les abreuva ensuite au calice de sa colère, laquelle n'était point encore jusqu'au fond tarie, en la façon que les chapitres suivans le feront voir.

CHAPITRE XXVIII.

Comment le fils du comte de Toulouse assiégea le château de Beaucaire, et fut lui-même assiégé par le comte de Montfort.

Voici donc que le fils du comte, si souvent cité, ayant été reçu par les citoyens d'Avignon et les peuples du Venaissin, d'accord avec les habitans de Beaucaire, entra dans leur ville, suivi d'une forte troupe, et assiégea la garnison du château, de toutes parts, tant par terre que par eau, sur le Rhône; de telle sorte qu'elle ne pouvait sortir, et que nul ne pouvait pénétrer jusqu'à elle. Cependant le comte Simon accourut en hâte avec son armée, et à son tour assiégea les assiégeans; mais les défenseurs du fort, ayant mangé jusqu'à leurs chevaux, et manquant de toutes choses, le livrèrent aux ennemis, moyennant la vie sauve, et le comte, voyant qu'il n'avançait à rien, leva le siége et se retira. Or ceci fut cause que bien des gens qui se cachaient commencèrent à lever les cornes, et que plusieurs villes et bourgs s'étant ligués entre eux, s'unirent à ses ennemis. Même les citoyens de Toulouse, dont les otages étaient revenus depuis long-temps, dédaignant, comme je l'ai souvent dit, dans leur orgueil, de se soumettre à leurs maîtres, montraient quelque désobéissance, et ne supportaient qu'impatiemment un joug qui gênait leur liberté accoutumée; pour quoi le comte Simon, craignant que, s'il ne les réprimait tout de suite, ils ne s'enflassent encore plus, se décida à leur courir sus à main armée, et à châtier rigoureusement leur superbe.

CHAPITRE XXIX.

Le comte de Montfort envahit Toulouse, après avoir mis le feu en plusieurs endroits.

L'AN du Seigneur 1216, s'étant donc avancé avec une troupe nombreuse de gens d'armes, il envahit la cité de Toulouse, après y avoir mis le feu en plusieurs endroits, afin que les citoyens, frappés d'épouvante par le double fléau du fer ensemble et du feu, en fussent plus aisément accablés; mais ceux-ci, du contraire, opposant la force à la force, et ayant jeté des poutres et des tonneaux en travers sur les places à l'encontre des assaillans, repoussèrent leur attaque, et, travaillant toute la nuit, les combattirent sans relâche en même temps que l'incendie. Enfin, le jour se levant, le vénérable père dom Foulques, évêque, accompagné de quelques gardes, à cause des périls qu'il allait braver, traita de la paix et du rétablissement de la concorde entre les deux partis; sur quoi on vit alors comme l'argent émousse la pointe des épées. En effet, le comte Simon était épuisé par les dépenses qu'il avait faites au siége de Beaucaire, et les deniers lui manquaient entièrement; si bien que quelques personnes, soupçonnant qu'il en était ainsi, lui persuadèrent, sous couleur de son propre avantage, de recevoir, pour la rançon de la cité et du faubourg, trente mille marcs d'argent que les assiégés pouvaient payer de reste pour obtenir son pardon. Il se rendit donc à ce conseil d'Achitopel, et, aveuglé par l'argent, il ne sentit pas le danger; car ceux qui lui donnaient cet avis savaient bien que, pour prélever cette somme, on commettrait beaucoup de vexations à l'égard de tous et de chacun en particulier, ce qui les conduirait forcément à rechercher leur première liberté et à rappeler leur ancien seigneur. De fait, la taille ayant été répartie entre les gens de la ville pour ce qu'ils devaient solder, on les contraignait durement et sans relâche à s'acquitter : on marquait les maisons pour venir arracher la rançon promise, et nombre d'autres sévices avaient lieu qu'il serait long de raconter par le menu, lesquels faisaient gémir le peuple de sa servitude. Pendant ce temps on négociait secrètement avec le vieux comte, qui errait en Espagne, sur les moyens qu'il prendrait pour rentrer dans Toulouse et accomplir ce qu'il desirait.

CHAPITRE XXX.

Comment le vieux comte de Toulouse, revenant d'Espagne, récupéra cette ville.

Ainsi donc l'an du Seigneur 1217, pendant que le comte Simon était occupé à une longue guerre contre Adhémar de Poitiers, au-delà du Rhône, le comte de Toulouse, reconnaissant l'occasion favorable, avec les comtes de Comminges et de Pailhas[1], plus un petit nombre de chevaliers, passa les Pyrénées et fit son entrée dans Toulouse au mois de septembre, non par le pont, mais à gué, au dessous du passage. Ce qui n'ayant été su que d'un petit nombre de gens, fit plaisir aux uns et déplut aux autres, qui pesaient l'avenir dans la balance du passé; d'où vint que quelques-uns se retirèrent au château Narbonnais, auprès des Français, et quelques autres également se réfugièrent dans la maison de l'évêque, dans le cloître Saint-Étienne et dans le monastère de Saint-Sernin, lesquels, par menaces et par caresses, le comte fit venir vers lui quelques jours après. De son côté, le comte Gui, qui était dans le pays, tenta d'étouffer par les armes l'émeute encore récente; mais il fut repoussé et ne put accomplir son dessein. Cependant, tandis que ces nouvelles étaient portées au comte, qui pour lors tenait le château de Crest assiégé, les citoyens de Toulouse commencèrent à entourer leur ville de pals et pieux, de gran-

[1] *Comes Paleariorum*, comté de la Marche d'Espagne.

des poutres et de fossés, du côté du château Narbonnais, à partir du créneau, dit de Toret, et transversalement jusqu'à celui de Saint-Jacques. Quant au comte Simon, survenant avec le seigneur cardinal Bertrand, lequel avait été député légat par le souverain pontife Honoré, il attaqua Toulouse avec des forces considérables; mais cette fois il ne put rien faire, car les habitans se battirent vaillamment. Puis on éleva des deux côtés des machines qui lançaient de part et d'autre de gros quartiers de pierres et des cailloux. Sur ces entrefaites, le légat envoya le seigneur évêque de Toulouse en France pour y prêcher la croisade, en compagnie d'autres personnes qui avaient reçu la même mission, parmi lesquelles était Jacques de Vitry, homme de grande honnêteté, éloquence et science, qui fut depuis évêque d'Acre, et postérieurement cardinal du sacré collége. Et à son sujet j'ai ouï dire au seigneur évêque de Toulouse qu'il tenait de lui que saint Saturnin, premier prélat de cette ville, lui avait apparu en songe, lui enjoignant de prêcher contre son peuple; ce que l'évêque rapportait avoir reçu pour réponse sur ce qu'il lui avait demandé s'il savait qu'autrefois il y eût eu à Toulouse un pontife du nom de Saturnin. Or, dans cette prédication il donna le signe de la croix à beaucoup de gens qui vinrent audit siége de Toulouse le printemps suivant, et avec lesquels l'évêque lui-même rejoignit l'armée. C'est alors que le comte Simon lui fit aumône à toujours, pour lui et les évêques de Toulouse ses successeurs, du château de Vertfeuil avec tous les bourgs et forts qui relevaient de cette seigneurie (et étaient lesdits forts au nombre de près de vingt), ne se réservant aucun droit, sinon que dans le cas où il aurait bataille rangée à livrer sur son territoire, l'évêque serait tenu d'y envoyer un chevalier armé de toutes pièces. Comme donc les assiégeans et assiégés eurent passé tout l'hiver à combattre tant avec des machines qu'avec d'autres engins de guerre, le comte Simon, renforcé par les pélerins nouveaux venus, redoubla de sorties et de courses autour de la ville. Mais comme les habitans l'arrêtaient par des barrières, et que leurs fossés le gênaient grandement, on résolut enfin de construire une machine de bois appelée *chat*, qui servirait à porter de la terre et autres matériaux pour combler ces fossés, afin qu'étant remplis, on pût marcher en avant de pied ferme, combattre de près, briser les palissades et sauter dans la ville. Or était le comte atteint de langueur et d'ennui, amoindri par tant de coûts et tout épuisé; ni supportait-il patiemment l'aiguillon dont le légat le poignait chaque jour, pour autant qu'il était paresseux [1] et relâché; d'où vient, comme on le disait, qu'il priait le Seigneur de lui donner la paix, en le guérissant, par la mort, de tant de souffrances. Et comme un jour il fut entré dans la susdite machine, savoir le lendemain de la nativité de saint Jean-Baptiste [2], une pierre lancée par un mangonneau des ennemis lui tomba sur la tête, et il expira tout fracassé du coup. Ce que les assiégés ayant su le jour même, poussant des cris de triomphe, ils ne cachèrent pas combien ils en ressentaient de joie, tandis que dans l'armée la tristesse

---

[1] Le texte porte *ignarus; ignavus* semble plus probable.
[2] Le 25 juin 1218.

était grande. De fait, dans la ville ils étaient en vive angoisse, par peur d'un prochain assaut, outre qu'ils n'avaient de vivres qu'en petite quantité, et que, l'été venu, ils pouvaient craindre de ne pas faire la moisson. Mais voilà que celui qui répandait la terreur depuis la mer Méditerranée jusqu'à la mer Britannique, tombe sous un seul coup de pierre; si bien que par cette chute celui qui jusqu'alors était resté debout fut renversé, et que, le vaillant étant mort, le courage fut abattu dans le cœur des sujets. Davantage, je dirai que plus tard j'ai entendu le comte de Toulouse, qui est décédé dernièrement, vanter merveilleusement en Simon, quoiqu'il eût été son ennemi, la constance, la prévoyance, la vaillance et toutes les qualités qui conviennent à un prince. Déjà lors le Seigneur donnait à voir qu'on s'était écarté de ses voies. On commandait avec orgueil à des gens qui ne voulaient pas obéir, et l'on ne s'inquiétait plus de purger les contrées de la perversité hérétique, à quelle fin tout avait été entrepris.

CHAPITRE XXXI.

Après la mort du comte de Montfort, son fils, Amaury, ayant levé le siége, retourne à Carcassonne, et assiége Castelnaudary.

Le comte Simon étant mort, son fils, Amaury, son successeur et héritier, leva le siége, abandonnant aussi le château Narbonnais, qu'il ne pouvait garder, et il emporta à Carcassonne le corps de son père, après l'avoir fait embaumer, selon l'usage en France. Or donc le pays chancelant par suite de ces événemens imprévus, très-peu de jours après, Castelnau, dit d'Arri[1], se rendit au comte de Toulouse : sur quoi le comte Amaury ne perdit pas de temps; et, rassemblant ses forces, il vint l'assiéger, et dressa ses machines contre la place, défendue et soutenue par le fils du comte de Toulouse. Et il advint un jour que Gui, comte de Bigorre, frère du comte Amaury, fut jeté bas dans un assaut, et, percé de coups, rendit l'ame. Son corps, décemment enfermé dans un cercueil couvert de pourpre, fut remis à son frère; et l'on se battit depuis la fin de l'été jusqu'à celle de l'hiver. Il arriva dans cette saison même que Foucaud et Jean de Brigier, tous deux frères, hommes vaillans et belliqueux, s'étant détachés de l'armée avec plusieurs autres, allèrent butiner sur les confins de Toulouse, coururent le pays avec bien grande audace, et ramassèrent quantité de prises. Lesquels furent poursuivis par Raimond, qui était à Toulouse; et atteints auprès de Basiége, où ils étaient arrêtés, ils auraient pu échapper sans dommage, s'ils avaient voulu abandonner leur proie; mais ils trouvèrent le combat en rase campagne comme ils le cherchaient, et dès le commencement de l'action, entourés, tout chargés qu'ils étaient de leur armure de fer, par les lanciers et arbalétriers montés sur des chevaux sans bardes, ils souffrirent beaucoup de cette attaque jusqu'à l'arrivée de ceux qui suivaient en force plus régulière. Pour lors les Français se ruèrent sur eux tout d'abord, les principaux en avant; et en ayant tué plusieurs, ils se sauvèrent, grâces à la vitesse de leurs

---

[1] Castelnaudary.

coursiers. Le seigneur Sicard de Montaut fut relevé du champ de bataille par des amis à lui qui se trouvaient là, et dérobé à l'ennemi. Mais Foucaud et Jean, son frère, furent pris et gardés vivans avec quelques autres, pour être échangés contre les prisonniers déjà faits ou que l'on pouvait faire par la suite. Jean fut donc retenu dans Aniort pour Bernard Othon, lequel avait été pris à cette époque; et quant à Foucaud, il fut mis en prison dans le château Narbonnais. Finalement, ayant levé le siége, le comte Amaury s'éloigna au printemps de Castelnaudary, fort ennuyé et sans argent.

CHAPITRE XXXII.

Comment Louis, fils du roi Philippe, après avoir pris La Rochelle, reçut le château de Marmande à composition, et assiégea Toulouse.

L'ANNÉE suivante (la 1219ᵉ de l'Incarnation du Seigneur), le seigneur Louis, fils de l'illustre roi Philippe, ayant assiégé La Rochelle, qui était au roi d'Angleterre, et l'ayant forcée à se rendre, se disposa à venir comme pélerin attaquer Toulouse avec son armée. En son chemin, il eut à assiéger le château ayant nom Marmande, lequel appartenait au comte de Toulouse, et que le comte d'Astarac, appelé Centulle, les seigneurs Arnaud de Blanquefort, Guillaume Arnaud de Taulalque et beaucoup de chevaliers se chargèrent de défendre par l'ordre dudit comte. Et comme le seigneur Louis les eut fait attaquer durant plusieurs jours, comprenant qu'ils ne pourraient résister long-temps à son effort, et ayant obtenu la vie sauve, ils se rendirent prisonniers, lui remirent la ville, et furent conduits à Puy-Laurens pour y être gardés tout le temps que ceux qui étaient prisonniers de l'autre côté seraient tenus en chartre. Ayant quitté Marmande, le seigneur Louis marcha vite à Toulouse par le plus court chemin, et son armée était bien considérable, car aussi loin que se prolonge le circuit du faubourg, plus une partie de la cité, et jusqu'au-delà de la Garonne, son camp s'étendait de toutes parts. Pendant plusieurs jours, il attaqua les assiégés avec ses machines et par de vigoureux assauts. Ne fut absent de ce siége le seigneur légat Bertrand, lequel avait cette entreprise à cœur. Bref, le prince Louis, ayant achevé le temps de son pélerinage, se retira avec ses troupes, et retourna en France après avoir fait peu de chose, à cause de la puissante et valeureuse résistance des ennemis. Auparavant, il brûla ses machines, et l'on rendit de part et d'autre les personnages et chevaliers susnommés qui avaient été pris.

CHAPITRE XXXIII.

Foucaud de Brigier, et Jean, son frère, sont tués dans un combat, et subissent le châtiment de leur méchanceté.

Après la retraite des Français, la guerre s'alluma avec plus de fureur, et plusieurs châteaux se rendirent au comte de Toulouse. Il advint l'hiver suivant que Foucaud de Brigier, et Jean, son frère, avec plusieurs autres chevaliers, coururent derechef par le même pays qu'ils avaient déjà pillé une fois, et y firent beaucoup de butin. Sur quoi le fils du comte de Toulouse venant encore sur eux, les vainquit, se saisit de leur personne, et fit porter à Toulouse, comme un présent agréable, les têtes des deux frères, qu'on y plaça en spectacle sur des pals; ce qui fut par plusieurs attribué à la vengeance divine, car ce Foucaud était un homme très-cruel et plein d'orgueil, qui s'était, disait-on, fait une règle de mettre à mort tout prisonnier de guerre qui ne lui paierait pas cent sous d'or, lui faisant endurer les tortures de la faim dans une fosse souterraine, et voulant, quand on l'apportait ou moribond ou mort, qu'il fût jeté dans un égoût. Même on raconta alors, et on dit encore qu'en partant pour cette dernière course, il fit mener à la potence deux misérables qu'il tenait en prison, savoir le père et le fils; et bien plus, qu'il força le père de hausser son enfant au gibet, après quoi il partit aussitôt pour son expédition, mais ne revint plus, étant récompensé par le Seigneur suivant ses mérites. Au demeurant, on ne doit ni ne peut raconter à quelles infamies se livraient les serviteurs de Dieu; la plupart avaient des concubines et les entretenaient publiquement; ils enlevaient de vive force les femmes d'autrui, et commettaient impunément ces méfaits et mille autres de ce genre. Or ce n'était bien sûr dans l'esprit qui les avait amenés qu'ils en agissaient ainsi; la fin ne répondait pas au commencement, et ils n'offraient pas en sacrifice la queue avec la tête de la victime. Somme toute, ils n'étaient ni chauds ni froids; mais parce qu'ils étaient tièdes, le Seigneur commença à les vomir de sa bouche, et à les chasser du pays qu'ils avaient conquis par son secours. L'année suivante (la 1220° de l'Incarnation du Seigneur), la même où naquit Jeanne, fille du comte de Toulouse, un grand nombre de châteaux se rendirent à lui; et le château de Lavaur ayant été assiégé et pris, sa garnison fut égorgée, à l'exception de quelques-uns, qui se sauvèrent à la nage sur les terres de Sicard, vicomte de Lautrec, et échappèrent, grâces à sa femme, qui leur voulait du bien. Le château de Puy-Laurens ayant été assiégé du côté du bourg, fut livré, après qu'on eût donné sauvegarde à la dame Ermengarde, femme de feu Foucaud, à ses enfans et à toute la garnison, jusqu'à leur sortie du territoire conquis. Enfin, le château de Montréal fut attaqué et pris, son seigneur, Alain de Roucy, ayant été tué; et il se passa encore beaucoup d'autres événemens durant cette époque qu'il serait prolixe de raconter, mais d'où il appert que le Seigneur était offensé et irrité contre ceux qui s'étaient laissés choir, sinon en considération de leurs ennemis, en haine pourtant de leur propre conduite. Or tout ceci se passait l'an du Seigneur 1220 et 1221.

CHAPITRE XXXIV.

Comment le comte de Toulouse trépassa, saisi de mort subite, excommunié, mais donnant signes de repentance; et que son corps est encore sans sépulture.

L'ANNÉE suivante (de l'Incarnation 1222), le comte de Toulouse mourut frappé de mort subite[1], de telle

[1] Au mois d'août.

sorte qu'il ne put rien dire; mais ayant encore, comme on l'a dit, mémoire et pleine connaissance, il tendit les mains vers dom Jourdain, abbé de Saint-Sernin, qui accourait près de lui, faisant geste de dévotion; puis, les frères hospitaliers de Saint-Jean étant survenus, qui posèrent sur lui un poële avec la croix, il la baisa, et tout-à-coup il expira. Son corps fut porté dans leur maison; pourtant il ne fut point enseveli, attendu qu'il était excommunié; et on le garde encore aujourd'hui, comme on le voit, privé de sépulture, car son fils, par la suite des temps, après qu'il eut fait la paix avec l'Église et le roi de France, eut beau produire des témoins devant le Siége apostolique, à l'effet de prouver qu'il avait donné signes de repentance, il ne put en aucune façon obtenir qu'il fût enseveli. La même année, Bernard Roger[1], comte de Foix, mourut au siége du château de Mirepoix, non d'une blessure, mais d'un large ulcère. Or, l'année précédente, le vénérable père Conrad, de l'ordre de Cîteaux, cardinal en l'Église romaine, évêque de Porto, avait été député légat du Siége apostolique; lequel, apprenant que le jeune comte de Toulouse assiégeait le château de Penne en Agénois, de concert avec le comte Amaury, et après avoir réuni une forte troupe, alla au secours dudit château, passant par Albi et son diocèse, suivi de l'évêque de Limoges, et autres prélats en grand nombre; ils détruisirent le fort de Lescure, prirent, chemin faisant, la Bastide de Dieudonné d'Alaman, avec la garnison qui s'y trouvait: quant à ceux qui assiégeaient Penne, ils se retirèrent à leur approche. Du temps du même légat

---

[1] Raimond Roger, et non Bernard, son fils, qui lui succéda.

des trèves eurent lieu; et dans l'espoir d'arriver à conclure la paix, deux conférences furent permises pour en traiter; savoir, l'une à Saint-Flour, ville d'Auvergne, et l'autre à Sens, métropole de la Bourgogne : mais autant en emporta le vent, parce que les péchés des Ammorhéens n'avaient pas encore comblé la mesure; et afin que par un jugement de Dieu alors secret, mais ensuite devenu manifeste, les choses n'en demeurassent pas là. En ce même temps, il se disait que le comte de Toulouse devait épouser la sœur du comte Amaury; et un jour que le Toulousain (long-temps après la mort de son père) était venu à Carcassonne sous la garantie de la trève, et qu'il y passa une nuit auprès du comte Amaury, facétieux comme il était parfois, il fit courir le bruit parmi ses compagnons, lesquels couchaient hors du château, que son hôte le retenait prisonnier; sur quoi ceux-ci, stupéfaits et bien effrayés, prirent la fuite, courant toujours, jusqu'à ce qu'on leur eût appris que ce n'était qu'un jeu ; et les deux comtes prirent entre eux grand soulas de cette plaisante aventure. Au demeurant, la trève expirée, ils recommencèrent à guerroyer, et les comtes de Toulouse et de Foix vinrent assiéger Carcassonne, car Bernard Roger, comte de Foix, avait la curatelle de Trencavel, fils du feu vicomte de Béziers, lequel alors pouvait bien avoir seize ans, ou environ ; puis, après avoir tenu long-temps cette ville investie, dégoûtés et fatigués de leurs attaques infructueuses, ils en levèrent le siége. Le pays cependant tournait à eux, et le comte Amaury ne pouvait le garder, et n'avait pas assez d'argent pour entretenir des hommes de guerre et les retenir; si bien que certains valiers français, au nombre, comme on le dit alors, d'à peu près soixante, se départirent pour retourner en France. Or le comte de Toulouse étant venu à leur rencontre au-delà de Béziers, et iceux lui ayant livré leurs armes et leurs chevaux, à condition qu'il leur permettrait de se retirer sur des palefrois en sûreté et sans autre rançon, lui, cependant, les réputant déjà chose sienne, ne voulut consentir à cet arrangement. Sur quoi, nos Français, aimant mieux tenter une dernière fortune que de se laisser vaincre honteusement et garrotter, prirent les armes, élurent l'un d'entre eux pour chef du combat, auquel ils obéiraient en tout; et, sachant bien qu'un choc donné d'ensemble enfante la victoire, ils se ramassent en une seule troupe, et, faisant filer en avant leurs valets et bêtes de somme, ils soutiennent d'abord les attaques redoublées des assaillans, jusqu'à ce qu'enfin, trouvant leur belle, ils font volte-face, fondent sur l'ennemi, le mettent en fuite, le poursuivent vigoureusement, en tuent un grand nombre, parmi lesquels Bernard d'Audiguier, vaillant chevalier du comtat d'Avignon, qui portait les armes du comte; et pensant avoir tué le comte lui-même, vainqueurs, malgré leur petit nombre, de cette multitude çà et là dispersée, ils se retirent dans la ville. De là ils vinrent glorieusement en France, faisant honneur aux armes françaises, et bien dignes en effet d'honneur et de gloire. Deux ans environ s'étant écoulés de la sorte au milieu des événemens divers de la guerre, le comte Amaury, décidé par l'inconstance des gens de ses terres, et voyant que de jour en jour ils tournaient du côté des ennemis, résigna ses domaines à l'illustre roi de France, Louis,

et le fit son successeur à tous ses droits[1]; ce que le père dudit roi, Philippe, trépassé en l'an du Seigneur 1223, n'avait jamais voulu accepter. A ce sujet, je rapporterai ce que disait l'évêque dom Foulques, qui assurait l'avoir entendu de la propre bouche dudit roi Philippe, lequel, durant sa vie, comme s'il eût présagé l'avenir : « Je sais, disait-il, qu'après ma mort,
« les clercs feront tous leurs efforts pour que mon
« fils Louis se mêle de l'affaire des Albigeois; mais
« attendu qu'il est de faible et de débile santé, il ne
« pourra supporter cette fatigue, il mourra bientôt,
« et alors le royaume restera aux mains d'une femme
« et d'enfans, si bien qu'il ne chômera de dangers. »
Ce qu'il disait ainsi advint en partie par la volonté de la divine providence. En effet, le cardinal diacre, Romain de Saint-Ange, homme de distinction grande, agréable à Dieu et aux hommes, suffisamment propre au maniement de telles affaires, étant survenu avec le titre de légat, induisit, par l'aide de Dieu, le roi Louis d'embrasser l'entreprise restée imparfaite sous la conduite des autres, et qu'il lui était réservé de mener à terme. A ce le roi consentit, dévoué qu'il était à Dieu, et tout magnanime, et il accepta la cession à lui faite par le comte Amaury, en lui conférant l'office de la connétablie de France, d'autant qu'il le connaissait pour un homme sage non moins que vaillant et expert en guerre[2].

En ce temps là mourut Bernard, comte de Comminges[3].

[1] En février 1224.
[2] Amaury ne fut nommé connétable que plusieurs années après.
[3] En février 1226.

CHAPITRE XXXV.

Louis, roi de France, assiége la cité d'Avignon, et la prend par composition.

L'an du Seigneur 1226, au printemps (époque où d'ordinaire les rois se mettent en campagne), ce roi béni de Dieu, le seigneur Louis, suivi d'une magnifique armée, décorée du signe de la croix, et incessamment accompagné du légat, se dirigea vers Lyon; ce qu'il fit à cause des commodités d'un pays plat pour le passage des chariots, et des facilités que la navigation du Rhône prête au transport des troupes. Au devant de lui accouraient les consuls des villes et bourgs qui appartenaient au comte de Toulouse; les forteresses lui étaient livrées, et on remettait des otages à sa discrétion. Même les citoyens d'Avignon, après lui en avoir donné, vinrent à sa rencontre; puis, lorsque le roi et le légat y furent arrivés, la veille de la Pentecôte, et qu'une bonne partie de l'armée avait déjà traversé le pont, il advint, comme je crois, par divin jugement, que ces mêmes habitans, saisis de crainte, alors que la crainte n'était pas raisonnable, et tremblant d'être expulsés s'ils souffraient que beaucoup de monde entrât par la ville, fermèrent leurs portes, permettant néanmoins le passage au roi avec un petit nombre des siens, si mieux n'aimait passer sous une roche par un très-étroit chemin. Ce que le roi voyant lui être aussi dangereux qu'insultant, il n'y voulut consentir, à moins de trouver libre entrée par la ville; de telle façon que les gens d'Avignon persistant dans leur résistance, le roi fit halte, ordonna de dresser les tentes, de tracer le camp suivant l'ordre de guerre; et ayant élevé des pierriers et autres instrumens de siége, commença à battre vivement la place, tandis que de leur côté les habitans, opposant machines à machines, se défendaient vaillamment.

Peu auparavant [1] avait trépassé le vénérable père dom Arnaud Amaury, archevêque de Narbonne, auquel succéda dom Pierre d'Ameil, archidiacre majeur de la même église, puis déclaré archevêque. Cedit prélat, envoyé en avant dans ces entrefaites par le légat et le roi, les précéda, et, promettant la paix au nom de l'Église et dudit prince, rallia à eux tant les châteaux et bonnes villes que leurs seigneurs, et tous les nobles et populations, presque sans nulle exception, depuis le haut pays jusqu'aux portes de Toulouse, de ce côté-ci du fleuve et vers la côte orientale; lesquels jurèrent d'adhérer au roi et à l'Église. Voire même les citoyens de Carcassonne apportèrent à Louis, dans son camp, les clefs de leur ville. Davantage, Roger Bernard, comte de Foix, demanda la paix; mais cette fois il ne l'obtint telle qu'il l'avait voulue.

Cependant les gens d'Avignon, dont le Seigneur avait résolu d'humilier par cette voie la superbe, après avoir résisté trois mois, et se voyant les plus faibles, rendirent, sauf certaines conditions, leur ville au légat et au roi, et furent punis par la ruine de leurs murailles et autres châtimens. De son côté,

---

[1] Le 29 septembre 1225.

l'armée, par diverses maladies, avait perdu beaucoup de monde; ni fut-ce une petite grâce que la ville capitulât de bonne heure, car quinze jours à peine s'étaient écoulés depuis le départ des assiégeans, que la Durance fit irruption hors de son lit, et à tel point s'enfla qu'elle inonda la plaine où le camp du roi avait été placé, si bien que l'armée n'eût pu s'y tenir.

Au départ du roi bon nombre des siens s'en retournèrent en France.

CHAPITRE XXXVI.

Le roi Louis, à son retour en France, meurt à Montpensier, château fort en Auvergne.

Quant au roi, il se dirigea vers Béziers et Carcassonne, toujours accompagné du légat; et ne trouvèrent-ils en défaut dom Foulques, évêque de Toulouse, lequel, tandis qu'ils furent à l'armée ou en route, fit tant qu'à sa magnificence personne ne pouvait se douter qu'il fût banni de chez lui. En effet, le roi ayant passé avec le légat du côté de Pamiers, le prélat, fidèle à ses largesses ordinaires, lui envoya, avant son entrée dans le diocèse de Toulouse, de copieuses offrandes de pain, de vin et de viande. Et son renom de vertu et l'éclat des travaux qu'il avait soufferts pour la foi le rendaient à tous vénérable.

Durant son séjour à Pamiers, le roi, par le conseil du cardinal, régla quantité de choses en l'honneur de Dieu et de la liberté ecclésiastique, et surtout sévit, par un statut nécessaire autant que profitable, contre les contempteurs des clefs de l'Église;

duquel il est fait mention dans le concile de Narbonne, tenu bientôt après dans le carême suivant, et qui commence par ces mots : *Felicis recordationis.*

A leur sortie de Pamiers, passant par Beaupuy, où ils couchèrent, le roi et le légat vinrent à Castelnaudary, de là à Puy-Laurens, où ils couchèrent pareillement, puis à Lavaur. Ils en partirent pour se rendre à Albi, après avoir laissé le pays à la garde du seigneur Imbert de Beaujeu, vaillant homme de guerre et tout dispos à bien travailler, ayant avec lui une forte troupe. Enfin ils suivirent leur route par l'Auvergne; mais, prévenu par une maladie dont il était, comme on l'a dit depuis, atteint secrètement, le roi, par la volonté de Dieu, accomplit à Montpensier le cours de la vie de ce monde, et mourut en automne [1]. Or était son dessein, s'il avait vécu, de retourner dans ces contrées au printemps suivant.

Sa maladie était de telle nature, disait-on, qu'elle aurait pu céder à l'usage d'une femme. Si bien, comme je l'ai recueilli d'un personnage digne de foi, que le noble homme, Archambaud de Bourbon, lequel se trouvait à la suite du roi, ayant appris que ce prince pouvait se bien trouver des embrassemens d'une jeune fille, il fit, par ses chambellans, introduire de jour dans sa chambre et pendant qu'il dormait, une pucelle choisie, belle, de bonne maison, et à qui on avait fait la leçon sur la manière dont elle s'offrirait au roi, lui disant qu'elle ne venait point par envie de débauche, mais pour alléger le mal dont elle avait ouï parler. En s'éveillant, le roi, à la vue de cette femme, qui tâchait de pénétrer jusqu'à

[1] Le 8 novembre 1226.

lui, lui demanda qui elle était et comment elle était entrée; sur quoi elle lui déclara, suivant qu'on le lui avait enseigné, à quelle fin elle était venue. « Il n'en « sera point ainsi, jeune fille, lui dit le saint roi; je « ne pécherai mortellement de quelque façon que ce « soit; » puis ayant fait appeler ledit seigneur Archambaud, il lui ordonna de la marier honorablement. Ainsi ce prince, non moins fait par ses vertus que par son titre pour régir les autres, se régissait lui-même avec une vertu si grande, qu'il ne voulut, au prix d'un péché, éviter, s'il se pouvait, la mort corporelle.

Louis, son fils aîné, lui succéda à la couronne. Il avait quatorze ans quand il commença à régner, et, eu égard à son âge, rappelait les mœurs et les qualités de son père. Il arriva donc ce que son aïeul Philippe craignait, comme je l'ai dit plus haut, que le royaume resta au pouvoir d'une femme et d'un enfant; mais bien que maintes et maintes nouveautés aient paru dans les premiers temps du jeune roi, on vit bien cependant que Dieu prenait en main la cause du royaume, principalement les affaires dont il est ici question, ainsi que les chapitres suivans le montreront jusqu'à évidence.

CHAPITRE XXXVII.

Le château d'Hauterive se rend au comte de Toulouse; le château de Bécède est assiégé et pris.

Dans la même année que ci-dessus, durant l'hiver suivant, une garnison placée dans le château d'Haute-

rive fut attaquée par le comte de Toulouse, et se rendit à lui, moyennant la vie sauve, avant que les secours fussent arrivés. Là, mourut d'un coup de carreau Étienne de Ferréol, homme noble du diocèse d'Agen et du parti dudit comte. Vers le même temps, on gardait un autre château, ayant nom Bécède, que le seigneur Humbert assiégea l'été suivant, lorsqu'on comptait déjà l'an 1227 du Seigneur, et dans lequel le comte de Toulouse avait mis en garnison les vaillans personnages Pons de Villeneuve, Olivier de Termes et maints autres gens de guerre. Or à l'armée se trouvaient l'archevêque de Narbonne et l'évêque de Toulouse, lequel, un jour qu'il passait avec plusieurs autres autour de la ville, fut à grands cris appelé par ces infidèles l'évêque des diables. «Entendez-vous, lui di-
« rent ceux de sa suite, comme ils vous appellent l'é-
« vêque des diables?—Certes, reprit-il; et ils disent vrai,
« car ils sont les diables, et moi je suis leur évêque. »

Au demeurant, ledit château, vivement battu par les machines, fut pris, et un bon nombre, tant chevaliers que piétons, s'étant sauvé de nuit, le reste périt, partie par l'épée, partie par la potence. Les enfans et les femmes furent endoctrinés par le pieux évêque; quant aux hérétiques, Guiraud de la Motte, leur diacre, et ses compagnons furent consumés par le feu des bûchers.

L'hiver suivant, le château de Saint-Paul se rendit au comte de Toulouse; davantage, vers le temps de Pâques, il recouvra Castel-Sarrazin, après avoir assiégé et enfermé la garnison dans le faîte du château; et bien que l'on se hâtât d'y porter des secours, à l'aide des gens du pays et des autres forces qu'on avait sous la main (car le seigneur Gui de Montfort, blessé par une flèche, était mort à Vareilles quelque temps auparavant[1]), on ne put parvenir jusqu'aux assiégés. A l'extérieur, le comte de Toulouse les avait enfermés au moyen d'un grand retranchement muni de fortifications qui faisaient face à toute attaque, soit du dedans, soit du dehors. Là se réunirent l'archevêque de Narbonne, les évêques de Toulouse et de Carcassonne, et le seigneur Humbert de Beaujeu, lequel, après la prise de Bécède, s'était retiré dans ses domaines; à temps accourut aussi l'archevêque de Béziers, après avoir rassemblé une troupe de gens de guerre.

En ce moment, l'évêque de Toulouse séjournait non loin dudit lieu, de l'avis des prélats et des barons, savoir à Villedieu, laquelle appartient aux Templiers; et, comme ceux qui étaient venus les premiers au secours de Castel-Sarrazin, ayant d'abord trouvé cette place sur leur chemin, n'avaient pu s'y faire recevoir jusqu'à ce que, sur la garantie du prélat, le frère dom Gui de Bruciac, chevalier prudent, et commandeur de ladite commanderie, y eût admis les Français et leur eût vendu les vivres sans lesquels l'armée ne pouvait se suffire à elle-même, ledit évêque y demeurait, tant pour se reposer, que pour veiller à sa garde. Or, il advint que douze jeunes gens de la ville s'assemblèrent, et firent serment de la livrer, ainsi que l'évêque, au comte de Toulouse. Mais ledit commandeur ayant été instruit de leur complot par un bailli à lui, auquel ils l'avaient révélé, faute de pouvoir agir sans son aide, il les fit saisir, mettre au cachot, et les força de tout avouer.

[1] Le 31 janvier 1228.

Quant au prélat, il conseilla au frère Gui, et le pria, homme pieux qu'il était et portant pour les malheureux des entrailles de miséricorde, de leur faire grâce et les faire sortir sans retard de la ville, vu qu'il ne pourrait les empêcher d'être pendus, lorsque l'armée arriverait; et il fut fait comme il avait demandé. Le jour suivant, la chose étant sue des chevaliers envoyés à la Provence, beaucoup d'entre eux furent mécontens et grondèrent de ne plus trouver les coupables.

Les prélats et barons, voyant qu'ils ne pouvaient secourir les assiégés, prirent le parti d'assiéger à leur tour un château voisin, nommé Montech, lequel, après quelques jours, se rendit à composition; et là fut pris le noble homme Othon de Terride, avec Othon de Linière et autres chevaliers. Au demeurant, ceux qui étaient renfermés dans le fort de Castel-Sarrazin, n'ayant plus rien à manger, le livrèrent aux ennemis, moyennant la vie sauve. En même temps il était question d'assiéger sur l'heure le château de Saint-Paul, et à cette fin les croisés vinrent à Lavaur.

CHAPITRE XXXVIII.

Comment on démantela Toulouse; et des autres dommages qui lui furent faits.

MAIS ce qui était plus urgent, savoir le demantèlement de la cité de Toulouse fut arrêté, en l'an du Seigneur 1227 [1]. On abandonna donc le premier

[1] En 1228.

projet susdit, toutes les forces furent réunies, et jointes par les prélats de Gascogne, qui arrivaient de toutes parts, l'archevêque d'Auch et celui de Bordeaux, ainsi que certains archevêques et barons, avec leurs gens, revêtus du signe de la croix, se dirigèrent sur Toulouse, aux environs de la Nativité de saint Jean, dressèrent leur camp dans ce lieu, vers l'orient, qu'on nomme le Puits d'Amaury, et commencèrent à démolir les mantelets du côté le plus élevé de la ville ; puis les ayant jetés bas dans cette première partie, ils transportèrent leurs tentes au lieu qu'on appelle Montaudran, et accablèrent les ennemis d'un triple travail et dommage. En effet, ils employaient une troupe nombreuse à couper les moissons ; plus, d'autres qui détruisaient les tours et les remparts des forts à coups de pioches de fer ; *item,* enfin un grand nombre qui travaillaient sans relâche à démanteler les remparts. Or ceux-ci observaient chaque jour l'ordre suivant. Dès l'aurore, après avoir entendu la messe, ils prenaient un léger repas, puis, précédés des arbalêtriers, et suivis des bataillons préparés au combat, ils arrivaient jusqu'aux mantelets les plus rapprochés de la ville, presque avant que les habitans fussent encore éveillés ; et partant de là, ils revenaient sur leurs pas, la face tournée vers le camp, ruinant lesdits mantelets, et accompagnés petit à petit par les gens de guerre.

C'est dans cet ordre qu'ils opéraient chaque jour, jusqu'à ce qu'après trois mois environ, la besogne fut quasi entièrement achevée. Je me rappelle ce que disait le pieux évêque, tandis que nos travailleurs

s'éloignaient de la ville comme en fuyant : « Nous
« triomphons par merveille de nos ennemis en leur
« tournant le dos. » En effet, c'était les engager à conversion et à humilité que de leur enlever ce dont ils
avaient coutume de s'énorgueillir, de même qu'on ôte
à un malade, pour son bien, ce qui pourrait lui nuire
par excès. C'est dans ce sentiment que ce père, plein
de compassion, agissait envers ses enfans, lui qui,
comme un imitateur de Dieu, ne voulait pas la mort
des pécheurs, mais leur conversion et leur vie. En
tout, ce qu'on faisait se rapportait beaucoup à
ce dessein de l'évêque et autres semblables personnages, savoir, que tout ce dommage donnât intelligence à l'adverse partie, et de plus saines pensées : ce qui s'ensuivit dans le fait, ainsi qu'on va
le voir.

CHAPITRE XXXIX.

Après le démantèlement de Toulouse, on s'en prend au comte
de Foix, dont les domaines sont envahis jusqu'au Pas de la
Barre. On traite de la paix avec le comte de Toulouse, laquelle est conclue à Paris.

CETTE expédition terminée, les prélats, barons,
chevaliers et gens de Gascogne s'en retournèrent chez
eux ; quant aux autres, ils montèrent en force vers
Pamiers, jusqu'au Pas de la Barre, envahissant les
terres du comte de Foix, et dressant leurs tentes dans
une plaine près du lieu qu'on nomme Saint-Jean-des-Vierges ; ils y passèrent plusieurs nuits, puis,

ayant laissé garnison là où besoin était, ils revinrent sur leurs pas.

Cependant le vénérable abbé de Grandselve, dom Élie Guarin, survint de France, offrant, au nom du légat, la paix aux Toulousains, qui, fatigués des nombreuses vexations qu'ils avaient eu à supporter, consentirent à traiter. La trève donc étant déclarée, des conférences eurent lieu aux environs de Basiége; l'on convint de se montrer en France, et le premier endroit indiqué fut à Meaux, en Brie, au territoire du comte de Champagne. Là se trouvèrent, tant invités que spontanément, l'archevêque, et ses suffragans, de la province de Narbonne; plus, le comte de Toulouse et autres personnages; enfin, des citoyens de Toulouse, lesquels sont nommés dans le traité de paix ou autres pièces qui s'y rapportent. Le légat y fut aussi présent avec maints prélats convoqués à cet effet, et l'on y demeura plusieurs jours pour s'entendre sur la manière de conclure l'affaire. Ensuite ils vinrent ensemble à Paris, afin que le tout fût accompli en présence du roi; et les conditions ayant été entièrement arrêtées et scellées, le comte fut réconcilié à l'Église la veille de Pâques[1]; en même temps ceux qui étaient avec lui furent déliés de la sentence d'excommunication. Et c'était pitié que de voir un si grand homme, lequel, par si grand espace de temps, avait pu résister à tant et de si grandes nations, conduit nu en chemise, bras et pieds découverts, jusqu'à l'autel. Étaient présens deux cardinaux de l'Église romaine, un légat, celui de France, et un autre au royaume d'Angleterre, savoir l'évêque de Porto,

[1] Le 12 avril 1229.

Quant à la teneur du traité, c'est ce que je n'ai pas besoin de transcrire ici, vu qu'elle a été publiée, et que plusieurs l'ont mise par écrit. Mais je ne veux pas manquer de dire que, quand le royaume tomba dans les mains d'une femme et d'enfans, ce que le roi Philippe, leur aïeul, redoutait après la mort de son fils, n'arriva que par la volonté d'en-haut et la bonté du Roi des cieux, protecteur des Français. En effet, pour premiers auspices du règne du jeune prince, Dieu voulut à tel point honorer son enfance à l'occasion d'une si longue guerre avec le susdit comte, que, de plusieurs clauses contenues au traité, chacune eût été à elle seule suffisante en guise de rançon, pour le cas où le roi aurait rencontré ledit comte en champ de bataille et l'aurait fait prisonnier ; comme, par exemple, qu'il ne pourrait laisser à aucun héritier de lui, Toulouse et l'évêché toulousain, qui ne lui étaient accordés que sa vie durant, et que nul de ses héritiers ou de ceux de sa fille n'y pourrait prétendre aucun droit, à moins qu'il ne descendît de la propre fille ou du frère du roi ; *item,* qu'il aurait pour peine de passer cinq ans outre mer ; *item,* qu'il s'obligeait à payer vingt-sept mille marcs d'argent ; *item,* qu'il cédait pleinement au roi, et abandonnait à l'Église, toute autre terre que l'évêché de Toulouse, à l'orient et au-delà du Rhône. Je ne parle pas des autres charges auxquelles il se soumit, et telles, qu'eût-il été prisonnier, il en semblerait bien grièvement mulcté ; en sorte que le tout, aussi bien que tout ce qui fut fait par la suite, paraît venir, non de l'homme, mais de Dieu même. Je me rappelle aussi que le repos ayant été rendu au royaume de ce côté, le roi d'Angleterre et le comte de Bretagne, qui l'attaquaient d'un autre, furent, grâces à la protection divine, repoussés par les forces du roi enfant; et que le comte, ayant remis à son fils le comté qu'il tenait de sa mère, dut partir outre mer, pour y rester cinq ans. Pareillement la révolte des gens qui soutenaient Philippe, comte de Boulogne, aspirant au trône, s'éteignit par la mort dudit Philippe; enfin, Thibaut, comte de Champagne, sentit qu'il lui serait dommageable de regimber contre l'aiguillon ; et le tout advint afin que les rois des Français, quels qu'ils soient, sachent qu'il est juste d'embrasser la cause de Dieu, d'autant qu'il embrasse la leur de telle sorte.

CHAPITRE XL.

Comment Toulouse fut réconciliée à l'Église, et comment un concile y fut célébré. Inquisition contre les hérétiques et schismatiques.

A cela j'ajouterai que le comte de Foix, qui jadis avait demandé la paix au père dudit roi, pour son compte et sans son seigneur, le comte de Toulouse, et ne l'avait point obtenue telle qu'il la desirait, resta en état de guerre, le roi ayant cédé par le traité au comte de Toulouse le pays qui avait été conquis jusqu'au Pas de la Barre ; lequel il occupa et y mit ses baillis jusqu'à ce que par la suite des temps, et après que le comte de Foix eût composé avec le roi, moyennant mille livres de revenu, que ce prince lui donna en terres, ledit comte de Toulouse remit le susdit pays, à partir du Pas de la Barre, à ce même comte de

Foix, pour le tenir en commande, sauf à le rendre sans délai quand il en serait requis; et il l'a conservé sa vie durant jusqu'à ce jour.

Après la paix, conclue à Paris vers la fin de l'année, la cité de Toulouse fut, l'année suivante (du Seigneur 1229), et au mois de juillet, réconciliée à l'Église par maître Pierre de Colmieu, faisant fonctions de légat, avant que le comte fût revenu de France; lequel, de son propre gré, resta à Paris dans la prison du roi, jusqu'à la destruction des murs de Toulouse, des châteaux et faubourgs, selon qu'il avait été convenu, et que sa fille, Jeanne, âgée de neuf ans, eût été remise à Carcassonne, ès mains des envoyés royaux, la même qui fut depuis épousée par Alphonse, frère du roi, comte de Poitou. Finalement, le susdit comte ayant été fait chevalier par le seigneur roi le jour de la Pentecôte, et ayant accompli sur-le-champ les conditions du traité, il revint dans ses domaines, et quelques jours après il fut suivi par le légat envoyé pour veiller à la démolition des châteaux forts, et arrêter les croisés qui, si la paix ne fût intervenue, seraient arrivés en armes pour continuer la guerre. Le même légat célébra à Toulouse, au commencement de l'automne, un concile où se trouvèrent les archevêques de Narbonne, d'Auch, de Bordeaux, et force évêques et autres prélats. Là parurent aussi le comte de Toulouse et les autres comtes, hors celui de Foix; les barons, le sénéchal de Carcassonne et les consuls de Toulouse, au nombre de deux, savoir un pour la cité et un pour le faubourg; lesquels jurèrent les clauses du traité au nom de la généralité, et tant le comte que les autres l'approuvèrent et en firent autant, de même que plus tard tout le pays.

D'ailleurs, le légat, homme prudent et circonspect, ne voulant point sembler omettre rien de ce qui touchait à l'affaire présente, ordonna qu'inquisition fût faite contre les suspects d'hérésie; et dans ce dessein, Guillaume de Solier, lequel avait été ministre hérétique et s'était volontairement éloigné de la perdition, fut rétabli en bonne renommée, afin que son témoignage valût contre ceux au sujet de qui il savait la vérité. Or cette inquisition fut réglée de telle sorte que chaque évêque présent eût à examiner les témoins que l'évêque de Toulouse produisait, à lui remettre, pour être conservés, leurs dires rédigés par écrit, et qu'ainsi ils pussent en peu de temps expédier grand nombre d'affaires. Puis, après qu'on eut appelé et ouï gens réputés fidèles et bons catholiques, on procéda sur-le champ à citer en témoignage quelques uns de ceux qui étaient suspects. Mais eux, se doutant du coup, s'engagèrent d'avance mutuellement à ne rien dire qui pût nuire aux autres; ce qui fut assez prouvé par le fait, puis qu'aucun des leurs appelés en témoignage n'avoua rien. Pourtant, il y en eut quelques-uns qui, usant de plus saine résolution, vinrent tout d'abord et avant les autres, se soumirent au légat ou se livrèrent à lui, et trouvèrent ainsi une miséricorde dont se rendirent indignes ceux qui avaient la tête dure, et qui, contraints ensuite, et comme traînés par force, subirent de rudes pénitences. Il y en eut encore, mais en petit nombre, qui dirent vouloir se défendre juridiquement, et demandèrent qu'on leur fît connaître les noms des témoins qui avaient déposé contre eux, observant qu'ils pouvaient être des ennemis capitaux, auxquels il ne fallait pas accorder croyance ; et ceux-là suivirent le légat jusqu'à Montpellier, en insistant toujours. Sur quoi le légat, présumant qu'ils ne requéraient ceci que pour tuer ceux qu'ils sauraient avoir déposé spécialement contre eux, il éluda adroitement leurs instances, et leur montra seulement le nom de tous les témoins ouïs dans l'inquisition toute entière, pour qu'ils vissent s'ils y reconnaîtraient leurs ennemis. Ainsi donc se voyant pris, et ne pouvant reconnaître ceux qu'ils disaient leur en vouloir, puisqu'ils ignoraient qui les avait accusés, ces gens se désistèrent du litige commencé, et finalement se soumirent à la volonté du légat. Quant à lui, passant le Rhône, il vint tenir un autre concile à Orange, ville cisalpine, avec les archevêques, évêques et prélats ; et étant au château de Mornas, il remit les lettres des pénitences par lui ordonnées contre les suspects, signalés en suite de l'inquisition, à l'évêque de Toulouse, qui à son retour les publia dans l'église de Saint-Jacques où ils furent assemblés.

Dans ce temps-là, André de Calvet, vaillant chevalier et sénéchal du roi, fut surpris et tué par certains ennemis dans le bois qu'on nomme Centenaire. Pour ce qui est du légat, il emporta à Rome toutes les pièces de la susdite inquisition, de peur que si elle venait à tomber dans les mains de malveillans, elle ne fût une cause abondante de meurtres sur la personne des témoins qui avaient déposé contre telles gens ; et, néanmoins, après son départ, quelques-uns d'entre eux, de même qu'un grand nombre de persécuteurs des hérétiques, furent égorgés sur de simples soupçons. Pour quels faits et autres semblables, qui de ce temps furent commis par ces ministres du diable, les croyans, le comte de Toulouse fut maintes et maintes fois accusé de crasse négligence, tant auprès du Siége apostolique, que du roi de France, et même réprimandé, comme on le verra plus bas. Or, tout ceci provenait de ceux qui voulaient ramener l'éruption d'une nouvelle guerre, et revenir aux maux passés, pour qu'à la faveur du trouble, ils pussent exercer leurs rapines ordinaires et favoriser les hérétiques; de ceux enfin qui feignaient d'aimer le comte et ouvraient le précipice sous ses pas. D'où vint que les enfans de Bélial s'élancèrent des abîmes où ils se tenaient cachés, ruinant les dîmes de l'évêque, poursuivant ses clercs et infestant son domaine de Vertfeuil. Et à ce sujet, pour remonter quelque peu plus haut, je dirai, à la gloire dudit évêque, qu'il se montra grandement libéral pendant la tenue du concile de Toulouse, bien qu'il eût, cet été là, recueilli à peine quelque chose, envoyant aux prélats des présens de pain, de vin, et autres objets, non point dans des corbeilles à la main ou dans de simples fioles, mais bien dans des paniers et barriques. Pareillement il s'acquittait, comme il disait, par un doux échange, envers les étrangers qui l'avaient vu chercher un réfuge sur leurs terres et l'avaient honorablement traité. Enfin une famine étant survenue après le départ des pèlerins, lesquels avaient dévasté les récoltes, le pieux évêque en fut tellement affecté, que non seulement il faisait des distributions quotidiennes à tous les mendians qui se présentaient, mais qu'il nourrissait même les pauvres honteux, qu'il allait dépister jusque dans leur logis. C'est pourtant en ce temps-là que les pervers l'allaient molestant; sur quoi il interpella un jour le comte : « Je sais, dit-il, que l'an passé (car c'est en l'an du « Seigneur 1230 qu'il parlait ainsi), j'ai, grâces à Dieu « et à vous, recueilli assez paisiblement mes dîmes; « quant au trouble qu'on me suscite maintenant, il « n'y a pas de doute qu'il faut vous l'attribuer. Mais « ne doutez pas non plus que je ne puisse fermer les « yeux sur tout ceci, moi qui suis prêt, selon mon « usage, à m'exiler encore. Un an s'est écoulé de- « puis le temps où j'étais mieux en exil que dans mon « évêché. » Sur quoi, quand il se fut retiré, le comte répéta ses paroles, savoir qu'il allait s'éloigner de nouveau. Mais il nous faut maintenant retourner à notre sujet.

CHAPITRE XLI.

Après le départ du seigneur Romain, cardinal diacre de Saint-Ange, l'évêque de Tournai est envoyé avec le titre de légat. Mort de dom Foulques, évêque de Toulouse.

L'AN du Seigneur 1230, sur l'avis des prélats, le vénérable père dom Clarin, évêque de Carcassonne, approcha le Siége apostolique, et obtint que l'évêque de Tournai, homme de grande vertu et prévoyance, serait envoyé comme légat pour veiller à l'achèvement des affaires de la foi et de la paix jurée. A son arrivée, cedit prélat assigna le comte, pour réformer les choses qu'on disait contraires au traité naguère conclu à Paris; pour quoi fut un jour indiqué à Castelnaudary, dans l'église de Pierre-Blanche, à tous ceux qui auraient un grief ou plusieurs à exposer; afin qu'en fût remise la note par écrit au comte, qui de son côté s'engagea à tout réparer, autant qu'il serait en lui.

Vers ce temps-là l'évêque composa avec les anciens seigneurs et chevaliers de Vertfeuil, vu qu'il n'était aisé, pour lui ni pour ses clercs, de soutenir la guerre que certains bandits lui faisaient, peut-être par le conseil et avec l'approbation de plus grands personnages; en sorte qu'il était obligé, par crainte de leurs entreprises, de mener avec lui des hommes armés, tandis que les autres jouissaient en repos de la paix récemment conclue. N'oublions pas, au demeurant, de dire qu'il reçut du comte reconnaissance et hommage pour le château de Fanjaux.

Cependant l'évêque, autant qu'il le pouvait, vaquait à son office, réglant les églises, visitant le peuple et les néophytes. Lorsqu'il eut bien disposé toutes choses, ressuscité son évêché qui, avant lui, était quasi mort, et tiré des mains des laïques les dîmes nécessaires à l'entretien et à l'existence honorable de ses successeurs, lui qui en arrivant n'avait pas trouvé pour vivre cent sous toulousains, il acheva son dernier jour, en la fête de Noël, l'an 1231 du Seigneur, qui voulut enfin récompenser son serviteur selon ses mérites.

CHAPITRE XLII.

Après la mort de dom Foulques, frère Raimond, prieur provincial de l'ordre des Prêcheurs, en Provence, est élu évêque. Le comte de Toulouse compose certains statuts, selon qu'il avait été convenu en présence du roi.

LEDIT révérend évêque ayant été enseveli dans le couvent de Grandselve, de l'ordre de Cîteaux, quelques jours après on élut le vénérable homme frère Raimond, prieur provincial de l'ordre des Prêcheurs, en Provence, à l'évêché de Toulouse, de l'accord unanime du chapitre général de l'église; laquelle élection soumise au légat fut par lui approuvée sur-le-champ. Or je sais un homme auquel son vénérable prédécesseur, non moins soigneux pendant sa vie de l'avenir que du présent, et desireux d'avoir un successeur zélé pour les choses auxquelles il avait travaillé lui-même sans pouvoir y mettre la dernière main avait, fait mention dudit frère Raimond, qu'il connaissait et avait souvent eu près de lui, comme d'un homme qui lui paraissait propre à le remplacer; d'où je pressentis, après l'élection, que c'était lui-même qui l'avait obtenue du Seigneur; et cette grâce même a été faite à l'église de Toulouse, qu'en comptant dom Foulques, trois évêques, au souvenir de la génération présente, ont été élus successivement sans opposition de la part du chapitre, afin que ce pays, déjà assez troublé d'autre manière, n'eût encore à souffrir plus grièvement faute de pasteurs, et des suites d'une dissension dans le chapitre du diocèse. Ayant donc été élu le jour de Saint-Benoît, il fut consacré le dimanche de carême où l'on chante à l'office *Lœtare Jerusalem !* et le dimanche suivant, jour de la Passion du Seigneur, il fit son entrée dans son église, cette même année 1231, en procession solennelle du clergé et du peuple.

Ledit évêque commença au point où son prédécesseur avait été arrêté, en poursuivant vivement les hérétiques, défendant courageusement les droits ecclésiastiques, et en amenant le comte, tantôt par la vigueur, tantôt par la douceur, à tout le bien qu'il pouvait en tirer. L'an du Seigneur 1232, l'évêque et le comte passèrent une nuit à chercher ensemble dans les montagnes certains hérétiques qu'on leur avait indiqués ; ensuite de quoi Dieu leur livra, dans le nombre des hommes et des femmes, dix-neuf de leurs ministres, parmi lesquels fut pris Pagan de Bécède, jadis seigneur dudit château. Néanmoins le comte, selon le vent qui soufflait sur lui, de chaud qu'il était, devenait tiède et paresseux à poursuivre l'affaire de la foi et de la paix, de façon que parfois on lui trouvait moins de ferveur pour le bien de l'une et de l'autre. Aussi le susdit légat, ayant rassemblé près de lui le vénérable archevêque de Narbonne et plusieurs des évêques ses suffragans, le cita devant le roi, qui lui-même l'avait assigné, au sujet de plusieurs articles du traité de Paris qu'il avait observé moins fidèlement qu'il ne convenait et qu'il n'aurait dû le faire. Finalement, il fut arrêté que le comte arrangerait toutes choses sur le rapport de l'évêque de Toulouse et d'un chevalier que le roi nommerait pour y aviser avec le prélat; lequel, après la conférence de Melun, revint le premier, et régla les articles de réformation. Après lui fut envoyé le seigneur Gilles de Flageac, chevalier prudent et discret, qui, chemin faisant, passa en Provence pour voir, de l'ordre du roi, la fille aînée du comte, sa future femme; à son arrivée à Toulouse, tous lesdits articles furent présentés au comte de Toulouse : de là il forma ses statuts, qu'il publia dans le cloître de Saint-Étienne de Toulouse, en assemblée générale, en présence du légat, de plusieurs barons et du sénéchal de Carcassonne, lequel les approuva, les prenant même pour les observer dans sa sénéchaussée, et il les remit scellés audit chevalier, afin qu'il les portât en France : le tout fut fait l'an du Seigneur 1233 [1].

Dans la même année, en la nuit de la Circoncision du Sauveur, un hiver non moins rigoureux que continu se déclara avec toutes ses horreurs; en sorte que les semences furent gelées jusqu'à la racine.

Dans le même temps, frère Pierre, prieur des frères Prêcheurs de Barcelone, revenant du chapitre général tenu à Bologne, traversa le diocèse et la ville de Toulouse, où il parut comme un homme puissant en œuvres et en paroles; et Dieu faisait par lui choses merveilleuses sur les malades.

Item, vers ce temps-là, le seigneur légat célébra un concile à Béziers, et fit du mieux qu'il put pour rétablir la paix entre les comtes de Toulouse et de Provence, lesquels depuis trois ans et plus s'étaient fait la guerre : mais ses efforts n'eurent point l'issue qu'il voulait. Or la cause de leurs différends était

---

[1] En février 1234.

que les Marseillais ayant eu querelle avec leur propre évêque et le comte de Provence, vinrent trouver celui de Toulouse, et le firent leur seigneur, pour qu'il s'emparât de leur ville, au détriment desdits comte et évêque. Il y marcha donc en force, fit reculer l'ennemi, qui ne voulut même pas l'attendre, et dès lors il y tint toute sa vie un lieutenant à lui, en tirant pour revenu, non ce qu'il voulait, mais seulement ce qu'il plaisait aux habitans, qui déjà avaient oublié leurs dangers, et dont maintes et maintes fois il lui fallut éprouver l'inconstance.

CHAPITRE XLIII.

De l'inquisition, et de quelle manière elle fut ordonnée. L'archevêque de Vienne est envoyé pour légat. Comme on perdit et recouvra le faubourg de Carcassonne.

Durant la légation de l'évêque de Tournai, le souverain pontife confia aux frères de l'ordre des Prêcheurs l'inquisition à faire contre les hérétiques, et à cette fin furent délégués frères Pierre Cellani et Guillaume Arnaud, qui citèrent quelques hérétiques de Toulouse qu'ils pensaient pouvoir plus facilement convaincre, et les signalèrent comme hérétiques reconnus; puis, en cette façon, l'inquisition commença peu à peu à atteindre certaines gens plus considérables. Il ensuivit que quelques-uns, gens de grosse fortune, entreprirent de mettre obstacle à l'office des inquisiteurs; ce qui profita à tel point en mal, et prévalut de telle sorte, que les frères ainsi que l'évêque furent contraints de quitter la ville, et que même le couvent tout entier des frères Prêcheurs fut jeté dehors d'un seul coup[1]; quant à ce qu'on fit éprouver aux chanoines de l'église et à leurs gens, je le veux taire par révérence pour la ville, dont un peu de mauvais levain corrompit dans ce moment et en cette occasion la masse entière, bien que bonne en soi. En ce même temps, l'évêque de Tournai ayant été déchargé du fardeau de ses fonctions, il fut remplacé par le vénérable seigneur Jean, archevêque de Vienne; sur quoi, si l'on a lu ce que le souverain pontife, le seigneur pape Grégoire IX, lui écrivit au sujet de ce qui précède, on connaîtra toute la vérité. Quant au susdit évêque, malgré la fièvre quarte dont il était affligé, il ne tarda point à approcher le Siége apostolique, et à révéler le mal au souverain pontife. Au demeurant, nombre de choses furent réglées par la sollicitude du nouveau légat, afin que l'inquisition courût plus librement, établissant que ceux qui voudraient dans un délai de grâce dire toute la vérité sur eux-mêmes et les autres, en jurant de ne plus récidiver à l'avenir, n'auraient rien à craindre pour leur personne ou leurs biens, et devenaient des pénitens à supporter. Même, attendu que les frères Prêcheurs étaient craints comme trop rigides, on leur adjoignit un collègue de l'ordre des frères Mineurs, lequel devait tempérer leur rigueur par sa mansuétude; davantage, il fut ajouté par grâce que les inquisiteurs se transporteraient dans les diverses villes du pays, et là entendraient les habitans, afin qu'ils ne semblassent pouvoir se plaindre du

---

[1] En novembre 1235.

méchef qu'ils éprouveraient en allant à des lieux éloignés de leur territoire. Comme il fut fait ainsi, et les inquisiteurs arrivés à Castelnaudary ayant appelé devant eux hommes et femmes du voisinage, ils les trouvèrent presque tous tellement liés entre eux qu'on ne pouvait en extorquer une vérité, ou si peu que rien. Pour quoi, tout-à-coup et à l'improviste, ils se transportèrent à Puy-Laurens, où nul concert n'avait encore été formé, et là ils trouvèrent qu'on avouait passablement, jusqu'à ce qu'une lettre, obtenue n'importe comment des magistrats municipaux, vint retenir long-temps l'inquisition en suspens.

Cependant, dans la suite des temps, l'archevêque de Vienne fut rappelé de ses fonctions, et le souverain pontife envoya à sa place un légat *a latere,* savoir l'évêque de Préneste, cardinal de l'Église romaine.

L'an du Seigneur 1239, le troisième jour de juin, le samedi de la semaine, à six heures, il y eut une éclipse de soleil; une autre pareillement dans la même année, le jour de la Saint-Jacques. Cette fois le soleil fut obscurci plus que quand il pâlit vers le soir, mais non point comme la fois précédente, car alors l'obscurité était telle que les étoiles paraissaient.

L'année suivante (an du Seigneur 1240), le comte de Toulouse, ayant réuni une nombreuse armée, pénétra en été dans la Camarque, et s'en fut contre la cité du comte d'Arles, auprès de Trinquetaille, en deçà du Rhône, et la guerre dura presque toute la saison, tant par l'attaque et la défense des remparts, au moyen des machines, pierriers et autres instrumens de siége, que par des combats livrés sur le fleuve. Les Marseillais étaient venus au secours du comte de Toulouse, comme étant leur seigneur.

En ce même temps, Trencavel, fils de l'ancien vicomte de Béziers, de concert avec les notables seigneurs Olivier de Termes, Bernard d'Orzals, Bernard Hugues de Serrelongue, Bernard de Villeneuve, Hugues de Romegous, son neveu, et Jourdain de Saissac, envahit les terres du seigneur roi, dans les diocèses de Narbonne et de Carcassonne; même bon nombre de châteaux tournèrent à lui, Montréal, Montolieu, Saissac, Limoux, Azillan, Laurac, et tout autant qu'il en voulut, dans ce premier moment d'élan et d'effroi. De l'autre côté, entrèrent à Carcassonne les vénérables pères archevêque de Narbonne et évêque de Toulouse, plus les barons de la contrée et plusieurs clercs du pays avec leurs gens et effets, se confiant dans la sécurité que leur inspiraient également la ville et le faubourg; en effet, l'évêque de Toulouse y descendait souvent, prêchant les bourgeois, et les réconfortant et prémunissant contre la défection envers l'Église et le roi qui ne souffriraient, comme ils pouvaient le savoir, que pareille chose durât long-temps. Durant ces exhortations, la ville se remplissait des moissons et des vendanges, les murs étaient fortifiés par des travaux en bois, les machines étaient dressées, on préparait tout pour le combat. Cependant quelques gens du faubourg se rendirent secrètement avec les ennemis, s'offrant à les y introduire. En même temps le comte de Toulouse revenait de la Camarque qu'il avait dévastée, et à son arrivée à Penautier, près de Carcassonne, il y fut joint par le sénéchal du roi, qui sortit pour l'interpeller de chasser du pays les ennemis dudit seigneur roi. Sur sa réponse qu'à ce sujet il tiendrait conseil à Toulouse, chacun retourna chez soi.

Peu de jours après, l'évêque de Toulouse, dont la langue gracieuse avait toute efficacité pour adoucir les haines, descendit avec le sénéchal dans le faubourg, réunit les bourgeois et le peuple dans l'église de la bienheureuse Marie, et là, sur l'autel de la Vierge glorieuse, il les lia tous par serment, sur le corps du Christ, les reliques des saints et les très-sacrés Évangiles, à tenir pour l'Église, le roi, ceux qui étaient dans la ville, et à les défendre. Puis, le jour suivant, fête de la Nativité de la bienheureuse Marie, ayant reçu des lettres du roi par le même envoyé que les bourgeois lui avaient député, les prélats et notables seigneurs, enfermés dans la ville, les montrèrent avec un grand appareil de joie.

Mais, dans la nuit même, il arriva que les ennemis du roi et de l'Église furent introduits dans le faubourg et accueillis nonobstant les sermens; même il en fut prêté alors de tout contraires. Nombre de clercs qui se trouvaient dans le faubourg se réfugièrent dans l'église, lesquels, bien qu'ils eussent reçu du prince lui-même et sous la garantie de son seing, licence d'aller vers Narbonne avec promesse de sûreté, furent, à leur sortie, assaillis par ces réprouvés et égorgés traîtreusement au nombre de trente, outre ceux qui, en plus grande quantité, furent tués près de la porte. Ensuite, se prenant à miner à l'instar des taupes, les assiégeans s'efforcèrent de pénétrer dans la ville; mais les nôtres ayant marché à leur rencontre, pareillement sous terre, les forcèrent, par blessures, fumée et chaux vive, à abandonner ce travail. Je n'omettrai pas de rapporter que Bernard Arnaud, Guillaume le Fort et les autres seigneurs du château de Penautier, bien que le jour précédent ils eussent juré au sénéchal qu'ils viendraient à lui pour défendre la ville, le lendemain désavouèrent leur promesse et se joignirent aux ennemis, aveuglés qu'ils étaient par leur propre malice, comme méchantes gens qu'ils étaient, ne voyant pas ce que leur fidélité aurait pu leur valoir ni ce que leur trahison pourrait leur coûter.

Dans la première attaque, les assiégeans, ayant pris un moulin défendu par une vieille et mince palissade, tuèrent les jeunes gens qui s'y trouvaient. Durant le siége, le combat eut toujours lieu de très-près et avec d'autant plus de danger que les maisons du faubourg étaient presque attenantes à la ville, en sorte que les ennemis pouvaient, à couvert, lui faire beaucoup de mal avec leurs balistes et ouvrir des mines sans qu'on s'en aperçût. Au demeurant, ils étaient traités de la même manière à grands coups de pierres et de machines.

On combattit ainsi environ un mois; après quoi, des secours arrivant de France, les ennemis n'osèrent les attendre, et, ayant mis le feu en plusieurs endroits du faubourg, ils l'abandonnèrent aux Français, pour se retirer à l'instant dans Montréal, où ils furent à leur tour assiégés par l'armée qui les y avait suivis. Là, après qu'on se fut battu pendant nombre de jours, les comtes de Toulouse et de Foix arrivèrent enfin, parlèrent de paix, et les assiégés, sortant du château avec armures et montures, l'abandonnèrent ainsi que les habitans. Déjà la saison était si rigoureuse qu'il eût été dangereux pour l'armée d'hiverner en tel endroit.

CHAPITRE XLIV.

Comment les prélats, se rendant par mer au concile où ils avaient été appelés par le souverain pontife, furent pris par les pirates de l'empereur Frédéric.

Plus tard, le comte et l'évêque de Toulouse partirent pour France, et il leur fut ordonné par le légat, le seigneur évêque de Préneste, de se rendre au concile que le souverain pontife avait convoqué. Ainsi, l'an du Seigneur 1241 étant déjà ouvert, et le légat étant parti devant, bien que les évêques ne fussent point encore retournés chez eux, ils vinrent à Lunel, d'où le prélat s'en fut sans le comte, lequel tardait un peu à cause d'une conférence avec le roi d'Aragon; et passant par Beaucaire, il rencontra certains évêques du royaume de France qui s'en retournaient, parce qu'ils n'avaient pu trouver de navire pour s'embarquer, et n'avaient osé cheminer par terre, en crainte de l'empereur Frédéric qui, soupçonnant que le susdit concile était convoqué contre lui, avait tendu des embûches à tout venant, sur terre comme sur mer. Il leur semblait donc encore plus supportable de s'arrêter que de s'exposer à des périls manifestes; mais l'évêque ne s'en effrayant pas, se rendit vite à Aix, ville métropole de Provence, où il trouva l'archevêque de Tolède, celui de Séville et l'évêque de Ségovie, lesquels savaient déjà que le légat, avec tous les prélats qui se trouvaient à Nice, était parti de ce port. Pour lors les évêques arrêtèrent d'aller à Marseille, et de s'y embarquer sitôt que le temps le permettrait ; car, pour l'archevêque, ayant horreur de la mer, il voulut essayer s'il pourrait obtenir un sauf-conduit pour voyager par terre ; si bien que s'étant séparés, et chacun prenant la route qu'il avait choisie, les prélats vinrent à Marseille, comme ils l'avaient résolu entre eux ; et là, tandis qu'ils attendaient, après l'arrivée du comte, que le temps favorisât leur départ, et le bruit se succédant de jour en jour que l'empereur avait mis des galères en embuscade, la triste nouvelle leur vint comme un coup de foudre, que les prélats avaient été pris en mer, et qu'un grand nombre avait péri. Lors, le comte et l'évêque retournèrent à Montpellier, où ils trouvèrent le roi d'Aragon, et, s'abouchant ledit roi et le comte de Provence, commencèrent à traiter du mariage entre celui de Toulouse et Sancie, troisième fille du Provençal, après les deux qu'avaient épousées les rois de France et d'Angleterre ; mais comme on ne pouvait le conclure à cause de la femme du Toulousain, Dona Sancie, encore vivante, laquelle avait été depuis long-temps abandonnée par son mari, on procéda au divorce en présence de juges dès long-temps délégués par le souverain pontife, savoir, l'évêque d'Albi et le prévôt de Saint-Sauve ; et comme il fut prouvé que le père dudit comte l'avait tenue sur les fonts baptismaux, la sentence de divorce fut prononcée devant un grand nombre d'évêques dans un lieu nommé la Vergne, entre Beaucaire et Tarascon, sans que la susdite dame s'y opposât, à ce induite par ses neveux, le roi d'Aragon et le comte de Provence, lequel comptait pour le second mariage, destiné à affermir la paix entre son gendre et lui, demander dispense de l'empêchement qui sortait du cousinage des deux parties. Toutefois l'évêque de Toulouse, bien qu'il fût à Beaucaire, et malgré les instances du comte Raimond, avec lequel il était arrivé, ne voulut participer à cette sentence, pour autant qu'il avait en suspicion le témoignage des témoins produits; lequel refus venant à être connu du roi de France, du comte de Poitou et de la dame Jeanne sa femme, ils lui en surent grand gré. Au demeurant, ce refus ne préjudicia point au comte, comme on le vit clairement par la suite.

Dans le même temps, le quatrième jour de mai, mourut Roger Bernard, comte de Foix, dont le fils, Roger, vint à Lunel, avec dom Maurin, abbé de Pamiers, vers le susdit comte son seigneur, qu'il pria de daigner solliciter de l'abbé qu'il le reçût en la même tenance que chacun de ses prédécesseurs, à lui comte de Foix, lorsqu'ils vivaient : ce que fit le comte de Toulouse, nonobstant que l'abbé la lui eût offerte pour lui-même, s'il voulait l'accepter. Mais il la refusa en considération de l'autre, le servit auprès de l'abbé, et même écrivit en France à son sujet. A cette occasion, il advint que le nouveau comte de Foix reconnut que son père avait reçu en commande, dudit comte de Toulouse, son seigneur, toute la terre qu'il tenait dans l'évêché de Toulouse, à partir du Pas de la Barre, confessant qu'il l'avait au même titre, et promettant par serment qu'il la rendrait à son bon plaisir.

CHAPITRE XLV.

Comment on traita du mariage entre Sancie, troisième fille du comte de Provence, et le comte de Toulouse.

Ensuite il fut procédé à une conférence entre le roi d'Aragon et le comte de Provence, touchant le mariage entre la fille de celui-ci et le comte de Toulouse, et dans la ville d'Aix furent nommés des ambassadeurs extraordinaires vers le souverain pontife, porteurs de lettres scellées desdits princes, concernant la dispense nécessaire pour ce mariage. Mais, chemin faisant, ils apprirent à Pise que le pape était mort, en sorte que la négociation fut réduite à rien, et la demoiselle fut donnée à Richard, roi d'Allemagne, frère du roi d'Angleterre. Bientôt après, le comte de Toulouse rechercha en autre mariage la fille du comte de la Marche; ce qui fut empêché par l'appréhension qu'il ne se trouvât cousinage entre eux.

Dans ces entrefaites, des traités furent entamés entre lesdits comtes de Toulouse et de la Marche et le roi d'Angleterre, pour faire la guerre au roi de France, avec le secours de plusieurs autres seigneurs, afin que, harcelé de plusieurs côtés à la fois, il suffît moins à se défendre. Sur quoi le comte de Toulouse tint conseil secret avec les grands de ses domaines, parmi lesquels, au premier rang, était le comte de Foix, qui fut d'avis affirmatif, et qui, après lui avoir juré de l'aider en toute guerre contre le roi, lui remit par écrit note de son avis et de sa promesse.

Avant ceci, avait trépassé à Lantar, Bernard, comte de Comminges, saisi, pendant qu'il dînait, de mort subite, en la fête de saint André, l'apôtre, l'an du Seigneur 1241. Quant à ce dont je viens de toucher quelques mots, il commença à en être question quatre mois après, l'Incarnation étant déjà passée, c'est-à-dire au mois d'avril et dans l'année 1242.

En ce temps, frère Guillaume Arnaud et frère Étienne son collègue, inquisiteurs de l'Ordre des Prêcheurs et de celui des Mineurs, ensemble les frères à eux associés, et l'archidiacre de Lézat, plus le prieur d'Avignonnet, poursuivant d'accord les affaires de la foi contre les hérétiques, furent dans le palais même du comte atrocement égorgés, en la nuit de l'Ascension du Seigneur, par des ennemis de Dieu et de la religion; laquelle atrocité détourna quelques-uns de la guerre dans laquelle ils voulaient tremper contre le roi.

Adhérèrent au comte le seigneur Amaury, vicomte de Narbonne (qui, dès l'origine de la guerre, vainquit plusieurs chevaliers du parti du roi, parmi lesquels succomba Paul de Pierre Ganges), plus Bernard de Gaucelin, seigneur de Lunel, Pons d'Olargues, Bérenger de Puy-Serguier, et certains autres du diocèse de Béziers, outre nombre de seigneurs encore; *item* les gens d'Albi et le vicomte de Lautrec, d'autres aussi, mais par feinte, et jusqu'à ce qu'ils le vissent bien enchevêtré irrévocablement et enfoncé à n'en pouvoir bouger; d'où il advint que l'évêque de Toulouse, voyant que le comte de Comminges, Jourdain de l'Isle, Bernard, comte d'Armagnac, Antoine, vicomte de Lomagne, et nombre de nobles attachés de cœur au comte, risquaient, par leur fidélité, de partager sa ruine, il entreprit, avec son assentiment, de faire la paix avec le seigneur roi.

Or, on trouva que le comte de Foix, nonobstant la promesse qu'il avait faite au comte ensuite du conseil par lui donné, composait sans lui avec ledit seigneur roi; par quoi il obtint de se joindre à lui contre le comte, afin que lui et tous ses successeurs, ainsi que tout le pays qu'il tenait alors de Raimond, même en commande, fussent exemptés à perpétuité du joug du Toulousain; par suite, il défia le comte lui-même au château de Penne, en Agénois, qu'il assiégeait.

Cependant le prélat parvint, auprès du seigneur roi, qui attaquait les domaines du comte de la Marche, à ce que la paix fût traitée entre lui, l'évêque et le comte de Toulouse, et pour cette cause le roi envoya promptement en ces quartiers, du côté de Cahors, des forces suffisantes. Puis, d'un autre côté, il fit partir le vénérable père dom Hugues, évêque de Clermont, et le noble homme, seigneur Humbert de Beaujeu, avec un plus grand nombre de chevaliers. En même temps, par l'entremise de l'évêque de Toulouse, et au moyen du discret personnage le seigneur Raimond, prévôt de cette ville, qu'il députa vers le roi, deux chevaliers, hommes vaillans et sages, furent délégués par ledit roi, savoir, Jean dit le Jay, et Ferri Pâté, pour recevoir sûretés des conditions entre eux convenues; lesquels s'étant réunis près d'Alzonne, le comte d'une part, et l'évêque de Clermont avec le seigneur Humbert de Beaujeu de l'autre, outre les nouveaux venus, et après qu'une trève eut été conclue, on prit jour pour comparaître devant le roi, et pour lieu fut indiqué Lorris en Gatinois, où, avec l'aide de Dieu, la paix fut enfin rétablie. Et il ne convenait pas au roi d'insister beaucoup à l'égard du comte, qu'il suffisait de détacher du reste pour détruire jusqu'aux dernières traces de guerre ou de rebellion. Davantage, bien que quelques-uns aient reproché à la dame reine Blanche, mère du roi, de paraître trop favorable à son parent de Toulouse, il n'était vrai ni vraisemblable qu'elle l'aimât mieux que ses enfans, et à leur préjudice; seulement elle agissait en femme prudente et discrète, faisant en sorte d'acquérir de ce côté, et d'assurer la paix au royaume.

Quant au comte, il ne lui eût été sûr de s'appuyer sur un roseau pour résister au roi, d'autant que le prévôt toulousain avait trouvé en cour une députation des grands du royaume venant voir si le comte parviendrait à faire sa paix avec le roi; lesquels, s'ils eussent aperçu qu'il n'en serait point ainsi, se fussent incontinent déclarés ses ennemis, et même ne restaient ainsi en suspens jusqu'à ce qu'ils sussent à quoi s'en tenir, que par crainte que le traité conclu, on ne se repentît alors de ce qu'on leur aurait d'abord accordé.

La paix donc étant rétablie à Lorris, le comte revint chez lui, où il fit justice de certaines gens qu'on disait avoir trempé dans le meurtre des inquisiteurs à Avignonnet, et, une fois pris, il les condamna à être pendus.

CHAPITRE XLVI.

Le comte de Toulouse va en cour de Rome et près de l'empereur Frédéric. Dans l'intervalle, le château de Montségur est pris, et environ deux cents hérétiques y trouvés sont jetés au feu.

Bientôt après, dans le printemps de l'année du Seigneur 1243, le comte Raimond alla en cour de Rome; et là, près de l'empereur, il séjourna un an ou environ, et obtint la restitution du pays Venaissin. Dans le même temps, le seigneur évêque de Toulouse vint à Rome, où il avait été appelé; et dans l'intervalle, le vénérable seigneur Pierre d'Ameil, archevêque de Narbonne, dom Durand, évêque d'Albi, et le sénéchal de Carcassonne assiégèrent le château de Montségur, au diocèse de Toulouse, où s'étaient impatronisés par usurpation et fraude, et que retenaient depuis long-temps les deux puissans seigneurs Pierre de Mirepoix et Raimond de Peyrèle. Là était le public refuge de tous les malfaiteurs, de tous les hérétiques, et comme la synagogue de Satan, à cause de la force de ce château, qui, situé sur un très-haut rocher, paraissait inexpugnable. Les assiégeans s'y étant donc présentés, après qu'ils y furent restés long-temps sans profiter à grand'chose, on s'avisa d'envoyer des valets agiles et ayant pleine connaissance dudit lieu avec des hommes d'armes qui se préparèrent à gravir de nuit par des précipices horribles; et ayant atteint, sous la conduite de Dieu, un poste fortifié, placé à un angle de la montagne, ils égorgèrent à l'instant les sentinelles, s'emparèrent du fort, et passèrent au fil de l'épée tout ce qu'ils y trouvèrent. Puis, à la venue du jour, comme s'ils eussent été égaux au reste des assiégés, plus nombreux qu'eux pourtant, ils commencèrent à les attaquer vigoureusement. De fait, en regardant l'affreux chemin par lequel ils avaient grimpé de nuit, ils n'eussent jamais osé s'y risquer de jour; mais l'ennemi étant de la sorte enfermé par en haut, il devint plus facile à ceux de l'armée de monter ensuite; et comme on leur laissa de repos ni jour ni nuit, ces infidèles, ne pouvant résister aux attaques des fidèles, livrèrent aux assaillans, moyennant la vie sauve, le château et ce qui s'y trouvait d'hérétiques *revêtus*[1], lesquels, tant hommes que femmes, étaient au nombre de deux cents ou environ. Or, était parmi eux Bertrand Martin, qu'ils avaient fait leur évêque; et tous ayant refusé de se convertir comme on les y invitait, ils furent enfermés dans une clôture faite de pals et de pieux, et brûlés là ils passèrent au feu du Tartare. Pour ce qui est du château, il fut rendu au maréchal de Mirepoix, à qui il appartenait avant.

[1] On donnait ce nom aux hérétiques les plus affermis et les plus avancés dans leur croyance, et qu'on appelait aussi *parfaits;* les autres, considérés comme des disciples ou néophytes, étaient dits les *croyans.*

CHAPITRE XLVII.

Comment le comte de Toulouse tint une cour en cette ville, et en icelle furent un grand nombre de nobles et plusieurs autres faits chevaliers. Le concile de Lyon est célébré.

L'an du Seigneur 1244, en automne, le comte de Toulouse étant de retour chez lui, tint en cette ville une grande cour le jour de Noël, dans laquelle deux cents personnes ou environ reçurent la ceinture de chevalerie, entre autres, et des principaux, le comte de Comminges, Pierre, vicomte de Lautrec, Gui de Severac, Sicard d'Alaman, Jourdain de l'Ile, Bernard de la Tour, et plusieurs autres. Or fut cette cour bien somptueuse et pompeuse.

D'autre part, le souverain pontife, seigneur pape Innocent IV, était venu à Lyon, où le comte de Toulouse, à son retour de France, vint le visiter en carême, puis retourna en France. Dans la même année, avant la Noël, le roi, qui avait été malade presque à la mort, se croisa pour outre mer, et l'année suivante (du Seigneur 1245), vers le commencement de l'été, le seigneur pape célébra un concile en la susdite ville avec les prélats cisalpins et autres du royaume de France, plus ceux d'Espagne. Là, il déposa de l'empire, par sentence définitive, le seigneur Frédéric.

Furent présens audit concile le seigneur Baudouin, empereur de Constantinople, et les comtes de Toulouse et de Provence, lesquels, en présence du pape, traitèrent du mariage entre le Toulousain et la dernière fille du Provençal, moyennant que le souverain pontife donnerait dispense pour l'empêchement du parentage entre eux. Mais étant retournés chez eux, le comte de Provence mourut peu de jours après, avant la conclusion de ce mariage; et pour lors le comte de Toulouse put avoir une preuve de plus qu'il ne vaut rien de différer les choses commencées. En effet, ayant appris cette mort par un courrier que lui envoya le seigneur Raimond Gaucelin, et qui ne mit qu'un jour à le joindre, il revint en hâte suivi de peu de monde, et n'amenant avec lui nuls chevaliers, car en cette façon le lui avait conseillé ledit Raimond, auquel pareillement l'avaient ainsi persuadé Romieu [1] et Albert [2], chevaliers de la maison du feu comte de Provence, qui, voulant user de ruse envers le Toulousain, songeaient à l'empêcher d'employer la force, jusqu'à ce qu'ils eussent mené à terme ce qu'ils préparaient secrètement d'un autre côté, savoir, le mariage de la demoiselle avec le seigneur Charles, frère du roi, comme l'effet le montra ensuite. Il faudrait trop revenir en arrière pour dire par ordre combien de rencontres et conférences eurent lieu avec le comte de Savoie, oncle de la pucelle, et les barons du pays; les Provençaux parlant toujours au comte comme d'effusion de cœur, tant et si bien que cinq mois se passèrent ainsi sans qu'ils la laissassent voir même au roi d'Aragon, qu'ils soupçonnaient d'être favorable au Toulousain, bien qu'elle fût à Aix, et que le souverain pontife ne procédât aux dispenses, de ce empêché par des envoyés que la reine de France et les rois d'Allemagne et d'Angleterre lui avaient

[1] De Villeneuve. — [2] de Tarascon.

députés *ad hoc*. Finalement, pour achever en peu de mots, l'ambassadeur que ledit comte adressait à la reine de France pour qu'elle agréât et même approuvât ce dont il avait été question avec le père de la demoiselle, rencontra, chemin faisant, le seigneur Charles, qui venait en hâte pour l'épouser. Que dirais-je? Déjà l'on avait pu présumer par choses antécédentes qu'il ne plaisait à Dieu que le dernier comte de Toulouse se mariât, ou eût plus de lignée qu'il n'en avait : en outre, on parlait pour lors d'un mariage en Espagne qui ne lui eût point été honorable, et n'eût point rempli son objet; même le bruit en courait partout; mais ne se fondant sur rien, il s'apaisa. Or voici quelle en fut l'occasion, et elle n'était pas mince : lorsqu'il alla en Espagne après son départ de Provence, il arriva un jour qu'étant entré dans l'église de Saint-Jacques pour entendre la messe, et là, se trouvant une certaine noble dame en pélerinage, les pélerins de France et autres présens s'imaginèrent que c'était la femme avec laquelle on disait qu'il avait contracté épousailles; si bien qu'à leur retour ils répandaient partout qu'ils avaient vu la cérémonie nuptiale. Et ceci se passait l'an du Seigneur 1246.

L'année suivante 1247, le comte vint en France et s'y croisa; à son retour se croisèrent aussi en grand nombre les barons, chevaliers, citoyens, bourgeois et autres gens d'autres lieux. Pour lui, il prépara tout pour le passage et le reste, en grand détail, sans se relâcher cependant des efforts qu'il faisait de tout son pouvoir pour ne pas laisser avant son départ outre mer le corps de son père sans sépulture, ayant depuis long-temps obtenu du Siége apostolique des juges pour s'enquérir des signes de pénitence que le feu comte avait, disait-on, donnés dans les derniers momens de son agonie. A ce sujet, il se laissa persuader par quelqu'un qu'il avait envoyé en cour de Rome avec une procuration à l'effet de gagner ce point, que le pape l'avait accordé, moyennant toutefois que le roi de France interposerait ses prières : sur quoi ayant député quelques autres vers ledit roi avec lettres de sa part et sollicitations, pour qu'il daignât prier le pape en sa faveur, ce prince, lors de son arrivée à Lyon, parla tout doucement au souverain pontife du fait en question : mais les choses ne se trouvèrent pas telles qu'on l'avait fait croire au comte, et pourtant le trompeur avait reçu de riches présens ; et c'est ainsi que les grands sont joués parfois par des menteurs. Lorsque le second envoyé en toucha quelque chose au pape, il en fut lui-même surpris, et dit qu'il n'avait point du tout fait cette concession, ajoutant qu'on pourrait, si le comte le desirait, reprendre cette question par le bout ; ce que ledit procurateur ne voulut essayer, n'ayant pas l'ordre du comte ; et réellement, quand il revint à son logis, il y trouva une lettre nouvellement arrivée, qui lui prescrivait, en cas où le premier rapport serait faux, de ne point recommencer sur nouveaux frais. A donc, pour quelque faute que ce fût, cedit comte, peut-être par la volonté de Dieu, ne put ni se marier comme il le voulait, ni obtenir sépulture pour son père.

CHAPITRE XLVIII.

Le roi de France assiége, chemin faisant, un certain château ayant nom la Roche, et de là descend à la plage d'Aigues-Mortes. Le comte de Toulouse se met en route vers la mer, et meurt l'année suivante.

L'AN du Seigneur 1248, le roi s'écartant de Lyon, en attendant qu'il se mît en route pour outre mer, vint assiéger un certain château sur le Rhône, ayant nom la Roche [1], pour ce que Roger de Clorége, son seigneur, faisait prélever des péages sur tous les pélerins qui allaient au secours de la Terre-Sainte; et peu de jours après le roi le reçut à composition, jusqu'à ce que pleine satisfaction fût donnée de l'injure faite aux croisés. Ensuite il descendit vers la mer, sur la plage qu'on appelle Aigues-Mortes, où le comte de Toulouse vint à lui, et d'où il partit pour Nîmes, après avoir eu une conférence avec le roi; puis se rendit à Marseille. Là, après y avoir long-temps séjourné, et bien qu'on lui eût amené un fort navire des rivages de la mer Britannique par le détroit de Maroc, il lui fallut rester encore, vu que les approches de l'hiver rendaient la navigation périlleuse : ce qu'il fit, de l'avis des prélats et des grands à sa suite. Pour ce qui est du roi, il toucha au port de l'île de Chypre, où il hiverna; finalement, au printemps de l'an du Seigneur 1249, il se remit en mer avec son armée, et, arrivé à Damiette, il trouva les bords du

[1] La Roche de Gluin.

Nil couverts d'une multitude de Sarrasins qui défendaient sur ce point les abords de la terre; mais, repoussés à coups d'arbalètes, et se réfugiant dans la ville, ils laissèrent le pays ouvert aux débarquans; puis furent d'une si grande terreur terrifiés, que, par l'aide de Dieu, ils abandonnèrent la ville elle-même, quoique bien garnie et toute pleine de victuailles, si bien que l'avant-garde des troupes royales fut, en y arrivant, tout étonnée de la trouver sans défenseurs, au rebours de ce qu'on avait présumé. Lors vint après eux le roi avec toute l'armée, et il fit son entrée dans cette ville déserte.

Quant au comte de Toulouse, resté en France tout l'hiver, il alla en Espagne au printemps, et à son entrée dans le royaume de Castille, Alphonse, fils aîné du roi, étant venu au devant de lui jusqu'à Logrono, il s'y tint conférence entre eux, et, revenant en ses quartiers après quinze jours environ qu'il resta en compagnie de ce prince, le comte fut, chemin faisant, malade durant quelques autres jours. En ce même temps le vicomte de Lomagne, qui jadis avait épousé la nièce dudit comte, déclina son amitié, et se rangea du parti de son rival, Simon de Montfort, comte de Leicester, qui pour lors avait l'administration de la Gascogne au nom du roi d'Angleterre. En ce même temps aussi ledit comte Raimond fit brûler auprès d'Agen, dans un lieu dit Berlaiges, quatre-vingts hérétiques croyans, lesquels, dans une procédure faite en sa présence, s'étaient confessés ou avaient été convaincus d'hérésie. Bientôt après, sur la nouvelle que le seigneur Alphonse, comte de Poitiers, frère du roi, suivi de madame Jeanne, sa femme, propre fille de Raimond, arrivait, se rendant en Afrique, le comte de Toulouse vint les trouver à Aigues-Mortes, et y conféra avec eux de ses affaires. De là retournant à Milhau, il y fut saisi de la fièvre, et, poussant jusqu'au bourg nommé Pris, proche Rhodez, il s'alita, fit confession de ses péchés au fameux ermite frère Guillaume Albéroni, et des mains de l'évêque d'Albi, qui l'avait rejoint le premier, reçut l'eucharistie dévotement et en esprit d'humilité, comme il apparaissait par signes extérieurs. En effet, lorsque le corps du Christ notre Sauveur entra, il se leva, bien que très-faible, vint au devant jusqu'au milieu de la maison, et communia les genoux en terre, non dans son lit. Ensuite se réunirent auprès de lui les évêques de Toulouse, d'Agen, de Cahors, de Rhodez et d'Albi, plus les grands, maints chevaliers de ses domaines et les consuls de Toulouse, desquels tous l'avis était qu'il descendît vers cette ville; mais, conduit de la sorte par je ne sais quel sentiment, il se fit, contre le vœu universel, rapporter à Milhau, où la maladie l'avait atteint, et là, ayant fixé le lieu de sa sépulture dans le monastère de Fontevrault, aux pieds de sa mère, disposé de ses biens, et reçu l'extrême-onction, il acheva sa dernière journée le vingt-septième jour de septembre, l'an du Seigneur 1249, et de son âge le cinquante-unième. Quant à ce que j'ai dit qu'il se fit reporter dans la susdite ville, malgré l'avis de tous, conduit à ce faire par je ne sais quel esprit, il semble que ce soit une preuve certaine d'un jugement divin, afin que, puisqu'il devait être enlevé du milieu de ses vassaux, ses restes, en descendant de la haute partie de ses états à l'orient vers la basse à l'occident, vu qu'il était le dernier de la lignée des comtes de Toulouse, reçussent, en traversant tout son pays, les regrets de tous sur la mort de leur seigneur. Finalement, son corps ayant été embaumé, mis en bierre, et gardé avec grand soin, puis transporté par Albi, Gaillac, Rabastens et Toulouse, vers le pays Agénois, sur la Garonne, fut d'abord déposé dans le couvent des moines de l'ordre de Fontevrault, dit le Paradis, et de là, après y être resté l'hiver, conduit au printemps suivant à Fontevrault même, pour y être enseveli, comme il l'avait indiqué. Et c'était pitié, avant comme ensuite, que de voir ces peuples se lamenter, pleurer leur seigneur naturel, n'attendre absolument personne autre de sa race, comme si ainsi l'eût voulu le Seigneur Jésus-Christ, pour qu'il fût manifeste à tous que Dieu, en lui enlevant un maître généreux, avait châtié le pays entier à cause des péchés de la souillure hérétique. Cette même année, le comte de la Marche mourut à Damiette.

CHAPITRE XLIX.

Comment, après que le roi de France eut dépassé les confins de Damiette, fut tué son frère Robert.

L'ANNÉE suivante (du Seigneur 1250), le roi de France sortit de Damiette avec son armée contre le soudan de Babylone, en suivant le lit du Nil, et son approche fit si grand'peur aux Sarrasins, qu'ils n'osaient se commettre à en venir aux mains avec lui, mais, du plus qu'ils pouvaient, fermaient voies et passages pour qu'il ne pût arriver jusqu'à eux. Pour lors, le comte d'Artois, Robert, frère du roi, ayant fait une première attaque qui lui réussit, et, pensant que du même élan la suite répondrait au début, poussa outre, malgré l'avis des frères Templiers, et s'empara d'un certain bourg nommé Al-Manssour. Mais les Chrétiens s'y tenant mal sur leurs gardes, les Sarrasins les assaillirent en grande multitude, et en tuèrent beaucoup, parmi lesquels le comte d'Artois fut perdu, et oncques ne se retrouva. En outre, une maladie contagieuse tomba sur l'armée, laquelle commençait par des douleurs de mâchoire, de dents et de jambes; la mort suivait en peu de jours, si fréquente qu'on ne pouvait suffire à enterrer les cadavres, et que, pour faire le guet, soit de nuit, soit de jour, il fallait que les cuisiniers et autres valets, non habitués à chevaucher, prissent armes et montures de leurs maîtres malades. A donc, contraint par telle nécessité, le roi fut obligé de renoncer à son entreprise : ce que sachant les Sarrasins, ils le poursuivirent avec ardeur, le prirent enfermé dans un certain lieu avec ses deux frères, les comtes d'Anjou et de Poitou, coururent sur le dos du reste, en tuèrent un grand nombre dans la fuite, et en firent plusieurs prisonniers. Or, par quel jugement de Dieu advint telle chose? c'est ce que la fragilité humaine n'ose définir; mais, frappant à la fois et guérissant, dans sa colère, elle se rappelle la miséricorde divine. En effet, le roi et ses frères furent relâchés à des conditions tolérables, vu la circonstance; Damiette fut rendu, et aussi les captifs qui purent se trouver.

La même année mourut Frédéric, jadis empereur, et déposé depuis dans le concile de Lyon par le seigneur pape Innocent IV, comme il a été dit plus haut, lequel, étant sur sa fin, reconnut son erreur, et défendit qu'on lui rendît les honneurs funèbres dus aux empereurs, ni ne voulut même qu'on le pleurât, pour ce qu'il avait été désobéissant et rebelle à l'Église. Mais son fils Mainfroi, à qui n'appartenait directement son héritage, s'arrogea, au moyen de la tutelle ou curatelle de Conradin, fils d'un fils décédé du susdit Frédéric, le royaume de Sicile avec la principauté de Pouille et de Calabre, et, plaçant le diadème sur sa tête, se porta pour roi et prince, imitant ainsi la désobéissance et rebellion paternelles; car le seigneur pape Innocent, après son départ de Lyon, le poursuivait comme usurpateur du trône et indigne d'y monter. Ledit seigneur pape mourut l'an de l'Incarnation 1254[1], en la fête de sainte Luce, martyre, et lui succéda le seigneur pape Alexandre IV, après la mort duquel le seigneur Urbain, élu souverain pontife, travaillant tant qu'il vécut, de toute sollicitude et grand zèle, à empêcher que le mal ne s'enracinât davantage, et même à l'extirper, suscita un adversaire audit Mainfroi, tout fier de sa malice, afin de terrasser cet ennemi de Dieu, et invita lui-même et induisit l'illustre personnage Charles, comte d'Anjou et de Provence, pour qu'à l'exemple de ses ancêtres et de la race bénie des princes dont il descendait, il vînt attaquer ce rebelle à l'Église, Mainfroi, lequel servait de manteau et de refuge à tous les infidèles ou malintentionnés qui

---

[1] Le 7 décembre; la fête de Sainte-Luce est le 13 décembre.

desiraient se sauver dans ses domaines, villes et forteresses. A donc, l'apparition d'une comète qui, vers le milieu du mois de juin, l'an du Seigneur 1264, avait commencé à se faire voir à la tombée de la nuit du côté de l'occident, vint présager le changement des maux précédens et les biens qui devaient suivre; laquelle comète, quelques jours après, sur la fin des nuits, parut du côté de l'orient, étendant quantité de rayons vers la plage occidentale, et son cours dura jusque environ le terme du mois de septembre, en quel temps le susdit pape lui-même fut enlevé de ce monde, et lui succéda le seigneur pape Clément IV, sous le pontificat de qui les choses préparées par son prédécesseur furent mises à exécution. En effet, ledit comte Charles, comme un vrai fils d'obédience, vivement touché des injures faites à la liberté de l'Église, ou même à sa dignité, vint d'une puissance et force divines, et, ne tenant compte des embûches qu'on lui avait dressées par mer, s'embarqua au printemps, vint à Rome, au nom de notre Seigneur Jésus-Christ, dans les mains duquel sont tous les droits des royaumes, l'an de ce même Seigneur 1265; et, y ayant été investi du titre de sénateur, y séjourna tout l'été, après avoir laissé derrière lui un ordre, sanctionné par la grâce de l'illustre roi, son frère, pour qu'une armée vînt le joindre de France et de la Provence. Il fut donc couronné roi de Sicile par quelques cardinaux envoyés *ad hoc* par le souverain pontife, en la fête de l'Épiphanie. Puis, ses auxiliaires étant venus librement jusqu'à lui, à travers l'Italie, il sortit, nonobstant l'âpreté de l'hiver, pour combattre son ennemi et celui de l'Église ; et après avoir pris par miracle le château jusqu'alors inexpugnable de San-Germano, suivant toujours Mainfroi qui l'attirait adroitement dans le fin-fond de ses États, pour accabler plus sûrement son armée harassée de fatigue, de besoin, et investie de toutes parts, il le trouva devant la ville de Bénévent, préparé au combat ; sur quoi, le roi ne différant même pas l'attaque jusqu'au lendemain, et sachant bien qu'il en a souvent coûté cher pour avoir tardé d'achever choses entreprises, ayant rangé ses troupes en bataille, et invoqué le nom du Sauveur, engagea l'affaire, mit en un instant le désordre dans les rangs ennemis, et les passa au fil de l'épée. Mainfroi lui-même fut, bien qu'inconnu, tué dans la mêlée avec les autres ; et son cadavre, après deux jours de recherches, fut trouvé parmi la foule des morts. Or cette victoire fut remportée le 26 février, même année que ci-dessus [1]. Elle leva tout obstacle à la prise de la susdite ville de Bénévent, dont le roi s'empara sans coup férir, et où il fit transporter [2] ceux des siens qui avaient besoin de repos : puis on ensevelit le corps de Mainfroi.

Mais pour que, selon le jugement de Dieu, il n'y eût point de racine d'amertume qui ne fût coupée, et les Romains ayant élu pour sénateur Henri, frère germain du roi de Castille, Conradin, fils de feu Conrad, lequel était fils lui-même de Frédéric, vint par la suite, peut-être à l'instigation des rivaux du nouveau roi, se porter contre lui, et, quittant secrètement l'Allemagne sans qu'on en soupçonnât rien,

---

[1] En 1266, et non 1265.

[2] Le texte porte *inventis*, sans doute pour *invectis*.

poussé par l'espoir que tout le pays se lèverait à son approche et marcherait à sa suite, il arriva dans Rome, où il fut reçu en grand honneur par le sénateur et bon nombre de grands de la ville, et d'où il sortit, secouru par le susdit Henri et belle multitude de Romains, pour attaquer le roi de Sicile. Les deux armées s'étant donc rencontrées et rangées en bataille dans la plaine de Saint-Valentin, en vinrent aux mains avec acharnement. Mais, Dieu aidant les siens d'en haut, cette race de bien méchantes gens fut mise en fuite; le sénateur et Conradin eux-mêmes, échappés du combat, grâces à la vitesse de leurs chevaux, avec nombre d'autres grands personnages, se dispersèrent à travers champs; ni cependant purent-ils se cacher; et, découverts par la volonté du Seigneur, qui livre les impies, ils furent conduits dans les prisons du roi. Or, en cette bataille il se fit un bien plus grand carnage des ennemis de Dieu que dans celle de Bénévent. Postérieurement, Charles fit trancher la tête, non sans jugement des experts en lois, au susdit Conradin, au duc d'Autriche et à leurs autres complices; et dès lors le pays se tint coi devant lui. Davantage, le peuple infidèle de Lucera [1], lequel s'était embrasé des feux de la rebellion, après nombre de vexations par lui commises et supportées, venant aux pieds du roi, et prosterné contre terre, obtint seulement la vie, qu'il implorait de sa clémence; et, portant courroies au cou en signe de servitude, avec autres sortes de révérences, il fut reçu en esclavage par ledit prince, auquel il livra, pour en faire à son bon plaisir, son château, sa ville, tous ses biens, et même ces faux Chrétiens et félons qui

[1] Colonie de Sarrasins.

avaient donné les mains à cette seconde révolte. Bref, cette terre, où les infidèles avaient coutume de se réfugier pour y fomenter leur propre malice, fut par la dextre d'en haut changée en telle manière que les fidèles de nos contrées, se soumettant au roi, y accoururent pour s'enrichir. Et fut cette bataille contre Conradin donnée la veille de la fête du bienheureux Barthélemy, l'an du Seigneur 1262 [1]. Cette même année, la veille de la fête du bienheureux André, apôtre, le seigneur Clément IV, pape, après que la paix eut été en ces quartiers accordée à l'Église par le divin maître, suivit le chemin que suit toute chair; et l'année d'ensuite 1269, 27 juillet, on termina ce que j'ai dit plus haut à l'égard du méchant et infidèle peuple de Lucera.

CHAPITRE L.

Des discordes qui éclatèrent entre le roi d'Angleterre et quelques-uns des siens. Lui-même est pris dans un combat.

D'AUTRE part, et pour revenir sur certains événemens omis ci-dessus, l'an du Seigneur 1264, année de la mort du pape Urbain, après le décours de la comète, la discorde éclata entre le roi d'Angleterre et la majeure partie des barons de son royaume, entre lesquels on comptait dans les principaux Simon de Montfort, comte de Leicester, homme sage, vaillant et belliqueux, pour ce que ledit roi avait enfreint certains statuts, certaines coutumes et autres choses observées

[1] En 1268.

dans les anciens temps pour le bon état du royaume, lesquelles il avait, lui, très-mal suivies ; sur quoi on courut d'un et d'autre côté aux armes ; et le parti du roi ayant eu le dessous dans une bataille, il fut pris avec son frère Richard, roi d'Allemagne, et son fils aîné Édouard. Mais il advint par la suite que ledit Édouard, lequel était tenu en garde franche, se promenant un jour avec ses surveillans, monta sur un cheval qu'on lui avait envoyé sur le soir, se sauva, grâces à sa vitesse ; et, nombre de jours après, tua dans un combat son vainqueur et son ennemi avec plusieurs autres. Davantage, l'année suivante, de l'Incarnation du Seigneur 1265, Jacques, roi d'Aragon, attaqua Murcie, ville aux Sarrasins, jadis au roi de Castille, et s'en empara. En cette même année, l'illustre roi de France Louis se croisa contre les Sarrasins, avec nombre de princes, chevaliers et gens du peuple. *Item,* l'an du Seigneur 1269, ledit Jacques, roi d'Aragon, se mit en mer avec un appareil royal et une multitude de combattans pour aller au secours de la Terre-Sainte ; puis, ayant envoyé devant une partie de ses compagnons, il revint sur ses pas, séduit, comme on l'a dit, par les conseils d'une femme ; et de lui, en effet, Dieu ne voulut pour son holocauste. Ainsi fit Jupiter qui, selon la fable, déserta le ciel pour suivre une génisse ; s'il est vrai que la chose fut telle qu'on la rapportait publiquement.

CHAPITRE LI.

Comment le roi de France passa la mer, vint contre le roi de Tunis, mourut; et comment, trêve étant faite, l'armée revint en arrière.

L'année suivante, du Seigneur 1270, l'illustre roi de France, ses trois fils, Philippe, Jean, comte de Nevers, Pierre, et le seigneur Alphonse, son frère, comte de Poitiers et de Toulouse, ensemble les comtes d'Artois, de Bretagne, et plusieurs autres comtes et princes, plus le roi de Navarre, gendre du roi, avec plusieurs chevaliers et gens du peuple à ce rassemblés, entreprirent l'exécution du grand dessein, vinrent à la mer, et, ayant réuni des navires des pays maritimes sur la plage dite Aigues-Mortes, s'embarquèrent au commencement de juillet. Dans le même mois, aux environs de la Sainte-Marie-Magdelaine, ils descendirent, après avoir repoussé les Sarrasins qui défendaient le rivage, au port de Carthage, près la cité de Tunis; et les chevaliers s'étant avancés, prirent Carthage à l'instant même, puis assirent leurs tentes autour de Tunis. Les ennemis n'en devinrent que plus ardens; ils vinrent en grand nombre camper en face hors de leurs remparts; si bien que de fréquentes attaques eurent lieu sur tous les points entre les deux armées. Mais comme les croisés furent demeurés là un mois, ou environ, ce serviteur de Dieu, le béni roi de France fut, par un secret jugement du Seigneur, enlevé au jour de ce monde, en la veille de la Saint-Barthélemi. Or, à peine était-il mort qu'arriva son frère, le roi de Sicile, et l'armée resta en cet endroit jusque vers la fin de novembre. Pour lors il fut débattu entre les rois et princes sur ce qu'il convenait faire en telle conjoncture ; et bien qu'on pensât généralement que la ville pourrait être emportée de force (ce qui au surplus ne pouvait s'obtenir sans grand péril), il s'agissait de savoir ce qu'une fois prise on en ferait. En effet, si on la gardait, comme il ne faut pas moins de vigueur pour défendre une conquête que pour s'en saisir, et que pourtant l'armée n'y pouvait hiverner, attendu qu'elle ne pouvait se procurer des vivres, que l'hiver ne permettait pas d'amener par mer, on voyait qu'en y laissant une garnison, elle serait assiégée par les gens du pays, et que la suite pourrait bien être pire encore que le présent. D'un autre côté, si on ne la gardait pas, ou qu'on la ruinât, le temps qu'on emploierait à la détruire aurait son danger, et l'armée ne pourrait, durant la mauvaise saison, se rembarquer librement. On prit donc le meilleur parti d'extorquer de l'or aux barbares pour le remboursement des dépenses déjà faites, de rendre le roi de Tunis tributaire de celui de Sicile, et, moyennant telles et autres conditions, de ne rien entreprendre de nouveau. Ainsi trêve étant faite, les croisés s'en retournèrent et se dirigèrent sur Trapani, en Sicile, où, comme ils arrivaient au port, la flotte n'eut pas une mince perte à supporter, un grand nombre de vaisseaux ayant été brisés par la violence des vents, et quantité des moindres gens ayant été submergés. Davantage, en revenant, le roi de Navarre, sa femme, et celle de Philippe, nouveau roi de France, moururent; lequel Philippe avait déjà perdu son frère Jean, comte de Nevers, au camp devant Tunis, où trépassa pareillement le seigneur Philippe de Montfort. Et l'année suivante, à Savone, ville de mer, le seigneur Alphonse, comte de Toulouse et de Poitiers, plus sa femme, madame Jeanne, fille du feu comte toulousain, moururent aussi en un court espace de temps; si bien que, si l'on entretenait quelque espoir d'un héritier futur à la comté de Toulouse, il fut alors totalement enlevé et ravi, puisque cette lignée tout entière fut par là détruite et rasée de terre. Par suite, ses droits et domaines sur le susdit comté ont passé ès mains de l'illustre roi de France, auquel en était dévolue la propriété directe. Finalement, l'année précédente, de l'Incarnation 1270, le 19 octobre, était trépassé le seigneur frère Raimond, évêque de Toulouse, l'an 39° de son épiscopat; auquel, après qu'on l'eut enseveli chez les Prêcheurs, dont il avait jadis embrassé l'Ordre, fut élu pour successeur le seigneur Bertrand de l'Isle, prévôt de la même église, de l'accord unanime du chapitre. Celui-ci, confirmé à Narbonne, promu à la prêtrise en son église de Toulouse le samedi veille de la Saint-Thomas, consacré évêque le dimanche fête dudit saint, célébra en cette qualité sa première messe, très-peu de jours après, en celui de la Nativité du Seigneur. Cette même année, en carême, Henri, fils de Richard, roi d'Allemagne, fut tué à Viterbe dans une église par les fils de feu Simon de Montfort, en vengeance de leur père. En quel temps vaquait le Siége apostolique, et ce depuis deux ans et neuf mois qu'était mort le seigneur pape Clément, jusqu'à l'élection au pontificat, l'an du Seigneur 1271, le 1ᵉʳ jour de septembre, du vénérable homme Thibaut, archidiacre de Liége, qui pour lors était outre mer, en compagnie du seigneur Édouard, fils aîné du seigneur roi d'Angleterre. *Item*, ce dit-on, et le 15 du mois d'août, Philippe fut oint roi de France et couronné à la grande liesse de son peuple.

CHAPITRE LII.

Philippe, roi de France, vient au pays de Toulouse avec une grande armée contre le comte de Foix, qu'il ramène prisonnier en France.

Pour premiers auspices de son règne, s'offrit à lui l'occasion de faire jugement et justice; car, l'année suivante (du Seigneur 1271)[1], il y eut un combat entre Arnaud Bernard d'Armagnac (frère du vénérable père l'archevêque d'Auch et du seigneur Guiraud, comte d'Armagnac) et Guiraud de Casaubon, seigneur du château de Haut-Puy; en quel combat ledit Arnaud Bernard et quelques chevaliers, ses compagnons, furent tués. Sur quoi Bernard[2] de Casaubon, sachant bien que cette mort devait tourner à mal pour lui et les siens, par le fait de la multitude des amis et parens dudit Arnaud Bernard, se remit lui-même en la prison ou geole du sénéchal du seigneur roi de France, et lui livra sa terre, pour que le roi fît de lui ce qu'il devrait, au cas où se présen-

[1] En 1272.
[2] Deux lignes plus haut, il l'appelle Guiraud.

terait quelque accusateur, à moins qu'il ne pût valablement se laver de la mort dudit personnage au jugement de la cour, et pour que ses domaines fussent confisqués au profit dudit seigneur roi. Or, comme il eut été de la sorte reçu en prison, sa terre en garde et pouvoir du prince, et sa bannière du château de Haut-Puy livrée pour sûreté, il arriva néanmoins, et nonobstant inhibition des officiers royaux, que le comte de Foix, Roger Bernard, avec Guiraud d'Armagnac et une multitude de gens armés, vint courir contre ledit château, l'attaqua, le prit, et le détruisit, non sans grand carnage de monde. Ce qui étant connu du roi, lequel, non pour cette cause, mais pour visiter les pays de Poitou et de Toulouse à lui donnés par Dieu, venait en ces quartiers, le comte de Foix, cité pour comparaître en justice, en amendement de l'injure qu'il avait faite au roi, et due réparation de plusieurs autres offenses à lui imputées, n'agréa pas, comme il le devait, à comparaître, retenu qu'il était par l'état de prévention qui pesait sur lui; ains, usant de méchant conseil, il résolut de se fortifier dans ses États, et d'opposer aux Français la force de son bras, d'autant qu'il avait, comme il lui semblait, maints châteaux inexpugnables au sommet des montagnes. Bien plus, pour que rien ne manquât à la colère royale, il força à la fuite, après avoir pris quelques-uns de ses compagnons, et retenant ses bêtes de somme, le sénéchal du roi, qui passait sur ses terres, mais sans rien tenter contre lui; ce qu'ayant en horreur les seigneurs et bourgeois de Saverdun, ils lui interdirent l'entrée de leur château. Pour ce qui est du sénéchal, ne songeant point à dissimuler l'outrage fait à son maître, et réunissant une grande armée sur les lieux, il entra en force sur le territoire dudit comte; et, mettant garnisons dans les plus fortes places, il le saisit jusqu'au Pas de la Barre. Même, s'il ne se fût, de l'avis de quelques-uns, abstenu de passer outre, il aurait pu s'emparer du reste en majeure partie.

Le roi, en apprenant tout ceci, et se doutant que ledit comte de Foix se confioit en ses châteaux dans la montagne, outre qu'il requerrait peut-être des secours au-delà des mers, agit avec sagesse et prévoyance, de peur qu'on n'en vînt à le mépriser, s'il ne réprimait l'audace de ces tentatives contre les premiers temps de son règne. Il appela donc à lui les forces de son royaume, arriva à Toulouse, y entra le 28 de mai, au milieu des plus vifs transports de joie; puis, y étant resté sept jours, jusqu'à la venue de son armée, et en attendant qu'on eût aplani la roideur des routes et élargi les défilés, il en sortit le neuvième jour avec un grand appareil de chariots, de machines, de troupes, trouva en marchant sur Pamiers le roi d'Aragon, son gendre, qui était venu au devant de lui, suivi du seigneur Gaston de Béarn, gendre lui-même du susdit comte, et tint conférence avec eux. Or, l'issue en advint que le comte de Foix, voyant qu'il ne pouvait résister au roi, remit à sa discrétion soi et sa terre; si bien que ledit seigneur le mit sous bonne garde, et finalement acquit ses domaines, qu'il tient aujourd'hui. Sur quoi, pour n'en pas dire davantage, je dis et crois qu'il a été fait ainsi, soit à cause des offenses du feu comte, son père, ou des siennes, soit pour que la justice du seigneur Dieu fût reconnue, le pécheur étant saisi au milieu de ses œuvres. Au demeurant, après avoir été longtemps retenu dans la prison du roi, ledit comte fut délivré sur les instances du roi d'Aragon, gendre dudit seigneur.

FIN DE LA CHRONIQUE DE GUILLAUME DE PUY-LAURENS.

DES GESTES GLORIEUX

DES FRANÇAIS

DE L'AN 1202 A L'AN 1311 (¹).

(¹) Voir la *Notice* placée en tête de ce volume.

DES GESTES GLORIEUX
DES FRANÇAIS
DE L'AN 1202 A L'AN 1311.

L'AN du Seigneur 1202, Jean, roi d'Angleterre, prit auprès de Mirabeau, dans le Poitou, et fit mourir secrètement Arthur, comte de Bretagne, fils de Geoffroi, son frère aîné, et héritier du royaume : sur quoi il fut accusé par les barons auprès du roi de France dont il était vassal. Ayant, après un grand nombre de citations, refusé de comparaître, il fut, par le jugement des pairs du roi de France, dépouillé du duché d'Aquitaine et de tous les domaines qu'il possédait dans le royaume de France. Dans le même temps, Philippe, roi de France, soumit toute la Normandie, trois cent quinze ans après que Charles le Simple l'avait donnée à Rollon avec sa fille, pour qu'il devînt chrétien. Ensuite, le roi étant entré dans l'Aquitaine, prit Poitiers et le château de Chinon, où il délivra le vicomte de Limoges qui y était prisonnier.

L'an du Seigneur 1205, les Français et les Vénitiens prirent la ville de Constantinople et établirent empereur Baudouin, comte de Flandres.

L'an du Seigneur 1206, le pape Innocent envoya dans le territoire d'Albi, de Toulouse et de Carcassonne, douze abbés de l'ordre de Cîteaux avec un légat, pour prêcher la foi contre les hérétiques. Diègue d'Espagne, évêque d'Osma, qui revenait alors de la cour, avec le frère Dominique, son compagnon de sainteté et de voyage, les ayant trouvés réunis ensemble à Montpellier, se joignit à eux pour convertir les hérétiques : ce frère Dominique est celui qui fonda l'Ordre des Prêcheurs.

Deux Ordres célèbres, celui des Prêcheurs et celui des Mineurs, prirent naissance dans le temps du pape Innocent. L'Ordre des frères Prêcheurs fut créé par Saint Dominique dans le pays de Toulouse où il avait commencé à prêcher, de paroles et d'exemple, contre les hérétiques, deux ans auparavant, dans l'année du Seigneur 1204, la septième année écoulée depuis le commencement du pontificat du seigneur pape Innocent, dans laquelle il arriva à Toulouse avec le seigneur Diègue, se rendant dans les Marches ou dans la Gothie, et il convertit son hôte des perversités de l'hérésie, la première nuit qu'ils reçurent l'hospitalité dans cette ville, l'an du Seigneur 1204, ainsi que nous l'avons dit. Saint François, appelé Jean avant son entrée en religion, fonda l'Ordre des Mineurs à Sainte-Marie, près la ville d'Assise, l'an du Seigneur 1206, la neuvième année du pontificat du seigneur pape Innocent, en comptant depuis le commencement de son entrée en religion.

L'an du Seigneur 1207, mourut saint Guillaume, archevêque de Bourges.

L'an du Seigneur 1208, le jour de la fête de sainte

Madeleine, l'armée des croisés, venant de la Gaule contre les hérétiques albigeois, toulousains et carcassonnais, dans les terres soumises au comte de Toulouse, s'empara d'abord de la ville de Béziers et la livra aux flammes. Dans l'église de Sainte-Marie-Madeleine, où s'étaient réfugiés les citoyens après s'être d'abord défendus, on en tua jusqu'à 7,000, et ce fut avec assez de justice; car l'armée envoya d'abord vers eux leur évêque, maître Réginald de Montpeyroux, homme respectable par son âge, sa vie et sa science, pour les sommer de livrer les hérétiques qui étaient dans la ville et que désignerait l'évêque qui avait leurs noms par écrit; ajoutant qu'en cas qu'ils ne pussent le faire, les catholiques sortissent de la ville et se séparassent des hérétiques pour ne pas périr avec eux. N'y ayant point consenti, mais s'étant élevés contre Dieu et l'Église, les gens de Béziers eurent l'orgueil et la présomption de résister long-temps à l'armée; et à la fête de sainte Marie-Madeleine, par un juste jugement de Dieu, ils furent pris et détruits dans l'église de cette sainte, à cause des blasphèmes outrageans que les hérétiques proféraient contre elle. Toutefois, quarante ans auparavant, les citoyens de Béziers avaient, dans cette même église, traîtreusement et cruellement mis à mort leur seigneur vicomte nommé Trencavel, et brisé les dents à l'évêque de cette ville, qui s'efforçait d'arracher de leurs mains le seigneur vicomte; en sorte que ceux qui avait profané l'église du sang de leur seigneur et de leur évêque et pasteur, y furent punis en leur propre sang. Après la prise et destruction de Béziers, les guerriers du Seigneur tournèrent leurs bannières vers Carcassonne, où étaient un grand nombre d'hérétiques qu'ils assiégèrent avec de grandes forces; mais Roger, ou autrement dit Raimond Roger, vicomte de Béziers et de Carcassonne, et neveu du comte de Toulouse, qui avait fui auparavant de Béziers, frappé de terreur, après beaucoup d'efforts de part et d'autre, obtint, pour conditions de paix, que les Carcassonnais sortissent en chemises et en brayes et abandonnassent la ville aux assiégeans; ce qui fut fait à la fête de l'Assomption de sainte Marie toujours vierge, dans le mois d'août. On garda le comte en otage jusqu'à l'accomplissement du traité, et il mourut bientôt d'une dysenterie, dans la même année. Après la prise de Carcassonne, le légat et l'abbé de Cîteaux assemblèrent les prélats et les barons pour délibérer sur le choix de celui à qui ils donneraient le gouvernement des pays conquis et de ceux qu'on devait conquérir encore. On élut le noble homme Simon, comte de Montfort, modèle de toute probité, et le légat du Siége apostolique lui donna le gouvernement du pays et le commandement de la guerre pour la gloire et l'honneur du Seigneur, et la répression de la perverse hérésie.

L'an du Seigneur 1210, le comte Simon assiégea, avec la valeureuse armée du Seigneur, le très-fort château de Minerve. Après beaucoup d'assauts et d'efforts vigoureux, il s'en empara merveilleusement. On y trouva quarante et plus de parfaits hérétiques, qui aimèrent mieux se laisser brûler que de se convertir à la foi catholique. Ensuite, dans la même année, Simon s'empara, avec l'armée des croisés, d'Alzonne, de Fanjaux, de la ville de Saint-

Vincent de Castres, situées dans le territoire d'Albi; de Pamiers, du château de Mirepoix, de Saverdun, de Lombers, de la ville d'Albi et de tout son diocèse, excepté quelques châteaux possédés par le comte de Toulouse; de Limoux, de Puicelfi et de quelques autres lieux et châteaux, dont plusieurs quittèrent le même comte Simon, retournèrent à leur vomissement, mais n'échappèrent point à la punition, car ils furent repris. Vers la fin de cette année, dans le carême, Pierre Roger, seigneur de Cabaret, très-fort château du Carcassès, traita avec le comte Simon, lui rendit son château de Cabaret, et reçut de lui une autre terre équivalente. La même année du Seigneur 1210, on trouva à Paris vingt-quatre hérétiques, parmi lesquels étaient quelques prêtres. Quelques-uns reconnurent leur erreur, d'autres furent brûlés et les autres renfermés. Dans le même temps, des enfans, au nombre de plus de vingt mille, trompés par des songes, prirent la croix, et, marchant en divers bataillons vers Marseille et Brindes, revinrent sans avoir rien fait.

L'an du Seigneur 1211, vers la Pâque, Simon, comte de Montfort, l'athlète du Christ, assiégea, avec l'armée des croisés, Lavaur, château extrêmement fortifié et très-bien défendu, au diocèse de Toulouse, dans lequel se trouvaient plusieurs hérétiques; et, après de grands efforts de part et d'autre et de vigoureux assauts, le château fut pris et livré à la volonté du comte, au jour de la fête de l'Invention de la sainte Croix. On y trouva environ quatre cents hérétiques parfaits. Comme ils ne voulurent point se convertir à la foi catholique, le prince catholique et les pélerins de la Croix les livrèrent aux flammes terrestres, les envoyant ainsi brûler d'un feu éternel. Il fit élever à la potence, avec quelques nobles, le noble et puissant Aimeri, seigneur de Mont-Réal et de Laurac, qui avait entrepris de défendre son château. Il fit périr par le glaive d'autres nobles au nombre d'environ quatre-vingts. Il fit jeter dans un puits et écraser de pierres Guiraude, dame du château, sœur d'Aimeri, et hérétique comme lui. Le peuple composa pour sa vie. Après la prise de Lavaur, le comte Simon leva son camp, et vint avec son armée à un château appelé Montjoyre, où peu de temps auparavant le comte de Foix et son fils Roger Bernard avaient cruellement tué des pélerins de la Croix qui, pour la rémission de leurs péchés, se rendaient vers Lavaur à l'armée du Seigneur, où ils venaient porter aide et secours au comte Simon. Comme l'armée approchait du château, il apparut, dans l'endroit où avaient été tués les pélerins, une brillante colonne de feu qui descendit sur ces corps étendus, gissant la face tournée vers le ciel et les bras en forme de croix. Le vénérable Foulques, évêque de Toulouse, était présent et vit ce prodige, et rendit témoignage à la vérité. Le comte, arrivé à ce château, le détruisit de fond en comble. De là l'armée, poursuivant sa route, marcha vers un château appelé Casser, et l'ayant forcé et pris d'assaut, on y trouva environ soixante hérétiques parfaits que Foulques, évêque de Toulouse, et d'autres évêques qui étaient dans l'armée exhortèrent à se convertir : s'y étant absolument refusés, ils furent brûlés et convertis en damnés[1].

[1] *Conversi in infernum.*

Cela fait, Foulques, évêque de Toulouse, qui était dans l'armée, manda au prieur de la cathédrale de Saint-Étienne et à d'autres clercs qu'ils sortissent de la ville de Toulouse. Ceux-ci, obéissant à ses ordres, sortirent pieds nus de la ville, avec le corps du Christ. Ensuite le comte Simon prit le château de Montferrand et quelques autres : il mit garnison à Castelnaudary, que le comte de Toulouse avait brûlé et abandonné peu auparavant. Enfin, passant le Tarn, dans le diocèse d'Albi, le comte Simon s'empara de Rabastens, de Montaigu, de Cahusac, de Saint-Marcel, de la Guépie et de Saint-Antonin. Ces châteaux se révoltèrent peu après, mais ce ne fut pas impunément. La même année du Seigneur 1211, dans le mois de juillet, le comte Simon et l'armée des croisés assiégèrent Toulouse; avec eux étaient le comte de Bar et beaucoup de nobles d'Allemagne; au dedans étaient les comtes de Toulouse, de Comminges et de Foix, et un grand nombre de chevaliers. De part et d'autre on livra des assauts, et on fit plusieurs efforts de courage; mais l'armée manquant de vivres, le comte fut forcé de renoncer à son projet, et s'avançant vers Pamiers, prit Hauterive et le fortifia. Il arriva à Pamiers, et prit Vareilles, où il mit garnison. Pénétrant dans les châteaux du comte de Foix, Simon en dévasta un grand nombre et incendia entièrement le bourg de Foix. Ensuite se retirant, il s'approcha de Cahors, et fut reçu comme seigneur par l'évêque et les habitans. La même année du Seigneur 1211, le 10e jour d'août, Mainfroi de Belvésé, catholique, exhorta souvent son cousin-germain, Raimond, comte de Toulouse, à abandonner entièrement la secte perverse de l'hérésie; mais ce fut en vain, car il ne voulut point se rendre à ses exhortations. C'est pourquoi Mainfroi, craignant la censure apostolique, se retira vers les évêques et le comte de Montfort, et fut reçu avec bienveillance. Peu après cedit comte Raimond de Toulouse, par haine pour son cousin Mainfroi, assiégea son château de Belvésé et le village de Montgiscard situé auprès, détruisit toute sa baronie, et égorgea à Belvésé tous les gens du comte: deux enfans seulement furent sauvés par une servante qui, à l'insu du comte Raimond, les conduisit dans le Béarn.

L'an du Seigneur 1212, le Miramolin, roi d'Afrique, déclara une guerre terrible aux Chrétiens. Cinq de nos rois s'étant assemblés, obtinrent, par l'aide de Dieu, la victoire dans le combat. Il y eut, selon le bruit public, environ cent mille Sarrasins de tués. Aussitôt après la bataille, les nôtres s'emparèrent de Calatrava, tandis que le roi des Sarrasins fuyait honteusement. La même année, du Seigneur 1212, le 3º jour de juin, le comte de Montfort, avec l'armée des croisés, assiégea vigoureusement le fort château de Penne, dans l'Agénois, et après un grand nombre d'assauts et d'efforts belliqueux, il s'en empara le jour de la fête de l'apôtre saint Jacques.

Cette même année, la veille de l'Assomption de sainte Marie, le comte Simon assiégea, avec l'armée des croisés, la très-forte ville de Moissac, qui tenait pour le comte de Toulouse, se révoltait contre l'Église et paraissait favoriser les hérétiques. Elle fut prise la fête suivante de la Nativité de la Vierge sainte Marie, et tous les routiers qu'on y trouva furent égorgés. La même année du Seigneur 1212, dans le mois de février, Louis, fils aîné de Philippe, roi de France, jeune homme très-doux et d'un bon caractère, prit la croix contre les hérétiques, les croyans et les Albigeois et Toulousains, leurs défenseurs. Par amour pour lui et par émulation, un grand nombre de chevaliers prirent aussi le signe de la croix du salut. Le jour du départ des croisés contre les hérétiques fut fixé à l'octave de la Pâque; mais des guerres suscitées pendant ce temps au roi de France retardèrent de trois ans l'exécution du projet de Louis et des croisés.

L'an du Seigneur 1213, Pierre, roi d'Aragon, à la tête d'une armée considérable d'Aragonais et de Catalans; Raimond, comte de Toulouse, et les comtes de Foix et de Comminges, avec une armée nombreuse composée des citoyens et du peuple de Toulouse, sortirent de cette ville, au nombre de cent mille guerriers, et assiégèrent, avec de grandes forces et encore plus d'orgueil contre Dieu et l'Église, le château de Muret, situé sur le bord de la Garonne, non loin de Toulouse, et le champion de Dieu, Simon, comte de Montfort, qui, pour l'amour de Dieu et par obéissance à la foi, avait pris en main et gouvernait les affaires de l'Église contre les hérétiques, les croyans et leurs fauteurs. Il avait fortifié ce château contre les ennemis de la foi, et y avait laissé un petit nombre de chevaliers. Aussitôt qu'il en fut instruit, il quitta Fanjaux, où il était alors, et se hâta, comme un lion très-courageux, de venir au secours de ses assiégés. Le jour suivant, un mercredi, par l'ordre du légat du Siége apostolique, l'archevêque de Narbonne arriva avec l'armée des croisés de Dieu, sept évêques et trois abbés, au château de Muret, et y entra à la vue des ennemis et malgré eux. Les évêques ci-dessus mentionnés envoyèrent des messagers au roi, pour lui annoncer qu'ils allaient venir lui demander la paix, et qu'ils avaient résolu de se rendre vers lui pieds nus, pour adoucir la si grande dureté de son cœur, et lui donner des conseils ainsi qu'au peuple qui périssait. Lorsqu'ils eurent envoyé un messager au roi pour lui annoncer cette arrivée des évêques, le roi s'élança sur les ennemis et les attaqua. Ledit roi ne put être détourné de sa mauvaise entreprise ni par les avertissemens, les défenses apostoliques, les pieuses prières et les exhortations que les prélats lui adressèrent dans des lettres; et cependant il savait bien que les comtes ci-dessus nommés et leurs défenseurs étaient enchaînés par le lien pesant de l'anathème, parce qu'ils avaient attaqué l'Église de Dieu, et défendu manifestement les ennemis de la foi, et que, sous leur gouvernement, les hérésies et les hérétiques croissaient et se multipliaient contre la foi. Alors, le jour suivant, un jeudi, la veille de l'Exaltation de la sainte Croix, Simon le Catholique résolut de s'avancer hardiment dans la plaine au devant des assiégeans avec l'armée des croisés, fort peu nombreuse alors; mais il n'est pas difficile à Dieu de combattre la multitude avec le petit nombre. L'armée de Simon n'avait que huit cents chevaliers et serviteurs à cheval, et quelques fantassins; en sorte qu'en tout ils pouvaient être mille. On croyait que l'armée du roi et du comte au contraire montait à environ cent mille hommes. Les champions du Christ ayant donc confessé leurs péchés, et entendu, selon leur coutume, l'office divin, repus de la salutaire nourriture des autels, et fortifiés par un repas frugal, prirent leurs armes et se préparèrent au combat. Après avoir reçu la bénédiction des évêques, adoré dans la main de l'évêque de Toulouse le bois de la croix de vie, et obtenu l'entière absolution de leurs péchés, ils sortirent du château. Le roi et les comtes, ayant rangé leurs troupes à l'opposé, vinrent dans la plaine, et se disposèrent au combat. Le comte Simon et les siens, rangés en trois bataillons très-bien instruits par l'expérience dans l'art de combattre, se précipitèrent sur leurs ennemis avec une si grande impétuosité que, dans cette première attaque, ils les chassèrent de la plaine de même que le vent chasse la poussière de la terre; ensuite ils se dirigent vers la troupe du roi, à l'endroit où se faisait voir sa bannière; ils fondent sur elle, et la pressent avec une si grande ardeur que le choc des armes et le bruit des coups retentissaient au loin dans les airs, comme si un grand nombre de haches abattaient les arbres des forêts. Le roi mourut dans ce combat, ainsi que plusieurs grands d'Aragon qui périrent à ses côtés ; et la force du Très-Haut brisa ses ennemis par les mains de ses serviteurs, et les mit en pièces dans un moment. Les trois comtes et plusieurs autres, tournant le dos, furent chassés comme la poussière par le vent, et l'ange du Seigneur les poursuivit. Les uns par leur fuite échappèrent à la mort; les autres, évitant le glaive, périrent dans les flots; et un grand nombre fut égorgé. Beaucoup de milliers de Toulousains furent tués par le glaive ou submergés dans le fleuve.

On était touché de compassion de voir et d'entendre les lamentations des Toulousains pleurant leurs morts, car à peine y avait-il une seule maison qui n'eût à pleurer quelque perte certaine, ou ne pensât que quelqu'un des siens avait péri dans un cachot. Quoiqu'à cause de la grande quantité on ne puisse savoir au juste le nombre des ennemis exterminés dans ce combat, on en compta cependant vingt mille, tant de ceux qui furent tués par le glaive que de ceux qui se noyèrent dans la Garonne. Parmi les chevaliers du Christ, un seul périt avec un petit nombre de serviteurs.

Pendant le combat du Seigneur, les sept évêques qui s'étaient rassemblés, Foulques, de Toulouse, Eudes, de Carcassonne, Thédise, évêque d'Agde, ceux d'Usez, de Lodève et de Comminges, les trois abbés de Clarac, de Villemagne et de Saint-Thiberi, avec leurs clercs et quelques religieux, parmi lesquels était l'ami de Dieu, le frère Dominique, chanoine d'Osma, qui créa et fonda dans la suite l'Ordre des frères Prêcheurs, entrèrent dans l'église, à l'exemple de Moïse dans la guerre de Josué, et, levant les mains au ciel, prièrent le Seigneur pour ses serviteurs qui s'exposaient pour son nom et sa foi à un imminent danger de mort ; priant et criant, ils poussaient vers le ciel de si grands mugissemens à cause des périls dont ils étaient menacés, qu'ils semblaient plutôt hurler que prier. Ensuite le noble comte Simon ordonna à quelques-uns des siens, savoir, à Mainfroi de Belvésé et autres, de le conduire à l'endroit où avait été tué le roi d'Aragon. Y étant arrivé, il trouva le corps du roi étendu au milieu de la plaine, tout nu, car les gens de pied l'avaient dépouillé de ses armes. Le très-pieux comte, voyant le roi étendu à terre, descendit de cheval, comme un autre David à l'occasion de Saül. Après cette glorieuse victoire, le très-chrétien comte, comprenant qu'un si grand miracle venait de la puissance de Dieu et non de celle des hommes, se rendit modestement à pied à l'église, pour y offrir ses actions de grâces au Dieu tout-puissant de la victoire qu'il avait remportée, et donna en aumône aux pauvres son cheval et ses armes. Les évêques et les abbés écrivirent par ordre le combat, sa cause et la victoire, et transmirent ce récit avec leurs seings à tous les fidèles du Christ.

L'an du Seigneur 1213, Philippe, roi de France, dévasta la Flandre; et ayant reçu des otages des villes de Gand, d'Ypres, de Bruges, de Lille et de Douai, retourna avec eux en France, et prit, dans un combat livré en plaine, Ferrand, comte de Flandre, et Renaud, comte de Boulogne. Dans le même temps, Louis son fils s'avança en Aquitaine contre Jean, roi d'Angleterre, et le chassa de ce pays.

Dans le même temps mourut dans le territoire de Liége Marie de Lignies, femme digne d'admiration, dont maître Jacques de Vitri, depuis cardinal, a écrit la vie merveilleuse.

L'an du Seigneur 1214, Simon, comte de Montfort, avec l'armée des croisés de Dieu, prit les châteaux suivans, demeure et refuge des ennemis de la foi et de l'Église, des perturbateurs de la paix et des routiers; à savoir: Maurillac, dans le diocèse de Rhodez; ils le détruisirent de fond en comble. On y trouva sept hérétiques parfaits, de la secte des Vaudois, lesquels, amenés en présence du seigneur légat Robert, avouèrent leur infidélité, et, ne voulant point y renoncer, furent brûlés par les pélerins de la Croix. Il prit aussi Mont-Pezat, dans le diocèse d'Agen, que les ennemis avaient abandonné à la nouvelle de l'approche de l'armée du Seigneur. Les croisés le démolirent entièrement. Il prit pour la seconde fois et recouvra Marmande, après en avoir chassé et mis en fuite les ennemis; il en fortifia la plus haute tour, et fit renverser les autres, ainsi qu'une partie des murs. Il assiégea ensuite Casseneuil, très-fort château, situé dans le territoire d'Agen, une des places les plus considérables des hérétiques dans ce pays. Les hommes de ce château étaient depuis long-temps très-pervers; ils avaient deux fois récidivé, et se révoltaient encore. Le comte Simon les assiégea avec de grandes forces; et, après de nombreux travaux, des assauts et des efforts merveilleux, l'homme de Dieu s'empara enfin de vive force du château, et y fit mettre le feu. Un grand nombre des ennemis furent égorgés par le glaive; le reste s'enfuit : Casseneuil fut pris et détruit le 18 du mois d'août. De là, s'avançant vers le château de Dôme, dans le diocèse de Périgueux, habité par les ennemis de la paix et de la foi, ils le trouvèrent vide de défenseurs, la crainte les ayant fait fuir devant l'armée du Seigneur. Lorsqu'ils y furent arrivés, le comte fit abattre et miner la tour qui était extrêmement forte. Il fit aussi démolir près de là le château de Montfort, dont était seigneur Bernard de Casenac, homme inhumain, ou plutôt bête féroce, secondé dans ses cruautés par sa femme, qui l'égalait en méchanceté ; elle était sœur du vicomte de Turenne, et surpassait la perversité de Jézabel. On prit Castelnau, qui n'était pas inférieur aux autres. Le comte ne le détruisit pas, mais le conserva pour qu'il lui servît à soumettre plus facilement les perturbateurs de la paix. Simon prit un quatrième château, nommé Bainac, dont le seigneur était celui du château pris auparavant. Ces quatre châteaux du diocèse de Périgueux, à savoir, Dôme, Montfort, Castelnau et Bainac, étaient, depuis cent ans et plus, la demeure de Satan. De là l'iniquité s'était répandue sur la face de tout le pays. Lorsqu'ils furent soumis, la paix et la tranquillité furent rendues, non seulement aux pays de Périgord et de Cahors, mais encore à une grande partie de l'Agénois et du Limousin. Le comte marcha avec les siens à Figeac, et prit un château nommé Cadenac, depuis long-temps la demeure et le refuge des tyrans; de là il vint à la ville de Rhodez, où le comte de Rhodez, après quelque altercation au sujet de sa terre dont il ne voulait pas rendre hommage, reconnut enfin qu'il tenait sa terre du comte Simon de Montfort. Il y avait auprès de Rhodez un certain château très-fort, appelé Severac, habité par les routiers, perturbateurs de la paix et de la justice; le seigneur de ce château ne voulant pas le rendre au comte Simon, il le fit assiéger aussitôt, et s'en empara de vive force malgré l'excessive rigueur de l'hiver. Enfin ce seigneur en fit hommage au comte Simon, rendit le château, et fut reçu en l'amitié et familiarité du comte.

L'an du Seigneur 1214, dans la quinzaine du dimanche de Noël, maître Pierre de Bénévent, légat du

Siége apostolique, |diacre-cardinal, tint à Montpellier un célèbre concile de prélats, dans lequel s'assemblèrent cinq archevêques, savoir ceux de Narbonne, d'Auch, d'Embrun, d'Arles et d'Aix; vingt-huit évêques, et un grand nombre d'abbés et d'autres prélats; il s'y rendit aussi plusieurs barons du pays. Ledit légat demanda l'avis de tous les prélats pour savoir à qui, pour le plus grand avantage et honneur de Dieu et de la sainte mère Église, et pour le repos du pays, et l'extirpation de l'immonde peste de l'hérésie, ils devaient accorder et assigner Toulouse, qui s'était remise entre les mains du légat, et lui avait donné des otages; et aussi les autres villes, métairies et terres conquises par l'armée des croisés. Tous les prélats, sans en excepter aucun, choisirent unanimement et tout d'une voix le noble athlète du Christ, Simon, comte de Montfort, pour seigneur et prince de tout ce pays. Ensuite, les prélats envoyèrent vers le pape Innocent, Bernard, évêque d'Embrun, avec des lettres de leur part, dans lesquelles ils le suppliaient humblement et instamment de confirmer l'élection de Simon, et de lui accorder la seigneurie et domination de cette terre : ce qui fut fait.

L'an du Seigneur 1214, Louis, fils aîné du roi de France Philippe, qui trois ans auparavant avait pris la croix contre les hérétiques albigeois et toulousains, mais qui avait été arrêté par un grand nombre de guerres importantes, prit sa route vers le pays d'Albi et de Toulouse, pour accomplir son vœu de pèlerinage. Avec lui vinrent un grand nombre de nobles et d'hommes puissans de Lyon, de Valence, et de la Provence. Comme il était à Saint-Gilles, avec le noble comte Simon de Montfort, il vint des messagers du seigneur pape, chargés de plusieurs lettres pour le légat, les prélats et ledit Simon, par lesquelles il remettait à la garde de Simon de Montfort toutes les terres qui avaient appartenu au comte de Toulouse, et aussi toutes les terres conquises par les croisés, et celles que le légat tenait en sa puissance au moyen des otages et des garnisons, jusqu'à ce que dans un concile général, convoqué à Rome pour le 1er jour de novembre de la même année, on disposât pleinement desdites terres.

Les lettres du pape au comte, qu'on a conservées dans les faits et gestes de celui-ci, étaient d'un très-beau style, et données à Latran, le 2 du mois d'avril, la dix-huitième année de son pontificat. Ledit Louis avec le légat, le comte Simon et sa noble compagnie, étant arrivé à Béziers, il fut ordonné, par la volonté du légat et le conseil des prélats, que, d'après l'ordre et l'autorité du légat, Louis ferait démolir les murs de Narbonne, de Toulouse et de quelques autres châteaux, parce que ces remparts avaient causé beaucoup de maux à la chrétienté. Louis manda aux citoyens de Narbonne que, sous la direction de deux chevaliers qu'il leur envoya à cet effet, ils abattissent, dans l'espace de trois semaines, les murailles de leur ville; et les Narbonnais commencèrent à exécuter cet ordre. Le comte Simon, lorsqu'on lui eut rendu le pays selon la forme du mandat apostolique du légat, maître Pierre de Bénévent, diacre-cardinal, se rendit avec le légat vers le château de Pamiers, où le comte de Foix vint trouver le légat et lui remit le château. Le légat livra donc et remit au comte Simon le château de Foix, qu'il tenait depuis longtemps en sa puissance. Le comte Simon envoya aussitôt des chevaliers, et reçut le château de Foix, qu'il fit fortifier. Le comte avait envoyé peu auparavant Gui de Montfort, son frère, avec des chevaliers, pour occuper en son nom la ville de Toulouse, et ils reçurent pour lui les sermens de fidélité des Toulousains, à qui ils ordonnèrent de détruire les murs de leur ville. Les citoyens obéirent, quoique malgré eux et avec une extrême douleur, et se mirent à démolir leurs murs. Vers ces jours, Louis, le légat et le comte Simon vinrent à Toulouse. De là, Louis et les siens, ayant achevé leur pélerinage dans l'espace de quarante jours, retournèrent en France. Le légat se rendit au concile général, et le comte Simon tint une cour très-nombreuse.

L'an du Seigneur 1215, au commencement de novembre, dans la dix-huitième année de son pontificat, le pape Innocent III, ayant convoqué les archevêques, les évêques, les abbés et les autres prélats des églises, tint à Rome, dans l'église de Latran, un concile général; il y assista quatre cent douze évêques, parmi lesquels étaient deux des principaux patriarches, les évêques de Constantinople et de Jérusalem; l'évêque d'Antioche, retenu par une grave maladie, ne put s'y trouver, et envoya à sa place l'évêque d'Antarados: l'évêque d'Alexandrie, placé sous la domination des Sarrasins, fit ce qu'il put, et envoya à sa place son frère, qui était diacre. Les primats et les métropolitains étaient au nombre de soixante-onze. Il y avait encore quatre-vingts abbés et princes. Le nombre des patriarches, des archevêques, des évêques et des autres prélats était de douze cent quinze. Il s'y trouva une grande multitude des envoyés du roi de Sicile, Frédéric II, élevé à l'empire romain; de l'empereur de Constantinople; surtout du roi de France, Philippe; du roi d'Angleterre, Jean; du roi de Hongrie, du roi de Jérusalem, du roi de Chypre, du roi d'Aragon et d'autres princes et grands de ville et autres lieux. Saint Dominique, Espagnol de nation, chanoine d'Osma, vint aussi au saint concile avec le vénérable Foulques, évêque de Toulouse, pour demander avec instance l'institution et confirmation de l'Ordre des Prêcheurs, dont il était fondateur et premier religieux. Elle lui fut promise par le pape Innocent, à la suite d'une vision céleste qu'eut ce pape, où l'église de Latran lui parut tombant en ruine et soutenue sur les épaules de Dominique. Ce ne fut que l'année suivante que cette concession fut pleinement consommée par son successeur, le pape Honoré III. On vit aussi à ce concile Raimond, autrefois comte de Toulouse; son fils Raimond et le comte de Foix, qui venaient supplier qu'on leur rendît leur terre, qu'ils avaient perdue. Le comte Simon envoya à sa place son frère Gui de Montfort. Dans ce concile, le pape Innocent adjugea et donna au comte Simon de Montfort et à ses héritiers le comté de Toulouse et tout le pays qu'il avait conquis avec l'armée des croisés. Par cette sentence, le comte de Toulouse fut privé du château appelé château Narbonnais, qui, à Toulouse, fut remis à la volonté du comte Simon : ce château est encore appelé ainsi de nos jours. Les citoyens et bourgeois de Toulouse jurèrent obéissance à Simon, qui fut nommé comte de Toulouse, et appelé ainsi par les notaires dans les actes publics. Il fit démolir les murs de la ville et les remparts du faubourg, combler les fossés et raser les tours des maisons fortifiées qui étaient dans la ville, et enlever les chaînes des carrefours, afin qu'ils n'osassent plus se révolter contre lui. Lorsque ses messagers furent de retour du concile, le comte Simon passa en France, vers le roi Philippe, pour recevoir de lui ladite terre, qui relevait du roi. Celui-ci le reçut avec honneur et bonté, et l'investit, lui et ses héritiers, de Toulouse, de tout le pays et de toutes les terres que les croisés avaient conquis sur les hérétiques et leurs défenseurs, dans les pays relevant de sa suzeraineté. Il lui confirma aussi la possession du duché de Narbonne. Comme le comte Simon n'était pas encore revenu de France, pendant ce temps, Raimond le jeune, fils de Raimond l'ancien, autrefois comte de Toulouse, ayant fait une conjuration avec les habitans d'Avignon, de Carcassonne et de Marseille, s'empara du pays au-delà du Rhône, et du château de Beaucaire, situé en deçà de la rive de ce fleuve, dans le royaume de France, et qui avait appartenu au comte de Toulouse. Gui de Montfort, frère du comte Simon, et Amaury, fils aîné de ce même Simon, rassemblèrent une armée, et s'avancèrent promptement contre lui. Enfin Simon accourut ensuite, et assiégea en dehors les assiégeans; mais, n'obtenant aucun succès, il leva le siége, parce qu'un grand nombre de ses ennemis cachés lui montrèrent alors les cornes, et que beaucoup de villes et de villages se joignirent à ses adversaires.

L'an du Seigneur 1216, les citoyens de Toulouse refusant de se soumettre au comte Simon, voulaient se soustraire à son obéissance, et supportaient avec peine le joug qui les privait de leur ancienne liberté. Le comte Simon, craignant que s'il ne les prévenait, leur orgueil ne s'accrût, prit la résolution de les attaquer et de châtier rigoureusement leur insolence. Venant donc avec une forte armée, il les attaqua en plusieurs endroits par le fer et le feu, afin de les effrayer et de les dompter plus facilement. Ceux-ci, au contraire, opposant la force à la force, repoussèrent l'attaque du comte et des siens. Mais bientôt Foulques, évêque de Toulouse, pour détourner des périls imminens, traita de la paix et de l'accord entre les deux partis, et les Toulousains essayèrent d'émousser par l'argent le tranchant du fer. Le comte était épuisé par les dépenses qu'il avait faites devant Beaucaire, et manquait d'argent. Se doutant de ce besoin, les Toulousains persuadèrent au comte, par de belles apparences, de recevoir de la ville et du faubourg, pour leur rachat, trente mille marcs d'argent, qu'ils étaient en état de lui payer pour le prix de sa faveur. Le comte accueillit ce conseil d'Achitopel sans en prévoir le danger. Ceux qui le lui donnaient savaient bien que la levée de cette somme occasionerait des offenses envers tous, ce qui les forcerait à essayer de recouvrer leur liberté première, et à rappeler vers eux leur ancien seigneur. Il arriva en effet ce qui devait arriver; on demanda l'argent avec une dure et rigoureuse insistance; et pour éviter ces extorsions, les citoyens fermèrent les portes de leurs maisons. Le peuple gémissait sous cette servitude. Pendant ce temps on traitait secrètement avec l'ancien comte, qui alors errait en Espagne, pour l'engager à revenir à Toulouse, en lui promettant de faire ce qu'il voudrait. Il y revint en effet; et cette année, comme le pape Innocent III s'efforçait d'établir la paix entre les Pisans, les Génois et les Lombards, pour qu'ils allassent au secours de la Terre-Sainte, il mourut à Pérouse, dans un voyage entrepris à ce sujet. Il fut enterré dans cette ville dans l'église de Saint-Laurent, au mois de juillet, l'an du Seigneur 1216, la dix-neuvième année de son pontificat. Les habitans de Pérouse ayant sévèrement renfermé les cardinaux, pour les obliger à élire promptement un pape, le Saint-Siége ne vaqua qu'un seul jour.

Honoré III, Romain de nation, commença, l'an du Seigneur 1216, dans le mois de juillet, son pontificat, dans lequel il demeura dix ans huit mois et vingt-trois jours. Il rétablit, hors des murs, l'église de Saint-Laurent, appelée la sainte des saints. Il composa aussi des décrétales; il couronna empereur de Constantinople, dans saint Laurent, Pierre, comte d'Auxerre. Saint Dominique, Espagnol de nation, fondateur de l'Ordre des frères Prêcheurs, obtint du pape Honoré, dans la première année de son pontificat, confirmation de cet Ordre, qui lui fut accordée à Rome dans l'église Saint-Pierre, le lendemain de la Saint-Thomas, le 22 décembre, l'an du Seigneur 1216. Le pape Innocent III, d'après la céleste vision que Dieu lui avait fait apparaître dans le concile général, arrêta la confirmation de cet Ordre; mais, prévenu par la mort, il ne put accomplir son dessein. Honoré autorisa aussi, la huitième année de son pontificat, l'Ordre des Frères Mineurs, fondé par saint François. Il confirma de même à Paris, l'an du Seigneur 1217, un autre Ordre pieux. Dans le même temps mourut Guillaume, évêque de Nevers, qui chaque jour nourrissait deux mille pauvres.

L'an du Seigneur 1217, l'armée s'assembla à Acre avec les rois de Jérusalem, de Chypre, de Hongrie, de Bavière, et plusieurs Français et Allemands. Les Hongrois s'en retournèrent. Quelques chevaliers débarquèrent en Égypte et s'emparèrent de Damiette. Il périt quatre-vingt-dix mille Sarrasins, tant par la famine que par le fer. Enfin les cardinaux, les Templiers, les Hospitaliers, avec toute l'armée, ayant été pris, excepté le roi, qui, se brouillant avec les cardinaux, s'était éloigné de Damiette, dont les Chrétiens étaient en possession depuis un an, pour les racheter, on rendit cette ville aux païens. L'an du Seigneur 1217, comme le comte Simon faisait au loin la guerre à Adhémar de Poitiers, au-delà du Rhône, le vieux Raimond, autrefois comte de Toulouse, profitant de l'occasion favorable, passa les Pyrénées avec les comtes de Comminges et de Pailhas et quelques chevaliers, et entra secrètement dans Toulouse au mois de septembre, après avoir passé la Garonne, non sur un pont, mais à gué. Peu de gens avaient été instruits de son projet; et cela plut à quelques-uns et déplut à d'autres. Le comte Gui de Montfort, qui était dans la ville, essaya d'apaiser par les armes ces nouveaux troubles; mais il fut repoussé et ne put en venir à bout. Pendant qu'on annonçait cet événement au comte Simon, occupé au siége de Crest, les Toulousains commencèrent à entourer la ville de pieux, de retranchemens, de fossés et de palissades, pour la défendre contre le château Narbonnais. Le comte Simon étant arrivé avec le seigneur cardinal Bertrand, légat du pape Honoré III, et demeuré maître du château Narbonnais, il attaqua la ville avec vigueur; mais comme les citoyens se défendaient courageusement, il ne put rien cette fois. Enfin de tous côtés on dressa des machines et on se lança mutuellement des pierres. Pendant ce temps Foulques, évêque de Toulouse, fut envoyé avec d'autres en France par le légat, pour prêcher une croisade avec d'autres.

Avec eux était maître Jacques de Vitry, homme très-probe, très-lettré et très-éloquent, devenu par la suite évêque d'Acre et enfin cardinal. Par ses prédications, un grand nombre de ceux qui étaient venus à ce siége prirent la croix, et au printemps suivant l'évêque Foulques retourna avec eux à l'armée. Le comte Simon fit présent à perpétuité, à lui et à ses successeurs, les évêques de Toulouse, du château de Vertfeuil, avec tous les villages et forts qui dépendaient de ce château, à cette seule condition que, s'il arrivait qu'on le vînt attaquer dans ses terres, l'évêque enverrait au combat un chevalier armé. Comme les assiégés et les assiégeans étaient fatigués d'avoir combattu pendant tout l'hiver, tant au moyen de leurs machines que des autres instrumens de guerre, le comte Simon, fortifié par les nouveaux pélerins, fatigua ses ennemis, non pas tant par des assauts que par des excursions autour de la ville, que les citoyens avaient entourée de barricades et de fossés. Enfin il résolut de faire construire une machine en bois appelée *Chat*, au moyen de laquelle ils traîneraient de la terre et du bois pour combler les fossés ; et ensuite de livrer un combat de près, et d'attaquer les ennemis en brisant les palissades. Un certain jour, le lendemain de la naissance de saint Jean-Baptiste, comme le comte Simon était dans cet engin, une pierre lancée de l'autre côté d'un mangonneau tomba sur sa tête, qu'elle fracassa, et il expira, l'an du Seigneur 1218, dans l'armée du Seigneur, qu'il commandait en homme digne de louanges. Son fils, Amaury, son successeur et héritier, continua le siége jusqu'à la fête de saint Jacques, où, levant son camp, il quitta le château Narbonnais, qu'il ne pouvait tenir, et transporta soigneusement, selon la coutume des Français, le corps de son père à Carcassonne, d'où il fut ensuite conduit en France. Le pays était livré à l'agitation de tant d'événemens inopinés. Après peu de jours, Castelnaudary se rendit au comte de Toulouse ; le comte Amaury ne tarda pas à l'assiéger avec ses troupes réunies, et dressa des machines contre les murailles. La ville était défendue et soutenue par le jeune Raimond, fils du vieux comte de Toulouse. Il arriva un jour que Gui, comte de Bigorre, fils du feu comte Simon, et frère d'Amaury, tomba dans un assaut, et expira, couvert de blessures. On remit à son frère son corps arrangé convenablement dans un cercueil couvert de pourpre. On se battit depuis la fin de l'été jusqu'à la fin de l'hiver. Au printemps, le comte Amaury leva le siége de Castelnaudary, et s'éloigna, épuisé d'ennuis et de dépenses.

L'an suivant, du Seigneur 1219, Louis, dont nous avons parlé plus haut, fils de Philippe, roi de France, prit au roi d'Angleterre la ville de La Rochelle, et se disposa avec son armée à marcher comme pélerin contre Toulouse. Sur son passage, il résolut d'assiéger un château appelé Marmande, dans le diocèse d'Agen, qui avait appartenu au comte de Toulouse, par l'ordre de qui Centulle, comte d'Astarac, et quelques autres nobles, au nombre desquels était Arnauld de Blanquefort, avaient entrepris de le défendre. Louis les ayant fait assiéger pendant quelques jours, ils virent qu'ils ne pourraient long-temps soutenir l'attaque; et ayant reçu des sûretés, ils se rendirent, eux et la ville : on les emmena captifs à Puy-Laurens, jusqu'à ce qu'on les échangeât contre les prisonniers de l'autre parti. Louis, quittant Marmande, s'avança directement contre Toulouse avec une armée très-considérable. Arrivé dans cette ville avant la fête de saint Jean-Baptiste, le 16 de juin, il campa et dressa des machines tout autour. Pendant quarante-cinq jours il livra aux assiégés les assauts les plus violens. Avec lui était le seigneur Bertrand, légat, qui avait cette affaire à cœur. Le temps de son pélerinage achevé, le prince Louis leva le siége au premier d'août, et retourna en France. On rendit les chevaliers et autres prisonniers ci-dessus mentionnés. Après le départ de cette armée, la guerre s'échauffa avec plus d'ardeur, et plusieurs châteaux se rendirent à l'ancien comte de Toulouse.

L'an du Seigneur 1220, naquit Jeanne, fille unique de Raimond le jeune, fils de Raimond l'ancien, comte de Toulouse, et qui épousa le seigneur Alphonse, comte de Poitou, et frère du roi Louis. Cette même année, un grand nombre de villes se rendirent au comte Raimond, qui conquit et recouvra les châteaux de Lavaur, Puy-Laurens et Mont-Réal, où fut tué Alain de Roucy, alors seigneur de ce château.

Frédéric avait d'abord paru bon : élevé depuis son enfance par l'Église comme par une mère, lors de la condamnation d'Othon IV, l'an du seigneur 1217, il avait été élu empereur; mais ensuite, s'écartant du bien, il devint l'ennemi et le tyran de l'Église de Dieu que, loin de favoriser comme sa mère, il déchira autant qu'il put, comme si elle eût été pour lui une marâtre. C'est pourquoi le pape Honoré, qui l'avait couronné, le voyant rebelle à lui et ennemi de l'Église, le frappa d'anathème et délia tous ses barons de leur serment de fidélité. Frédéric régna pendant trente-trois ans, non par le bien, mais par le mal, non par la justice, mais par l'iniquité et la tyrannie.

L'an du Seigneur 1220, le légat Conrad, de l'Ordre de Cîteaux, évêque de Porto, fut envoyé par le Siége apostolique dans le pays d'Albi et de Toulouse.

L'an du Seigneur 1221, le 6º jour d'août, le saint père Dominique termina, à Bologne, ses jours dans le bien et ses ans dans la gloire, plus plein encore de miracles que d'années.

L'an du Seigneur 1222, dans le mois de juillet, mourut Raimond Roger, comte de Foix. Au siége du château de Mirepoix il succomba, non pas à une blessure, mais à un violent ulcère. Son fils, Roger Bernard, lui succéda. La même année du Seigneur 1222, au mois d'août, Raimond l'ancien, comte de Toulouse, fut frappé de mort subite sans qu'il eût le temps de rien dire : les frères de l'Hôpital

Saint-Jean, à Toulouse, étant arrivés, transportèrent son corps dans leur maison, mais ne le portèrent pas à la sépulture, car le comte était enchaîné dans les liens de l'anathème, et il est encore aujourd'hui, comme on le voit, privé de sépulture. Son fils Raimond, dernier comte de Toulouse, ayant, par la suite des temps, obtenu la paix de l'Église et du roi de France, produisit au Siége apostolique des témoins qui prouvèrent que Raimond l'ancien avait montré des signes de pénitence; mais il ne put en aucune manière obtenir qu'on l'ensevelît.

L'an du Seigneur 1223, le très-fortuné Philippe, roi de France, mourut au château de Mantes, dans la quarante-troisième année de son règne, pendant lequel il augmenta de beaucoup ses États. Il eut pour successeur son fils Louis, âgé de trente-trois ans, qui, dans la même année, fut couronné roi à Reims, avec la reine Blanche, sa femme, fille du roi de Castille, le jour de la Transfiguration du Seigneur.

L'an du Seigneur 1224, les grands du Limousin, du Périgord, et tous ceux de l'Aquitaine, excepté les Gascons qui habitent au-delà de la Garonne, promirent et gardèrent fidélité à Louis, roi de France. Vers le même temps, Amaury, fils et successeur du noble homme Simon, comte de Montfort et de Toulouse, voyant l'inconstance des habitans de ce pays, qui de jour en jour quittaient son parti pour embrasser celui de son ennemi, et hors d'état de le garder, remit au roi de France, son seigneur, le comté de Toulouse et toutes les autres terres que son père et lui avaient conquises et qui leur avaient été données dans le territoire d'Agen, d'Albi, de Cahors, de Carcassonne, et partout ailleurs dans cette partie, et lui transmit tous ses droits. Le roi conféra l'office de connétable, dans toute la France, à ce même comte Amaury, qu'il avait reconnu pour un homme prudent, brave et habile dans l'art militaire. Dans le même temps un grand tremblement de terre eut lieu dans la Lombardie, en sorte qu'un grand nombre de maisons et de tours s'écroulèrent, et qu'il périt beaucoup de gens. Dans ce temps on envoya comme légat, dans le pays d'Albi et de Toulouse, un Romain, diacre cardinal de Saint-Ange, homme d'un grand discernement, agréable à Dieu et aux hommes, et capable de traiter de si grandes affaires. Avec le secours de Dieu, il engagea Louis, roi de France, à se charger d'achever l'entreprise qui n'avait pas été terminée sous les autres, et lui avait été réservée dans les territoires d'Albi, de Toulouse et dans la Provence. Ce magnanime et dévot roi accepta la mission.

L'an du Seigneur 1225, au mois de février, mourut Bernard, comte de Comminges, époux de la dame Marie de Montpellier, qui, dans la suite, fut mère du seigneur Jacques, roi d'Aragon. Il fut enseveli à Montsavez. Vers le même temps mourut le seigneur Arnauld Amaury, archevêque de Narbonne, de l'Ordre de Cîteaux. Il eut pour successeur le seigneur Pierre Ameil, grand archidiacre de son église.

L'an du Seigneur 1226, au printemps, époque où les rois ont coutume de marcher à la guerre, avec la bénédiction de Dieu, le seigneur Louis, roi de France, se mit en marche, suivi d'une armée innombrable de croisés et du seigneur légat de Rome. Il prit sa route vers Lyon, choisissant la plaine commode pour les chariots, et le fleuve du Rhône favorable au transport des troupes. Les consuls des villes et des villages du parti du comte de Toulouse, venaient au devant de lui, lui livraient leurs forteresses, et lui donnaient des otages à sa volonté. Les habitans d'Avignon vinrent aussi au devant de lui et lui donnèrent des otages. Le roi et le légat étant arrivés devant cette ville, la veille de la Pentecôte, comme une partie considérable de l'armée avait déjà passé le pont, les citoyens d'Avignon, craignant sans raison s'ils laissaient la multitude passer par leur ville, en fermèrent les portes, ne permettant le passage qu'au roi et à quelques gens, et ne lui laissant que le choix de passer ainsi, ou par une route très-étroite à travers des rochers. Ce que le roi trouvant aussi dangereux que déshonorant pour lui, il ne voulut point le tenter, et exigea le passage libre par la ville. Sur leur refus et leur résistance à ses ordres, le roi demeura en cet endroit, fit disposer les tentes, et campa dans un appareil de guerre. Ayant fait dresser pierriers et autres instrumens de guerre, il commença à assiéger vigoureusement la ville. Les citoyens élevant machines contre machines, se défendirent avec courage. Pendant ce temps le légat et le roi envoyèrent en avant, vers le pays de Toulouse, le seigneur Pierre Ameil, archevêque de Narbonne. Celui-ci, les précédant, réconcilia à l'Église et au roi, dont il leur promettait la paix, tous les châteaux, les villes et leurs maîtres, sans en excepter aucun, depuis les parties supérieures du pays jusqu'aux portes de Toulouse. Ils jurèrent d'embrasser le parti de l'Église et du roi. Les citoyens de Carcassonne apportèrent au roi, dans l'armée, les clefs de leur ville. Le comte de Foix, Roger Bernard, demanda la paix; mais cette fois-ci il ne la trouva pas telle qu'il la voulait. Cependant les citoyens d'Avignon, dont le seigneur avait résolu d'humilier l'orgueil, assiégés de cette manière pendant trois mois, et se voyant inférieurs en force, rendirent leur ville sous certaines conditions au légat et au roi, le 12ᵉ jour de septembre. Ils furent punis par la ruine de leurs murs et d'autres peines encore. Un grand nombre d'hommes, dans l'armée, moururent de diverses maladies, et ce fut une grande grâce de Dieu que la ville se rendît sitôt, car quinze jours s'étaient à peine écoulés depuis le départ de l'armée, que le fleuve de Durance déborda de son lit et enfla tellement qu'il couvrit toute la plaine où était le camp du roi; en sorte que l'armée n'aurait pu y rester. Après la prise d'Avignon le roi, toujours accompagné du légat, dirigea sa marche vers Béziers et Carcassonne. Il avait aussi avec lui le vénérable Foulques, évêque de Toulouse, exerçant, dans l'armée et sur la route, une libéralité égale à tout ce qu'on a jamais vu, car tout le monde le vénérait à cause de la réputation de sa bonté et des travaux qu'il endurait pour la foi. Le roi étant venu à Pamiers, y régla, par le conseil du cardinal légat, beaucoup de choses pour l'honneur de Dieu et la liberté de l'Église: sévissant sévèrement, par une loi nécessaire et salutaire, contre tous ceux qui méprisaient le pouvoir de l'Église, ce dont il est fait mention dans le concile de Narbonne, tenu dans le carême suivant, et qui commence par: *Felicis recordationis*. Le roi et le légat sortirent de Béziers par Beaupuy, où ils couchèrent, et se rendirent de là à Castelnaudary, et ensuite à Puy-Laurens, où ils passèrent aussi la nuit, et de là, le jour suivant, à Lavaur, d'où ils partirent pour le pays d'Albi. Ayant laissé, pour garder le pays, le seigneur Humbert de Beaujeu, vaillant homme de guerre et accoutumé à la fatigue, le roi et le légat s'en retournèrent avec une troupe innombrable de guerriers par le chemin de l'Auvergne. Le roi, attaqué d'une maladie à Montpensier, par la volonté de Dieu, termina la carrière de sa vie en ce monde, le 8ᵉ jour de novembre, l'an du Seigneur 1226, la troisième année de son règne. Son projet, s'il eût vécu, était de retourner au printemps suivant dans les pays d'Albi et de Toulouse. Louis, son fils aîné, âgé de près de quatorze ans, lui succéda au trône. Il était, autant que le permettait son âge, l'image des mœurs et de la vertu de son père. La même année du Seigneur, le 31 de janvier, mourut le noble comte Gui de Montfort, blessé à la tête d'un carreau à Vareilles, près de Pamiers, qui faisait alors partie du diocèse de Toulouse.

L'an du Seigneur 1226, le 18 mars, mourut le pape Honoré III, dans la onzième année de son pontificat. Il fut enseveli à Rome, dans l'église de Sainte-Marie-Majeure.

Grégoire IX, né à Anagni, dans la Campanie, fut élu à Rome, dans l'église des Sept-Portes, le neuvième jour après la fête de saint Grégoire, la veille de celle de saint Benoît, le 19 mars, l'an du Seigneur 1226; selon ceux qui commencent à compter les années de l'Incarnation du Seigneur au jour de l'Annonciation, ce fut l'année 1227. Il siégea quatorze ans; on trouve dans la plupart des chroniques treize ans et six mois. Ce Grégoire s'appelait Ugolin, cardinal, évêque d'Ostie. Il fit réunir en un seul volume, par le frère Bernard de Pennafort, de l'Ordre des frères Prêcheurs et Pénitenciers, et son chapelain, plusieurs volumes de décrétales, et ordonna aux docteurs et aux juges ecclésiastiques d'en faire usage. Il renouvela et rendit plus sévère la sentence portée contre Frédéric, par Honoré son prédécesseur. Comme il voulait tenir un concile à Rome, et que Frédéric assiégeait cette ville par mer et par terre, deux cardinaux, Jacques de Préneste et Othon, qui avaient été envoyés au-delà des monts, comme légats pour le secours de l'Église, furent pris, comme ils s'en retournaient à la cour, avec beaucoup de prélats, d'abbés et de clercs, par des vaisseaux pirates, du parti de l'empereur Frédéric. Assiégé dans sa ville par Frédéric, qui s'était alors emparé d'une grande partie du patrimoine de l'Église, et voyant que presque tous les Romains étaient corrompus par de l'argent, le pape prit les têtes des apôtres, et, faisant une procession depuis l'église de Latran jusqu'à celle de Saint-Pierre, il ramena ainsi les esprits des Romains à prendre presque tous la croix contre l'empereur. Celui-ci, qui se croyait déjà près d'entrer dans la ville, en étant instruit, fut saisi de crainte et se retira loin de Rome.

L'an du Seigneur 1226, fut rasé le château appelé Bécède, dans le diocèse de Toulouse, qui fournissait un asile aux ennemis de l'Église et aux hérétiques. Le seigneur Humbert de Beaujeu, pour Louis, roi de

France, assiégea, dans l'été, l'an du Seigneur 1227, ce château dans lequel Raimond, dernier comte de Toulouse, avait mis des munitions et de braves guerriers pour sa défense. Dans l'armée du parti du roi et de l'Église étaient, avec le seigneur Humbert, le seigneur Pierre Ameil, archevêque de Narbonne, et le seigneur Foulques, évêque de Toulouse. Comme celui-ci passait avec plusieurs gens auprès de la ville, ceux du dedans, s'étant mis à crier, l'appelèrent, avec impiété, l'évêque des diables; car les hérétiques infidèles appellent les catholiques et les ministres de l'Église romaine des diables, et l'Église elle-même la synagogue de Satan. Alors ceux qui accompagnaient l'évêque lui dirent : « Vous entendez qu'ils vous ap-« pellent l'évêque des diables.—Effectivement, répon-« dit l'évêque, ils disent vrai, car ils sont les diables « et je suis leur évêque. » Les assiégeans, par le moyen de leurs machines, s'emparèrent du château, et un grand nombre de chevaliers et de fantassins s'enfuirent pendant la nuit. Ceux qu'on y trouva furent tués à coups d'épée ou de bâton. Le pieux évêque s'efforça d'arracher à la mort les femmes et les enfans. L'hérétiques Guiraud de Lamotte, diacre, et ses compagnons furent livrés aux flammes.

L'an du Seigneur 1228, vers le temps de la Pâque, Raimond, comte de Toulouse, recouvra Castel-Sarrasin, occupé par les gens du roi et de l'Église : il assiégea et renferma la citadelle et ceux qui étaient dedans entre de tels retranchemens que les habitans du pays et les autres du parti du roi et de l'Église, qui étaient dans les environs, bien qu'ils se fussent hâtés de venir au secours des assiégés, ne purent parvenir jusqu'à eux; car, en dehors, le comte de Toulouse les avait entourés avec de grandes palissades et des fortifications qui faisaient face et à ceux du dehors et à ceux du dedans. Pierre Ameil, archevêque de Narbonne, Foulques, évêque de Toulouse, et Gui, évêque de Carcassonne, se réunirent à ce siége. Y vint aussi le seigneur Humbert de Beaujeu, qui s'était, pour un temps, retiré dans sa terre en France. L'archevêque de Bourges, qui venait visiter la province, y accourut de même avec une troupe de guerriers qu'il avait rassemblés. Les prélats et les barons furent d'avis, puisqu'ils ne pouvaient secourir les assiégés enfermés dans Castel-Sarrasin, d'assiéger, dans ce pays, le château de Montech. Après un siége de quelques jours il se rendit à eux. Ceux qui étaient renfermés dans Castel-Sarrasin, n'ayant plus de vivres, se rendirent à condition qu'on leur laisserait la vie, et remirent le château à leurs ennemis. Les croisés résolurent ensuite de ravager et de détruire les vignes de la ville de Toulouse; ils convoquèrent du monde de tous côtés, et arrivèrent, vers la fête de saint Jean-Baptiste, des prélats de la Gascogne, les archevêques d'Auch, de Bordeaux, et quelques évêques et barons avec leurs peuples croisés. Ils dirigèrent leur marche vers Toulouse et campèrent du côté de l'Orient, dans un endroit appelé Pechalmari. Ils commencèrent à détruire les vignes sur les hauteurs : après les avoir ravagées de ce côté, ils transportèrent leur camp à un endroit appelé Montaudran, et firent subir à leurs ennemis une triple perte : ils avaient un grand nombre d'hommes qui fauchaient les moissons, d'autres qui s'occupaient, avec des piques de fer, à démolir les murs et les tours des forteresses, et beaucoup d'autres encore à détruire les vignes. Tel était l'ordre qu'ils suivaient chaque jour : au lever de l'aurore, après avoir entendu la célébration de la messe, ils prenaient une nourriture frugale, et, se mettant à la suite des balistes, en rang et tout prêts à combattre, ils s'approchaient des vignes les plus voisines de la ville, tandis que les citoyens étaient encore à peine éveillés, et de là revenaient vers leur camp, toujours détruisant les vignes, et suivis pas à pas par les troupes des chevaliers. Ils observèrent le même ordre chaque jour, jusqu'à ce qu'au bout de près de trois mois tout fût achevé de presque tous les côtés. Ainsi, s'en retournant comme en fuyant, ils remportaient admirablement la victoire sur leurs ennemis. On les exhortait ainsi à la conversion et à l'humilité, et on leur ôtait ce qui causait leur orgueil accoutumé, comme on enlève à un malade ce dont la trop grande abondance pourrait lui nuire. Dans cette conduite, c'était en effet le dessein de l'armée du Seigneur et de l'Église, de manifester, par ces dégâts, leur jugement sur leurs ennemis, comme on le vit ensuite. Après donc que ces ravages et ces destructions furent achevés, les prélats, les barons, les chevaliers et les peuples de la Gascogne retournèrent chez eux : le reste, qui composait une forte troupe, marcha vers Pamiers, envahit la terre du comte de Foix jusqu'au Pas de la Barre, et ils dressèrent leurs tentes dans une plaine qui s'étend auprès d'un lieu appelé Saint-Jean de Verges, où ils couchèrent pendant plusieurs nuits. Après avoir placé des garnisons où elles étaient nécessaires, ils s'en retournèrent. Pendant ce temps, le vénérable abbé de Grandselve, nommé Élie Guarin, vint de France, chargé des pouvoirs du légat pour offrir la paix aux Toulousains, qui, épuisés par les nombreuses calamités qu'ils avaient subies, y consentirent volontiers. On fit une trêve et on tint des conférences à Basiége, où on régla qu'il fallait aller en France. On fixa d'abord, pour le rendez-vous, Meaux, dans la Brie, ville du comté de Champagne. Y vinrent, tant comme envoyés que de leur propre mouvement, l'archevêque de la province de Narbonne et ses suffragans, Raimond, dernier comte de Toulouse, d'autres hommes et les citoyens de Toulouse qui sont nommés dans les actes du traité ou dans d'autres actes rendus en cette assemblée. Il s'y trouvait aussi le légat, et plusieurs autres prélats qui avaient été convoqués. On resta plusieurs jours à traiter des articles de paix; ensuite on partit pour Paris, où tout devait s'achever en présence du roi Louis. Tout ayant été terminé et scellé, le dernier comte Raimond fut réconcilié, ainsi que tous ceux qui étaient enchaînés avec lui par une sentence d'excommunication, la veille du Vendredi-Saint, à la fin de l'année 1228[1]. C'était pitié de voir un homme si puissant, qui avait pu résister si long-temps et à tant de nations, conduit à l'autel en chemise et en brayes, et les pieds nus. A cette cérémonie assistaient deux cardinaux de l'église romaine, l'un, légat dans le royaume de France, et l'autre, l'évêque

---

[1] Le 12 avril 1229.

de Porto, légat dans le royaume d'Angleterre. Il n'est pas nécessaire de rapporter ici les articles de la paix conclue entre le roi et l'Église d'une part, et le comte de Toulouse de l'autre, puisqu'on les trouve ailleurs publiés et écrits. Je juge à propos cependant de remarquer ici que, dans cette longue guerre avec le comte de Toulouse, qui fut le début du jeune roi Louis, Dieu combla sa jeunesse de tant d'honneur que chacune des conditions de la paix eût pu paraître une rançon suffisante, si ledit roi eût rencontré ledit comte sur le champ de bataille et l'eût fait prisonnier. Ainsi il fut statué qu'il ne pourrait laisser à aucun de ses héritiers Toulouse ni l'épiscopat de Toulouse, qu'on lui accordait seulement pour la vie, et qu'aucun héritier de lui ou de sa fille ne pourrait les réclamer contre son roi, excepté seulement ceux qui descendraient de sa fille unique, Jeanne, et du seigneur Alphonse, frère de ce même roi Louis. Il devait, pour sa pénitence, se retirer pour cinq ans au-delà de la mer, et s'obliger à payer vingt-sept mille marcs. Il livra aussi au roi et à l'Église toute la terre au-delà de l'épiscopat de Toulouse, vers l'Orient, en-deçà et au-delà du Rhône. Nous passons sous silence d'autres conditions onéreuses auxquelles il se soumit, et qui eussent paru suffisantes pour son rachat, s'il eût été pris : en sorte que ce qui arriva sembla plutôt être l'ouvrage de Dieu que celui des hommes. Le comte de Foix, qui avait autrefois, pour lui et son père, demandé au roi la paix sans son seigneur, le comte de Toulouse, et ne l'avait pas trouvée telle qu'il la voulait, était demeuré en guerre. Le roi lui donna, en faveur de la paix, la terre qu'autrefois le comte de Toulouse avait conquise jusqu'au Pas de la Barre. Il la tint et y mit ses baillis jusqu'à ce que, par la suite des temps, le comte de Foix ayant traité avec le roi, qui lui donna des terres pour mille livres de revenu [1] dans le Carcassès, ce même comte de Toulouse livra et remit en commande au comte de Foix la terre, depuis le Pas de la Barre, sous condition qu'il la lui rendît aussitôt qu'il l'en requerrait.

La paix ayant été conclue à Paris à la fin de l'année du Seigneur 1228, l'an suivant, du Seigneur 1229, au mois de juillet, maître Pierre de Colmieu, vice-légat, réconcilia l'église de Toulouse. Le comte n'était pas encore revenu de France, et il resta volontairement à Paris prisonnier du roi, jusqu'à ce que les murs de Toulouse fussent démolis, qu'on eût rendu les châteaux et les villes, comme il avait été réglé dans le traité de paix, et que sa fille Jeanne, âgée de neuf ans, eût été remise à Carcassonne aux envoyés du roi. C'est cette fille qu'Alphonse, frère du roi, comte de Poitou, épousa dans la suite. Le comte de Toulouse ayant été fait chevalier par le seigneur roi, à la fête de Pentecôte, aussitôt après avoir accompli tout ce qui avait été convenu, retourna dans sa terre. Il fut suivi de peu de jours par le légat, qui avait envoyé en avant dans le pays, pour détruire les châteaux, un grand nombre de croisés avec des indulgences; ceux-ci avaient eu dessein de

---

[1] *Mille libratas terræ;* plusieurs savans ont pris *librata terræ* pour une mesure de superficie, dont ils ont diversement apprécié l'étendue. Selon Ducange, cette dénomination se rapporte au revenu annuel de la terre, non à sa mesure superficielle. Cette explication nous paraît la plus probable.

venir d'abord les armes à la main, si la paix n'eût pas eu lieu. Ce seigneur légat tint, après l'été, à Toulouse, l'an 1229, un concile auquel assistèrent les archevêques de Narbonne, de Bordeaux et d'autres prélats. On y vit aussi le comte de Toulouse, et les autres comtes, excepté celui de Foix, les barons du pays et le sénéchal de Carcassonne. Les deux consuls de Toulouse, l'un de la ville et l'autre du faubourg, jurèrent, au nom de toute la communauté, d'observer tous les articles de la paix; les comtes et autres approuvèrent le serment, en firent un pareil, et tout le pays en fit ensuite de même. Dans ce temps fut tué André Calvet, brave chevalier, sénéchal du roi, surpris par les ennemis dans un bois appelé Centenaire.

L'an du Seigneur 1229, il s'éleva à Paris parmi les écoliers une grande dissension. La même année, à la fête de saint Silvestre, Jacques, roi d'Aragon, prit l'île de Majorque.

L'an du Seigneur 1230, Thibaut, comte de Champagne, le comte de Bretagne, le comte de la Marche, et Raimond, dernier comte de Toulouse, se liguèrent avec le roi d'Angleterre contre le roi de France, saint Louis; mais, Dieu aidant, ils furent repoussés par les forces du jeune roi.

L'an du Seigneur 1231, le seigneur Foulques, évêque de Toulouse, termina ses derniers instans le jour de la naissance du Seigneur. Il fut enseveli dans le monastère de Grandselve, de l'Ordre duquel il avait été moine, la vingt-huitième année de son épiscopat. Il eut pour successeur le vénérable frère Raimond de Felgar, du château de Miremont, prieur provincial des frères Prêcheurs, dans la Provence, et qui fut élu évêque à l'unanimité du chapitre universel de l'église.

L'an du Seigneur 1233, la nuit de la Circoncision, la terre fut désolée par un froid si rigoureux et si long, que les grains furent gelés en grande partie jusqu'à la racine. Vers ce temps le seigneur légat tint un concile à Béziers, dans lequel il s'efforça de rétablir la paix entre les comtes de Provence et de Toulouse, qui, depuis trois ans et plus, se faisaient la guerre. Ses efforts n'eurent pas le succès qu'il désirait. Telle était la cause de cette guerre : les citoyens de Marseille, étant en discorde avec leur évêque et le comte de Provence, allèrent trouver le comte de Toulouse et le créèrent leur seigneur, afin qu'il prît la ville sur le comte et l'évêque. Étant venu avec une forte troupe, le comte, son ennemi, ne voulut point l'attendre ; en sorte que, tant que le comte de Toulouse vécut, il eut à Marseille un délégué pour percevoir les impôts, non comme il voulait, mais comme voulaient les citoyens, dont le danger était passé et dont il lui fallut souvent éprouver l'inconstance.

L'an du Seigneur 1234, Louis, roi de France, déclaré saint dans la suite, épousa Marguerite, fille de Raimond Bérenger, comte de Provence. Dans le même temps une grande famine se déclara, surtout dans le Poitou ; les habitans étaient obligés de se nourrir d'herbes comme les bêtes brutes. Il s'ensuivit une si grande mortalité, qu'on ensevelissait ensemble cent personnes par jour dans la même fosse ou dans le même trou.

L'an du Seigneur 1238, la veille de saint Michel, Jacques, roi d'Aragon, s'empara de Valence.

L'an du Seigneur 1239, le 3 de juin, à la sixième férie, on vit une éclipse de soleil. Cet astre fut tellement obscurci qu'on apercevait les étoiles dans le ciel. La même année il y eut encore une éclipse à la fête de saint Jacques. La même année, Grégoire IX, frappé de nombreuses tribulations, passa de ce monde vers le Christ.

L'an du Seigneur 1240, Trencavel, fils du feu comte de Béziers, ayant les grands dans son parti, à savoir, Olivier de Termes, Bernard d'Orzals, Bernard Hugues de Serre-Longue, Bernard de Villeneuve, Hugues de Romegous, son neveu, et Jourdain de Saissac, attaqua le pays du roi de France, dans les diocèses de Narbonne et de Carcassonne, et un grand nombre de châteaux embrassèrent son parti, à savoir Mont-Réal, Montolieu, Saissac, Limoux, Asillan, Laurac, et tous ceux qui voulurent, dans ce moment de trouble et d'épouvante. De l'autre parti, entrèrent dans la ville de Carcassonne les vénérables pères, l'évêque de Narbonne, Pierre Ameil, et l'évêque de Toulouse, les barons et les habitans de la terre et plusieurs clercs du pays avec leurs serviteurs et leurs biens, se croyant en sûreté dans la ville et le faubourg; car l'évêque de Toulouse se rendait souvent dans le faubourg et prêchait les bourgeois, les encourageant et les excitant à ne pas abandonner le parti de l'Église et du roi, et leur assurant qu'ils pouvaient penser que le roi ne souffrirait pas long-temps cet état de choses.

Pendant qu'il les animait ainsi par ses paroles, on remplissait la ville de moissons et de vendanges, on couronnait les murs de remparts de bois, on dressait des machines, et on préparait tout comme dans l'attente d'un combat. Cependant quelques habitans du faubourg eurent secrètement des conférences avec les ennemis, parlant de les introduire dans le faubourg. Dans ce temps, le comte de Toulouse revenait de piller la Camarque, et étant arrivé à Penautier, près de Carcassonne, le sénéchal du roi sortit pour avoir avec lui une conférence, dans laquelle il l'engagea à chasser les ennemis du pays. Le comte lui ayant répondu qu'il tiendrait conseil à ce sujet à Toulouse, ils s'en retournèrent chacun de son côté. Peu de jours après, l'évêque de Toulouse, dont la langue gracieuse était habile à apaiser les inimitiés, vint avec le sénéchal dans le faubourg. Les bourgeois et le peuple, s'étant rassemblés dans l'église de Sainte-Marie, s'engagèrent, par serment, sur le corps du Christ, les reliques des saints, et les saints évangiles, placés sur l'autel sacré de la sainte Vierge Marie, à demeurer dans le parti de l'Église, du roi de France et des citoyens de la ville, et à les défendre. Le jour suivant, qui était celui de la Nativité de la sainte Vierge, ils reçurent des lettres du roi par leur propre messager, que les bourgeois de Carcassonne avaient envoyé vers lui, et les montrèrent aux prélats et aux grands qui étaient dans la ville, avec l'apparence d'une grande joie. Il arriva que la nuit même, les ennemis du roi et de l'Église furent introduits dans le faubourg et reçus par les traîtres, en dépit de leurs sermens. Un grand nombre de clercs qui étaient dans le faubourg, instruits de cet événement, se réfugièrent dans l'église. On leur avait accordé la permission de se retirer vers Narbonne, et on leur avait promis sûreté au nom de leur prince, ou plutôt de leur tyran, et sous le témoignage de son seing; mais ces hommes corrompus et réprouvés se jetèrent, contre leur foi, au devant de ceux qui sortaient, et les tuèrent traîtreusement, près de la porte, au milieu des prêtres et des clercs, au nombre de plus de trente. Les ennemis, ainsi reçus traîtreusement dans le faubourg, commencèrent à miner comme des taupes, et s'efforcèrent de s'emparer de la ville; mais les défenseurs étant venus à leur rencontre, également par dessous terre, les repoussèrent par des coups, de la fumée et de la chaux, et les obligèrent de renoncer au travail qu'ils avaient commencé. Dans la première attaque, un moulin, qui n'était défendu que par une faible et vieille palissade, fut pris et les serviteurs qui étaient dedans furent tués. Le combat se livrait de près, et était par là très-périlleux. Les maisons du faubourg, qui, situées près de la ville, à laquelle elles tenaient pour ainsi dire, pouvaient l'insulter à coups de balistes, et donner les moyens de faire secrètement de nouvelles percées, subissaient à leur tour les représailles des machines de la ville et des masses de pierre qu'elles leur lançaient. On combattit ainsi pendant près d'un mois, et alors la France envoya un secours que les ennemis n'osèrent pas attendre; ayant mis le feu en plusieurs endroits, ils abandonnèrent le faubourg aux Français qui venaient, et se retirèrent sur-le-champ auprès de Mont-Réal, où l'armée les suivit et les assiégea. Après s'être battus plusieurs jours, les comtes de Toulouse et de Foix s'assemblèrent enfin et traitèrent de la paix. Les assiégés sortirent avec leurs chevaux et leurs armes, et abandonnèrent le château et le peuple : l'hiver était déjà si rigoureux qu'il était dangereux à l'armée de le passer en cet endroit.

L'an du Seigneur 1241, mourut Roger Bernard, comte de Foix. Son fils, Roger, lui succéda dans le comté. La même année, à la fête de l'apôtre saint André, Bernard, comte de Comminges, mourut subitement à table, au milieu de son dîner, à Lantar, dans le diocèse de Toulouse.

L'an du Seigneur 1242, au mois d'avril, Raimond, comte de Toulouse, le comte de la Marche et le roi d'Angleterre conclurent des alliances et des traités pour faire la guerre à Louis, roi de France, avec plusieurs autres qui consentirent à entrer dans la ligue, afin qu'assailli d'un grand nombre de côtés, il pût moins suffire à sa défense. C'est pourquoi le comte de Toulouse tint un conseil secret avec ses grands, parmi lesquels le principal était le comte de Foix, qui l'engagea à cette démarche, promettant qu'il l'aiderait à faire la guerre au roi ; il lui en prêta serment, et lui en donna acte par écrit. Se joignirent au comte de Toulouse Amaury, vicomte de Narbonne, Raimond Gaucelin, seigneur de Lunel, Pons d'Olargues, et quelques autres du diocèse de Béziers. Les citoyens d'Albi, le vicomte de Lautrec et d'autres feignirent d'embrasser son parti, jusqu'à ce qu'ils le vissent irrévocablement engagé. L'évêque de Toulouse, prévoyant le danger et la ruine du comte, et de bien des gens avec lui, s'efforça, du consentement de ce même comte, de rétablir la paix avec le seigneur roi de France. Mais il se trouva que le comte de Foix, malgré la promesse qu'il avait faite au comte sur le conseil qu'il lui demandait, traita sans lui avec le seigneur roi. Dans ce traité, pour embrasser le parti du roi contre le comte, il obtint que lui et ses successeurs et toute la terre qu'il tenait en commande dudit comte de Toulouse seraient à perpétuité exempts de la domination du comte. Il déclara la guerre au comte, en attaquant le château de Penne, dans l'Agénois. Pendant ce temps, l'évêque de Toulouse, avec le seigneur roi qui attaquait alors la terre du comte de la Marche, trouva le chemin de la paix entre le roi et le comte de Toulouse. C'est pourquoi le roi ne tarda pas d'envoyer de Cahors vers le pays de Toulouse une armée suffisante. Après quoi il fit partir d'un autre côté le vénérable père seigneur Hugues, évêque de Clermont, et le noble Humbert de Beaujeu, avec une grande multitude de guerriers. Le comte de Toulouse, de son côté, et l'évêque de Clermont et le seigneur Humbert de Beaujeu de l'autre, avec ceux qui avaient été envoyés plus récemment par le roi, s'étant rassemblés à Alzonne, dans le diocèse de Carcassonne, pour traiter de la paix, on fixa le jour auquel on devait paraître en présence du roi, et on indiqua pour le lieu Lorris[1], dans le Gatinois, où, avec le secours de Dieu, la paix fut rétablie.

L'an du Seigneur 1242, le 29ᵉ jour de mai, la nuit de l'Ascension du Seigneur, le frère Guillaume Arnauld, homme sage, dévot, fidèle et très-doux, inquisiteur des hérétiques, avec deux frères, ses compagnons, de l'Ordre des Prêcheurs, Raimond *l'Écrivain*, ar-

---

[1] Le texte porte *Tornacum*, sans doute par erreur.

chidiacre de Lézat, de l'église de Toulouse, le prieur d'Avignonnet, moine de Cluse, Pierre Arnauld, secrétaire d'inquisition, et trois autres, poursuivant à Avignon, dans le diocèse de Toulouse, l'affaire de la foi contre les hérétiques, furent tués pour la foi dans la cour du comte par les ennemis et croyans hérétiques, comme ils chantaient le *Te Deum;* ce meurtre fut commis par l'ordre d'un bailli de ce comte, qui les y avait conduits. L'atrocité de cette action éloigna plusieurs chevaliers de la guerre dans laquelle ils avaient conspiré contre le roi avec le comte de Toulouse.

La même année, du Seigneur 1242, Louis, roi de France, vint en Aquitaine contre le comte de la Marche et d'Angoulême. Après bien des combats et des siéges, le comte de la Marche vint, avec la reine sa femme et ses fils, se jeter aux pieds du roi, et assura au comte de Poitou, Alphonse, frère du roi, les hommages des seigneurs de Pont, de Rancogne, du comté d'Angers, de la Roche et de Lusignan. Le roi d'Angleterre, couvert de honte et abandonné par les barons d'Aquitaine, s'enfuit de la Saintonge à Bordeaux, et retourna dans son pays. Dans le même temps les Tartares ravagèrent la Pologne et la Hongrie.

L'an du Seigneur 1243, au printemps, Raimond, comte de Toulouse, se rendit au Siége apostolique, et resta un an ou environ auprès de l'empereur et à la cour; il obtint la restitution du pays Venaissin. Dans le même temps, le seigneur Raimond, évêque de Toulouse, alla à la cour, où il était appelé. L'an du Seigneur 1243, le pape Innocent vint à Lyon, en France.

L'an du Seigneur 1244, avant la Nativité du Seigneur, le roi de France, Louis, ayant été malade jusqu'à la mort, prit la croix d'outre mer.

L'an du Seigneur 1245, à la fête de saint Jean-Baptiste, le pape Innocent tint un concile à Lyon avec ses cardinaux et ses prélats d'au-delà des Alpes et les autres des royaumes de France et d'Espagne; il prononça définitivement la sentence de déposition de l'empereur Frédéric, le 26 juillet. Y assistèrent Baudouin, empereur de Constantinople, et les comtes de Toulouse et de Provence, qui y traitèrent, en présence du pape, d'un mariage entre le comte de Toulouse et Béatrix, dernière fille du comte de Provence, le pape devant accorder une dispense à cause de l'obstacle de la parenté. Étant retournés dans leurs terres, en peu de jours Raimond Bérenger, comte de Provence, mourut sans que ce mariage eût été achevé. Le souverain pontife ne donna pas son consentement, en étant empêché par Marguerite, reine de France, Sancie, reine d'Allemagne, et Éléonore, reine d'Angleterre, sœurs de la jeune fille, qui envoyèrent au pape des messagers pour lui dire de ne point accorder de dispense. Le comte de Savoie, oncle de la jeune fille, et les barons de Provence s'occupaient secrètement et activement de la faire épouser à Charles, frère de saint Louis, roi de France, qui fut dans la suite roi de Sicile; et ce mariage eut lieu en effet, ladite année du Seigneur.

L'an du Seigneur 1247, Raimond, comte de Toulouse, partit pour la France, et prit la croix; lorsqu'il fut de retour en sa terre, un grand nombre de barons, de chevaliers et d'habitans des villes et des bourgs prirent aussi la croix avec lui; et il se mit en mer avec un grand appareil. Cependant le comte s'occupait continuellement, autant qu'il pouvait, de ne pas laisser sans sépulture, en s'embarquant, le corps de son père, dont nous avons déjà parlé. Après avoir eu des juges du Siége apostolique, pour rechercher les signes de pénitence qu'il disait que son père avait eus ou reçus pendant son agonie, il envoya une lettre au roi de France, pour qu'il daignât supplier le pape à ce sujet, et un messager à celui-ci; mais il n'obtint absolument rien. Ainsi le comte de Toulouse, par on ne sait quelle faute, ne put obtenir de se marier comme il voulait, ni d'ensevelir son père.

L'an du Seigneur 1248, le roi de France Louis, déclaré saint dans la suite, avec ses deux frères, Robert, comte d'Artois, et Charles, comte d'Anjou, et leurs femmes, et une armée innombrable, vint, pour se mettre en mer, à Lyon, où était alors le pape Innocent avec sa cour.

L'an du Seigneur 1249, au printemps, le roi se mit en marche avec son armée; arrivé à Damiette, il trouva les bords du Nil remplis d'une multitude de Sarrasins qui s'opposaient à son débarquement; mais repoussés par les balistes, et fuyant vers la ville, ils laissèrent les rivages libres, et, par le secours de Dieu, furent saisis d'une si grande terreur, qu'ils abandonnèrent la ville, extrêmement fortifiée et pleine de vivres. La première fois que les guerriers vinrent du camp vers Damiette, ils s'étonnèrent de ne pas trouver, comme ils l'avaient craint, du monde pour la défendre. Le roi et toute l'armée les ayant suivis, entrèrent dans la ville, qu'ils gardèrent pendant tout l'été et l'hiver suivant.

L'an du Seigneur 1249, le 27 septembre, Raimond, dernier comte de Toulouse, qui l'année précédente s'était disposé à passer la mer, revint de Marseille sur ses pas. Attaqué de la fièvre à Milhau, il reçut les sacremens ecclésiastiques, et termina son dernier jour. Son corps fut transporté au monastère de Fontevrault, où il fut enseveli auprès de la dame Jeanne, sa mère, fille du feu roi d'Angleterre.

L'an du Seigneur 1250, le roi de France Louis marcha contre le soudan de Babylone en côtoyant le Nil. Son arrivée fut si terrible pour les Sarrasins, qu'ils n'osèrent se mesurer avec lui dans un combat; mais ils barricadaient comme ils pouvaient les chemins et les passages, afin qu'il ne pût arriver jusqu'à eux. Alors Robert, frère du roi, ayant fait une attaque qui lui réussit, pensa que, poursuivant de cette manière, la fin répondrait au commencement; et, méprisant le conseil des Templiers, il s'avança plus loin, et s'empara d'une ville nommée Massoure. Comme les Chrétiens ne se tenaient pas sur leurs gardes, les Sarrasins les assaillirent en foule et en tuèrent un grand nombre, parmi lesquels fut Robert, comte d'Artois, dont on ne trouva pas le corps. Une grande maladie s'éleva dans l'armée des Chrétiens, qui souffrirent d'une douleur de mâchoire et de dents, et d'une enflure dans les jambes. Ils mouraient en peu de jours, et on suffisait à peine à ensevelir les morts; c'est pourquoi il fallait, pour les gardes de la nuit et du jour, que les cuisiniers et autres serviteurs qui s'étaient habitués à monter à cheval, prissent les armes et les chevaux de leurs maîtres malades; forcés par cette nécescité, ils furent contraints d'abandonner les remparts. Instruits de ces circonstances, les Sarrasins poursuivirent le roi; et l'ayant enfermé dans un certain lieu avec ses deux frères, Alphonse, comte de Poitou, et Charles, comte d'Anjou, ils les firent prisonniers, poursuivirent les autres, et en tuèrent beaucoup dans la poursuite. Que la faiblesse humaine ne tente pas de pénétrer par quel jugement de Dieu cette calamité arriva, mais que, soit lorsqu'il frappe dans sa colère, soit lorsqu'il guérit, elle reconnaisse sa miséricorde. Ayant ensuite conclu un traité avec le soudan, le roi fut délivré, ainsi que l'armée, moyennant une grosse somme d'argent, et la restitution de Damiette aux Sarrasins. Le soudan, qui se réjouissait d'avoir vaincu les Chrétiens, fut assassiné par ses propres vassaux, à cause de cet argent. Ensuite les Sarrasins démolirent Damiette, dans la crainte qu'elle ne tombât une troisième fois entre les mains des Chrétiens. Le roi retournant à la ville d'Acre, demeura près de trois ans dans ce pays, fortifia beaucoup d'endroits, et délivra un grand nombre de prisonniers. Dans le même temps que le roi Louis était retenu captif, un grand nombre de jeunes bergers et d'enfans dans le royaume de France prirent tout-à-coup la croix, mais ils se dissipèrent en peu de temps comme une fumée. L'an du Seigneur 1250, à la fête de sainte Luce, mourut Frédéric, déposé depuis long-temps. Après sa déposition de l'Empire, il assiégeait avec une forte troupe Parme, qui de toutes les villes de la Lombardie était celle qui lui était le plus contraire; il fut honteusement vaincu par le légat du seigneur pape et les habitans de Parme. Ayant perdu ses trésors et ses autres biens, il retourna dans la Pouille, où il fut attaqué d'une grave maladie. Mainfroi, son fils naturel et non légitime, ambitionnait la possession du royaume de Sicile et les trésors de Frédéric; craignant que le malade ne revînt à la santé, de complicité avec le secrétaire de l'empereur, il l'étouffa en lui mettant un coussin sur la figure. Ce Frédéric, auparavant, avait amené prisonnier dans la Pouille, et suffoqué dans la puanteur d'un cachot son propre fils Henri, roi d'Allemagne, et accusé près de lui de rébellion. Frédéric mourut ainsi sans sacrement et sans pénitence, dans les liens de l'excommunication et de l'anathème.

L'an du Seigneur 1251, le pape Innocent revint en Italie, de Lyon, où il avait passé près de sept ans. La noble dame Blanche, reine de France, mère de Louis, mourut cette année. Il s'éleva des troubles dans l'université entre le pouvoir ecclésiastique et les étudians en théologie : ce fut Guillaume de Saint-Amour qui excita ces maux.

L'an du Seigneur 1251, le 23 mai, Alphonse, frère du roi de France Louis, comte de Poitou et de Toulouse, et Jeanne sa femme, fille de Raimond, comte de Toulouse, entrèrent dans cette ville, et prirent possession du comté et de toute la terre du comte Raimond. La même année, du Seigneur 1251, Conrad, fils de feu Frédéric, vint par mer dans la Pouille à la mort de son père pour prendre possession du royaume de Sicile; et ayant pris Naples, il en fit détruire les murs de fond en comble;

mais comme l'année d'après son entrée dans la Pouille il tomba malade, un clystère que les médecins jugeaient devoir lui rendre la santé ayant été mêlé de poison, lui donna la mort.

L'an du Seigneur 1252, dans le mois d'avril, le samedi, à l'aube du jour, le frère Pierre de Vérone, envoyé par le Siége apostolique comme inquisiteur des hérétiques, fut tué, à cause de sa piété, dans le territoire de Milan. Il mourut vierge, docteur et martyr, ceint d'une triple couronne.

L'an du Seigneur 1254, au mois de juillet, le très-chrétien Louis, roi de France, revint du pays d'outre mer. Il protègea les religieux comme leur père, rétablit la paix dans son royaume, fit un grand nombre d'aumônes, et porta des édits salutaires, s'attachant à faire disparaître de son royaume le jeu des dés, les blasphèmes des jureurs, les femmes débauchées des villes, les usures des Juifs et la corruption par argent des juges et des baillis. Le pape Innocent IV mourut à Naples, le jour de la fête de sainte Luce, l'an du Seigneur 1254.

L'an du Seigneur 1258, le 6 du mois de septembre, on chercha le très-saint corps du bienheureux martyr Saturnin, pontife du siége de Toulouse, dans le monastère de cette ville, où, Dieu aidant, il avait brillé par un très-grand nombre de miracles.

L'an du Seigneur 1259, Constantinople, prise autrefois par les Français et les Vénitiens, fut recouvrée à main armée dans un combat par Paléologue, empereur des Grecs.

L'an du Seigneur 1263, Urbain conféra, sous certaines conventions, à l'illustre Charles, comte de Provence et d'Anjou et frère du roi de France Louis, le royaume de Sicile, dont Mainfroi s'était emparé par la violence.

L'an du Seigneur 1264, le comte Simon de Montfort et les barons anglais de la ville de Londres et de plusieurs autres villes se révoltèrent contre Henri, roi d'Angleterre, et sa femme, et contre Édouard, leur premier né. Les habitans de Londres chassèrent de leur ville Éléonore, reine d'Angleterre, et s'emparèrent du roi, de Richard son frère, roi d'Allemagne, et de beaucoup d'autres; et il se fit dans ce royaume de grands massacres. Le pape Urbain, tant qu'il vécut, mit tous ses soins et tout son zèle à empêcher que la race bâtarde de Mainfroi ne prît de solides racines, à la détruire même entièrement, et s'attacha à élever contre son ennemi ledit Mainfroi, qui se glorifiait dans sa méchanceté, un adversaire capable de le réprimer. Il invita et exhorta l'illustre Charles, comte d'Anjou et de Provence, à s'élever, selon la coutume de ses ancêtres, de la race bénite desquels il descendait, contre l'ennemi de l'Église, patron et refuge de tous les infidèles et méchans qui voulaient lui enlever des cités et des villes. Mais il parut, l'an du Seigneur 1264, vers le milieu de juillet, une comète présageant une révolution et une série de maux, qui devait être suivie de biens. Elle se fit voir à l'occident au commencement de la nuit, et après quelques jours apparut vers la fin des nuits à l'orient, étendant vers l'occident de nombreux rayons : sa course dura jusqu'à la fin de septembre.

L'an du Seigneur 1264, après l'apparition de la planète, mourut le pape Urbain IV. La discorde s'éleva entre Henri, roi d'Angleterre, et la plus grande partie de ses barons, parmi lesquels un des principaux était Simon de Montfort, comte de Leicester, beau-frère du roi, homme brave, prudent et guerrier. Elle était occasionée par le roi, qui enfreignait et ne suivait aucunement les statuts, coutumes et autres réglemens qu'on observait depuis long-temps pour le bien du royaume. C'est pourquoi on courut aux armes; et le combat engagé, le parti du roi succomba. Son frère Richard, roi d'Allemagne, et Édouard, son fils aîné, furent faits prisonniers.

L'an du Seigneur 1265, Édouard, fils aîné du roi d'Angleterre, gardé sans être renfermé, étant à se promener au dehors avec les gardes, monta sur un cheval qu'on lui avait préparé, et dont la vitesse lui donna le moyen d'échapper à sa captivité. Ce fut ainsi qu'il parvint à s'enfuir, en rompant son serment et la parole qu'il avait donnée à Simon de Montfort, comte de Leicester. Quelques jours après il fit la guerre à ce comte et aux autres barons, et dans le combat tua ce Simon, qui l'avait fait prisonnier, avec son fils Henri, brave chevalier, et plusieurs autres. On rapporte que Dieu opéra des miracles pour ledit comte Simon.

L'an du Seigneur 1265, Jacques, roi d'Aragon, assiégea et prit Murcie, ville des Sarrasins, autrefois tributaire du roi de Castille. La même année, l'illustre roi de France prit pour la sixième fois la croix contre les Sarrasins, et autant firent un grand nombre de princes, de peuples et de chevaliers. La même année, le 7 octobre, on trouva dans l'église de Saint-Saturnin à Toulouse, auprès du tombeau de cet évêque martyr, quatre sépulcres de saints, ceux de saint Silvain, de saint Hilaire, d'Honoré et de saint Papoul, martyr. La même année, Mainfroi fut tué par Charles : ce qui donna lieu à ces vers :

« Charles, champion du Christ, a dompté Mainfroi, « ainsi que l'avait d'avance présagé la comète. Vic-« torieux, il a de plus abattu, près de Bénévent, qua-« tre mille combattans, et a relevé l'Église. Cette vic-« toire a été remportée l'an du Christ douze cent « soixante-cinq ; la guerre finit à la fin du troisième « jour de février. »

Après avoir remporté cette victoire, il s'empara de la ville de Bénévent sans trouver aucun obstacle.

L'an du Seigneur 1266, au mois d'août, une innombrable multitude de Sarrasins passant la mer, vinrent d'Afrique en Espagne, où s'étant réunis, ils firent souffrir beaucoup de maux aux Chrétiens, s'efforçant de recouvrer ce pays, qu'ils avaient perdu autrefois. Mais les Chrétiens de ce pays, aidés du secours des croisés de diverses parties du monde, triomphèrent des Sarrasins, non sans l'effusion de beaucoup de sang chrétien.

L'an du Seigneur 1267, le soudan de Babylone, après avoir ravagé l'Arménie, s'empara d'Antioche, une des plus fameuses villes du monde ; et ayant tué et pris les hommes et les femmes, il la changea en un désert. Selon le jugement de Dieu, et pour que toute racine d'amertume fût coupée, Henri, frère du roi de Castille, ayant été élu dans ce temps sénateur par les Romains, Conradin, fils de Conrad, fils de feu Frédéric, à la persuasion de ses compagnons d'armes, sortit secrètement de l'Allemagne, sans qu'on soupçonnât sa fuite, dans l'espoir qu'à son approche tout le pays se soulèverait, et que le peuple viendrait à lui. Étant venu à Rome, il fut reçu avec honneur par le sénateur et une foule de grands. Ayant reçu les sermens du sénateur et d'une grande multitude de Romains, il se mit en marche pour entrer dans le royaume de Sicile, et attaquer Charles, roi de ce pays, sans faire beaucoup de compte de l'excommunication du souverain pontife. Comme plusieurs désespéraient des affaires des partisans du roi Charles, à cause de la nombreuse armée de Conradin et de la révolte de presque tout le royaume de Sicile, le seigneur pape Clément, dont le cœur était rempli de confiance en Dieu, comme s'il en eût reçu parole du Seigneur, prédit dans un discours public que la force de Conradin s'évanouirait ainsi qu'une fumée, et qu'il entrerait dans la Pouille comme une victime. L'événement prouva bientôt la vérité de cette prédiction. Les troupes s'étant rangées dans la plaine de Saint-Valentin, des deux côtés on se précipite, et un combat meurtrier s'engage : mais par le secours d'en-haut, la race des méchans prit la fuite; et, échappés du combat par la vitesse de leurs chevaux, Conradin et beaucoup d'autres grands se dispersèrent dans des lieux écartés, et ne purent si bien se cacher que, le Seigneur livrant ces impies, ils ne fussent amenés prisonniers au roi. Il se fit là un plus grand carnage des ennemis de l'Église qu'au combat de Bénévent.

Ce combat avec Conradin eut lieu après celui de Mainfroi, la veille de la fête de l'apôtre saint Barthélemi, l'an du Seigneur 1268. D'après la sentence des juges, le roi Charles fit trancher la tête à Conradin, au duc d'Autriche et à d'autres, leurs complices. Ainsi l'expédition de Conradin s'évanouit comme une fumée, et le pays ne s'émut point à son approche. Ainsi le pays fut changé par la main du Très-Haut, en sorte qu'on courut s'enrichir là où les infidèles avaient coutume de se réfugier pour couver leur méchanceté. Le pape Clément IV mourut à Viterbe, la veille de la fête de l'apôtre saint Barthélemi, l'an du Seigneur 1268.

L'an du Seigneur 1269, le 27 juillet, les infidèles de Lucera s'étant révoltés contre le roi Charles, après avoir causé et souffert bien des calamités, vinrent se prosterner aux pieds du roi, demandant seulement la vie, qu'ils obtinrent de sa clémence. Ils se présentèrent la corde au cou avec tous les signes de la servitude et de la soumission. Le roi Charles les reçut pour esclaves et prit leur château, leur ville et tous leurs biens pour en faire à sa volonté. Ils lui remirent prisonniers les traîtres et perfides Chrétiens qui avaient pris part à leur révolte, afin qu'ils subissent la peine qu'ils méritaient.

La même année du Seigneur 1269, Jacques, roi d'Aragon, avec un appareil royal et une multitude de guerriers, se mit en mer pour aller au secours de la Terre-Sainte, et s'en retourna après avoir envoyé en avant une partie des siens. Il fut, dit-on, déterminé à ce retour par le conseil d'une femme qu'en effet le Seigneur repoussait de son holocauste. Ainsi fit Jupiter qui, si ce qu'on publie est véritable, est vu dans un tableau quittant le ciel pour suivre une génisse.

L'an du Seigneur 1270, l'illustre roi de France Louis, que n'effrayaient point les fatigues passées et les dépenses qu'il avait faites autrefois dans le pays d'outre mer ; et ses enfans, Philippe, Jean, comte de Nevers, et Pierre de Lanson, ainsi que le seigneur Alphonse, frère du roi, comte de Poitiers et de Toulouse; les comtes d'Artois et de Bretagne, et plusieurs autres comtes et barons; Thibaut, roi de Navarre et gendre du roi, et plusieurs autres, vinrent vers la mer à Aigues-Mortes, et ils décidèrent que les forces des Chrétiens iraient soumettre d'abord le royaume de Tunis qui, situé au milieu de la route, était un grand obstacle aux navigateurs. Dans le même mois, vers la fête de sainte Marie-Madeleine, les Sarrasins ayant été repoussés, et défendant le débarquement, les croisés s'approchèrent du port de Carthage, auprès de Tunis, et des guerriers étant montés à l'assaut, s'emparèrent en un instant de cette ville, et campèrent aux environs de Tunis. Une nombreuse multitude de Sarrasins accourut, et campa hors des murailles; de fréquentes attaques s'engagèrent entre les deux partis. L'armée étant restée plus d'un mois dans ce lieu, par le jugement secret de Dieu, une grande maladie attaqua les Chrétiens, et enleva d'abord de la terre un des fils du roi, Jean, comte de Nevers, et le seigneur Raoul, légat du seigneur pape. Ensuite le serviteur béni de Dieu, Louis, roi de France, fut enlevé de ce monde la veille de la fête de saint Barthélemi. On trouve cependant dans quelques chroniques et dans les lettres de sa canonisation qu'il mourut le lendemain de cette fête. Son corps fut transporté en France. Les faits et gestes de ce roi, qui fut ensuite canonisé et déclaré saint par l'Église, rapportent amplement avec quelle dévotion et quelle félicité il passa de ce monde vers Dieu notre père. A peine était-il mort, que

Charles, son frère, roi de Sicile, arriva à l'armée avec beaucoup de troupes : saint Louis, quand il vivait encore, lui avait mandé de venir; et son arrivée répandit une grande joie parmi les Chrétiens, et une grande tristesse parmi les Sarrasins. L'armée demeura en ce lieu jusqu'à la fin de novembre, et le roi délibéra avec les princes sur ce qu'il y avait à faire pour le moment. Quoique la ville parût sur le point d'être prise par un assaut, ce qui ne se pouvait sans de grands dangers, on délibérait sur ce qu'on ferait après; car si on la gardait, il ne faut pas moins de force pour conserver ses conquêtes que pour conquérir, et l'armée ne pouvait demeurer en ce lieu ; et d'où tirerait-on des vivres, s'ils venaient à manquer, l'hiver, dit-on, ne permettant pas la navigation? s'ils y laissaient une garnison, elle serait harcelée par les Sarrasins indigènes, et les nouveaux dangers pouvaient être plus grands que les premiers. Si on ne gardait pas, mais si on détruisait la ville, le temps qu'on mettrait à la démolir deviendrait un nouveau péril; puis dans l'hiver, l'armée ne pourrait plus se retirer par mer. Ils résolurent donc plus sagement d'exiger des barbares une somme d'or qui les dédommageât de leurs dépenses, de faire le roi de Tunis tributaire du roi de Sicile, et de s'arrêter aussi à quelques autres conventions et conditions parmi lesquelles voici les principales : que tous les Chrétiens prisonniers dans le royaume seraient renvoyés libres; qu'on construirait en l'honneur du Christ des monastères dans toutes les villes du royaume; que la foi du Christ serait librement prêchée par les frères Prêcheurs et Mineurs, et autres quelconques, et que ceux qui vou draient se faire baptiser le pourraient librement. Il y eut aussi beaucoup d'autres conventions qu'il serait trop long de rapporter. Édouard, roi d'Angleterre et des Frisons, était arrivé avec une très-grande multitude d'autres pélerins. Ainsi, après avoir fait une trève, l'armée des Chrétiens se retira et retourna en Sicile à Trapani. Les vaisseaux étant arrivés à ce port, essuyèrent une grande perte, car la violence des vents en brisa plusieurs, et un grand nombre furent submergés. Au retour mourut Thibaut, roi de Navarre, qui était parti malade de l'Afrique; ensuite Isabelle, sa femme, fille du roi saint Louis, et une autre Isabelle, femme du nouveau roi de France, Philippe. Quittant la Sicile, Philippe, nouveau roi de France, Charles, roi de Sicile, son oncle, et Henri, fils de Richard, roi d'Allemagne, frère de feu Henri, roi d'Angleterre, avec beaucoup de nobles et de grands, vinrent à Viterbe; où, dans le carême suivant, ledit Henri, fils de Richard, roi d'Allemagne, qui était aussi comte de Cornouailles, fut tué dans l'église de Viterbe par les fils de feu Simon de Montfort, comte de Leicester, pour venger leur père, qui, comme nous l'avons dit, avait été auparavant pris et tué par Édouard, fils aîné du roi d'Angleterre.

L'an du Seigneur 1270, le 23 octobre[1], mourut le seigneur frère Raimond, évêque de Toulouse, la trente-troisième année de son épiscopat.

L'an suivant, du Seigneur 1271, Alphonse, frère du feu roi saint Louis, comte de Poitiers et de Toulouse, et sa femme, la dame Jeanne, fille de feu le

---

[1] Le 19 octobre 1270.

seigneur Raimond, dernier comte de Toulouse, moururent sans enfans à Savone, cité maritime, à peu de jours de distance l'un de l'autre. Si l'on avait encore quelque espoir de voir naître un héritier de la comté de Toulouse, il fut alors entièrement enlevé, et cette race parut tout-à-fait détruite et anéantie. Tous les droits et la seigneurie du comté revinrent aux mains de l'illustre roi de France, à qui elle était directement dévolue.

L'an du Seigneur 1271, Philippe, fils du roi saint Louis, revenu en France du camp de Tunis, fut oint et couronné à Rheims par l'évêque de Soissons, au milieu de l'allégresse de tout son peuple.

L'an du Seigneur 1274, au mois de mai, le pape Grégoire, dans la dixième année de son pontificat, convoqua à Lyon un concile général, dans lequel il établit beaucoup de bons réglemens pour le secours de la Terre-Sainte, qu'il avait intention de visiter aussi lui-même. Le nombre des prélats qui y assistèrent fut de cinq cents évêques mitrés, de soixante-dix abbés, et d'environ mille autres prélats.

L'an du Seigneur 1275, mourut ce même Grégoire, et on rapporte qu'il brille d'un grand nombre de miracles.

L'an du Seigneur 1281, la veille de l'Ascension du Seigneur, le dix-neuvième jour de mai, une partie du vieux pont de Toulouse s'écroula au moment que la procession venait de passer l'eau avec la croix, selon la coutume; deux cents personnes, de l'un et l'autre sexe, parmi lesquelles étaient quinze clercs, personnages notables et honorables, furent précipitées dans la chute du pont, et submergées dans la Garonne.

La même année, Pierre, roi d'Aragon, fit de nombreux préparatifs, qui donnèrent, avec raison, au pape Martin et à Charles, roi de Sicile, des soupçons que dans la suite l'événement prouva fondés.

L'an du Seigneur 1281, les habitans de Palerme, dans le royaume de Sicile, saisis de rage, massacrèrent, au mépris du roi Charles, tous les Français qui y demeuraient, hommes, femmes, vieillards et enfans, tous également; et, action exécrable, ouvrant le sein de celles de leurs femmes qu'on disait enceintes des Français, ils tuaient leur fruit avant qu'il fût né. Ensuite toute la Sicile, se révoltant contre son roi Charles, appela Pierre d'Aragon pour son défenseur et son seigneur.

L'an du Seigneur 1282, Charles, roi de Sicile, et Pierre, roi d'Aragon, convinrent ensemble d'un combat singulier et d'un duel. Les deux rois devaient, avec cent chevaliers de leur choix, se rendre dans la plaine de Bordeaux, au 1er de juin, l'an du Seigneur 1283, préparés à se livrer combat cent contre cent. Celui qui serait vaincu devait être à jamais couvert d'infamie, privé de tout honneur et du nom de roi, et marcher seul désormais, suivi d'un seul serviteur; celui qui ne viendrait pas au jour et au lieu fixés, tout prêt à combattre, encourrait les mêmes peines, et de plus, le titre de parjure. Le roi Charles vint, comme il convenait, au jour et au lieu fixés avec sa noble troupe; un grand nombre de gens l'accompagnaient avec le légat du Siége apostolique, et Philippe, roi de France, neveu de Charles; mais Pierre d'Aragon, d'après une résolution secrète, ne s'y rendit point selon sa promesse.

L'an du Seigneur 1283, Charles, fils dudit roi

Charles, fut pris sur mer près de Naples. La même année, Charles, roi de Sicile, partant pour la Pouille avec une grande armée, tomba malade en ce pays et mourut, le jour de l'Epiphanie, la vingt-septième année de son règne. C'était un prince d'une grande bravoure et d'un grand cœur.

L'an du Seigneur 1285, dans le temps où les rois ont coutume de marcher à la guerre, Philippe, roi de France, avec son fils aîné Philippe, le roi de Navarre et son fils Charles, alors nommé roi d'Aragon, et le seigneur Jean Chanlet, cardinal légat, rassemblèrent une armée; et la croix fut prêchée dans tout le royaume de France, et une indulgence plénière de tous les péchés accordée par le pape aux croisés; puis le roi de France marcha contre Pierre d'Aragon pour s'emparer de son royaume; il passa par Toulouse, Carcassonne, Perpignan et les monts Pyrénées, arriva à Gironne, l'assiégea et la prit, durant l'été. Comme le roi voulait s'avancer plus loin vers Barcelonne, il en fut empêché par une cruelle épidémie qui s'éleva dans son armée. Sur ces entrefaites, une partie de l'armée du roi de France alla à la rencontre de Pierre d'Aragon, qui, évitant toujours le combat en rase campagne, harcelait les Français sur les côtés par des embuscades. Pendant qu'on combattait ainsi de part et d'autre, Pierre fut blessé à un combat dans une ville, et mourut peu de jours après dans son lit, à la suite de cette blessure. Le roi de France, voyant son armée affligée d'une si grande maladie, s'en retourna avec ses sujets, et étant tombé malade dans la route, mourut à Perpignan, le dimanche d'avant la fête de saint Michel, l'an du Seigneur 1285.

Son corps fut transporté à Paris, et enterré à Saint-Denis : son cœur, comme il l'avait lui-même ordonné, fut conservé dans l'église des Prêcheurs.

L'an du Seigneur 1291, les Sarrasins s'emparèrent de la ville d'Acre, et y prirent et tuèrent plus de trente mille personnes de l'un et l'autre sexe : la cause de la ruine de cette ville fut, dit-on, le trop grand nombre de seigneurs et la diversité des nations qu'elle renfermait, et qui agissaient en sens contraire les uns des autres. On rapporte encore une autre cause : le pape Nicolas ayant fait prêcher une croisade, quelques chevaliers insolens se mirent en mer, et étant venus à Acre, insultèrent les Sarrasins qui venaient dans cette ville avec des marchandises. C'est pourquoi le soudan provoqué marcha contre Acre avec une grande armée, la prit d'assaut, la détruisit, et chassa du pays tous les Chrétiens.

L'an du Seigneur 1294, il s'éleva une dissension et une guerre entre Philippe, roi de France, et Edouard, roi d'Angleterre, principalement dans la Gascogne, où il périt un grand nombre d'hommes. Boniface VIII, né à Anagni, dans la Campanie, fut élu pape dans la ville de Naples, à la fête de sainte Luce, l'an du Seigneur 1294, du vivant même de Célestin son prédécesseur: il siégea huit ans et neuf mois. Il commença, par de singuliers moyens, à étendre la puissance et la grandeur des papes. Célestin, son prédécesseur, opéra des miracles pendant sa vie et après sa mort. Boniface fit aussi beaucoup de miracles dans sa vie ; mais la fin de sa vie démentit merveilleusement ses premières merveilles.

L'an du Seigneur 1296, ce même Boniface établit et érigea en nouvelle cité la ville de Pamiers.

L'an du Seigneur 1298, ce même Boniface réconcilia à lui et à l'Église le roi d'Aragon, révoqua sa sentence d'excommunication, lui restitua le royaume d'Aragon et lui accorda celui de Sardaigne. L'an du Seigneur 1298, sous le pontificat du pape Boniface, le premier dimanche de l'Avent, à la fête de saint André apôtre, il éclata à Rieti, où se trouvait alors le pape Boniface avec sa cour, et dans les environs, un tremblement de terre si violent qu'aucun homme vivant n'en avait vu auparavant de semblable : il renversa en plusieurs endroits un grand nombre d'édifices, fit périr beaucoup de personnes, et dura, non pas continuellement, mais à diverses reprises, plusieurs jours et plusieurs nuits. Le pape, les cardinaux et toute la cour furent saisis d'une frayeur extrême : le pape se réfugia dans le cloître des frères Prêcheurs, à Rieti, situé dans un lieu plus élevé et plus solide; des hommes s'enfuirent durant la nuit dans les champs, dans la crainte que les édifices ne croulassent sur eux : les hommes et les bêtes de somme tombaient çà et là, lorsque la terre tremblait, ébranlée par des secousses inaccoutumées.

L'an du Seigneur 1300, le pape Boniface accorda une indulgence plénière de leurs péchés à ceux qui visiteraient les temples des apôtres Pierre et Paul, à Rome, et qui y feraient une quinzaine dans l'année; il régla, pour l'avenir, que cette indulgence aurait lieu tout les cent ans, pour ceux qui visiteraient la sainte église.

L'an du Seigneur 1301, apparut en automne, dans le signe du scorpion, du côté de l'occident, une comète qui envoyait ses rayons tantôt à l'orient, tantôt à l'occident; elle dura un mois. La même année, le pape Boniface, à qui avaient été faits plusieurs rapports contre le roi de France, irrité contre ce roi, lui envoya des lettres revêtues de sa bulle, pour en perpétuer le souvenir, dans lesquelles il lui mandait que le pape, en qualité de seigneur temporel et spirituel de tout l'univers, voulait qu'il reconnût tenir de lui le royaume de France, et déclarait hérétique quiconque soutiendrait et penserait le contraire. Cette lettre fut brûlée dans le palais du roi, en présence de plusieurs, et on renvoya sans réponse et sans honneurs les messagers qui l'avaient apportée. Le roi fit fermer toutes les routes et issues de son royaume. La même année, le pape excommunia ceux qui empêchaient qu'on se rendît à la cour de Rome.

L'an du Seigneur 1302, au mois de juillet, il s'engagea près de Cambrai une bataille entre les Français, pour le roi de France, et les Flamands qui s'étaient déjà révoltés, et se révoltaient encore contre lui. La fortune favorisa subitement les Flamands, et les Français éprouvèrent un désastre et une perte aussi étonnante que funeste. La fleur de la chevalerie française succomba sur le champ de bataille, non pas tant par le courage des ennemis que par leur ruse, et pour s'être précipitée sur eux sans précautions. Robert, comte d'Artois, Raoul de Nesle, connétable de France, et grand nombre de nobles et barons étant tombés dans des trous et des fossés préparés par leurs ennemis, y trouvèrent la mort; car quand on était tombé dans ces fossés on ne pouvait s'en retirer, et un grand nombre de gens de l'armée française y périrent.

La même année, au commencement de novembre, le pape Boniface tint à Rome un concile qu'il avait annoncé depuis plus d'un an. Il fut composé de prélats de France et de tous les docteurs du royaume, tant docteurs en théologie qu'en droit canon et civil. Et, grâces aux sommes d'argent que lui opposa le roi, les foudres du pape contre ledit roi ne furent suivies d'aucune plaie, car plusieurs grands prélats du royaume quittèrent le parti du pape, occupés seulement de leurs intérêts et s'accommodant au temps.

L'an du Seigneur 1303, le pape Boniface suscita une querelle au roi de France, et l'excommunia indirectement, parce qu'il ne permettait à personne de sortir librement du royaume pour aller à la cour de Rome et d'y apporter de l'argent. C'est pourquoi Boniface, par haine pour le roi et le royaume, confirma dans l'Empire Albert, fils de feu Rodolphe, duc d'Autriche et roi d'Allemagne, dont il avait auparavant refusé de reconnaître l'élection, et lui soumit le royaume de France comme les autres royaumes.

L'an du Seigneur 1303, la veille de la Nativité de la sainte Vierge Marie, au mois de septembre, pendant que Boniface demeurait avec sa cour à Anagni, sa patrie et sa ville natale, se croyant plus en sûreté au milieu de son peuple et de sa nation, il fut trahi et retenu prisonnier par quelques-uns de ses criminels domestiques; ses trésors et ceux de l'Église furent pillés et emportés, non sans grande honte et déshonneur pour l'Église. Les cardinaux, craignant pour eux, l'abandonnèrent et s'enfuirent; à l'exception de deux, le seigneur Pierre, espagnol, évêque, et le seigneur Nicolas, évêque d'Ostie. L'auteur de cette arrestation et de ce crime fut Guillaume de Nogaret, de Saint-Félix, dans le diocèse de Toulouse, de complicité avec les Colonna, à deux desquels le pape avait autrefois retiré le chapeau de cardinal. Ainsi la crainte, le tremblement et la douleur fondirent tout-à-coup en un seul jour sur ce Boniface, qui avait fait terriblement trembler les rois, les pontifes, la plupart des religieux et le peuple; et avide d'or à l'excès, il perdit son or et ses trésors, afin que, par son exemple, les prélats supérieurs apprissent à ne point gouverner le clergé et le peuple avec orgueil, mais à les gouverner plutôt comme un troupeau, avec tous les soins de leur esprit, et à chercher plutôt à se faire aimer que craindre. Trente jours après son arrestation, transporté d'Anagni à Rome, ce pontife, d'un cœur fier, placé sur le lit de douleur et d'amertume, mourut à Rome dans les angoisses de l'esprit, le onzième jour d'octobre. Le jour suivant il fut enseveli dans un tombeau que, jeune encore, il s'était fait préparer dans l'église de Saint-Pierre, l'an du Seigneur 1303, la neuvième année de son pontificat. La même année, le jour de la Naissance du Seigneur, Philippe, roi de France, avec sa femme Jeanne et ses trois fils, Louis l'aîné, Philippe et Charles, alla à Toulouse, où il séjourna un mois, et retourna en France par Carcassonne, Béziers, Montpellier et Nîmes.

L'an du Seigneur 1304, après Pâques, le pape Benoît, s'éloignant de Rome, alla avec sa cour à Pérouse. Il apaisa l'inimitié et la discorde qui s'étaient élevées entre le roi de France, Philippe, et le pape Boniface; et ladite année, la semaine de la Pentecôte, il rendit et accorda au roi, dans son consistoire, à Pérouse, en présence des messagers dudit roi, les droits et priviléges que le pape Boniface, son prédécesseur, lui avait enlevés.

Clément v, né en Gascogne, à Villaudran, dans le diocèse de Bordeaux, de Bérard, chevalier, fut élu pape à Pérouse, la veille de la Pentecôte, l'an du Seigneur 1305. Dans la même année, aux calendes de février, il révoqua deux bulles de Boniface; l'une, adressée au roi de France, et dans laquelle il lui écrivait qu'il était soumis à l'église romaine pour le temporel et le spirituel; l'autre, insérée dans le sixième livre des décrétales, et qui commence par *Clericos*, etc., etc. Il révoqua tout ce qui s'en était suivi.

L'an du Seigneur 1306, à la fête de sainte Marie Madeleine, par arrêt et ordonnance du roi de France, on s'empara de tous les juifs de la France et on confisqua tout ce qu'on put trouver de leurs biens; on les chassa du royaume pour qu'ils n'y revinssent plus. L'an du Seigneur 1306, les Hospitaliers, avec l'armée des Chrétiens, assiégèrent l'île de Rhodes, et la prirent enfin sur les Turcs[1].

L'an du Seigneur 1307, le pape Clément alla avec sa cour de Bordeaux à Poitiers, en grande partie pour traiter et achever la paix entre Philippe, roi de France, et Édouard, roi d'Angleterre. La même année mourut ledit Édouard, homme fameux entre tous par sa vertu. Il eut pour successeur son fils, nommé aussi Édouard, qui, la même année, au mois de février suivant, épousa Isabelle, fille du roi de France. L'an du Seigneur 1307, il arriva un grand événement, un événement merveilleux qu'on doit trans-

[1] En 1310.

mettre par écrit à la postérité. A la fête du saint confesseur Édouard, le 13 d'octobre, par l'ordre du roi et de son conseil, on s'empara subitement des Templiers, sur toute l'étendue du royaume de France, au grand étonnement de tous ceux qui apprirent que l'antique Ordre des Templiers, extrêmement privilégié par l'église romaine, avait été arrêté tout-à-coup en un seul jour, à l'exception de quelques secrétaires et employés de l'Ordre, tous ignorant la cause de cette subite arrestation. Cependant la cause fut mise à découvert avec toute son infamie : on dévoila leurs profanes pratiques de renier le Christ et de cracher sur la croix pour faire outrage au crucifix. Plusieurs d'entre eux, et même des supérieurs, confessèrent les rites abominables, exécrables et infâmes de leurs détestables croyances, que personne n'avait connus jusqu'alors : un grand nombre ne voulurent rien avouer, quoique quelques-uns eussent été mis à la question et à la torture. Enfin le Siége de Rome, à qui le fait paraissait d'abord incroyable et qui avait mal pris cette arrestation, fut mieux informé à Poitiers, où résidait alors cette cour. Quelques Templiers, conduits en présence du pape et de quelques cardinaux, renouvelèrent leurs confessions et reconnurent la vérité de leurs premiers aveux. Après l'audition de ces confessions, il fut ordonné qu'on s'emparât partout des Templiers, et que la vérité fut mise au jour. La même année, au carême suivant, les inquisiteurs de l'Ordre des Prêcheurs, avec l'évêque de Verceil, ayant prêché, dans la Lombardie supérieure, une croisade avec indulgence plénière, rassemblèrent une armée contre Dulcin, chef de l'hérésie dans la Navarre, non pas tant imitateur des anciennes erreurs, qu'auteur d'erreurs nouvelles et de dogmes pervers. Il avait infecté et entraîné un grand nombre de gens, et avait beaucoup de disciples et de sectateurs. Il demeurait avec les siens dans les montagnes de la Navarre. Il arriva qu'à cause de l'excès du froid, ceux qui étaient dans ces montagnes, expirant de faim et de froid, moururent dans leurs erreurs. Les fidèles de l'armée étant venus, prirent Dulcin et avec lui environ cent cinquante personnes. On en trouva plus de quatre cents mortes de faim et de froid, ou tuées par le glaive : on prit, avec Dulcin, Marguerite, moins sorcière qu'hérétique, et qui partageait son crime et son erreur. Cette prise eut lieu dans la semaine sainte, le jour de la sainte Cène, l'an de l'Incarnation du Seigneur 1308. Par un mandement apostolique, on avait prêché auparavant une croisade avec indulgence contre Dulcin, et plusieurs inquisiteurs avaient levé une armée contre lui; mais ils n'avaient pu réussir, parce que ses sectateurs, ses fauteurs et ses défenseurs étaient en trop grande quantité dans la Lombardie. Enfin leur juste exécution fut faite par la cour séculière : Marguerite eut les membres déchirés devant les yeux de Dulcin, qui fut aussi mis en pièces. On brûla en même temps tous leurs os et tous leurs membres. Avec eux furent brûlés quelques autres de leurs complices, ainsi que le méritaient leurs crimes. Cependant la secte perverse de Dulcin ne s'éteignit pas entièrement avec lui.

L'an du Seigneur 1308, Albert, roi d'Allemagne, fut

assassiné par son neveu, fils de son frère : on rapporte que c'est parce qu'il donnait tout à son fils, et s'inquiétait peu de lui. La même année, à la fête de saint Jean, l'église de Saint-Jean de Latran, devant la Porte-Latine, fut brûlée : ce qui occasiona dans la ville de grandes lamentations. La même année, au mois d'août, le pape Clément envoya des lettres apostoliques dans tous les royaumes de la chrétienté, pour faire arrêter partout les Templiers. L'an du Seigneur 1308, à la fête de sainte Catherine, les électeurs du roi d'Allemagne s'assemblèrent à Fribourg, et élurent unanimement Henri, comte de Luxembourg, roi d'Allemagne et des Romains.

L'an du Seigneur 1309, le jour de la sainte Cène, à Avignon, le pape Clément fit une grande procédure contre les Vénitiens, les excommunia, les priva de toute liaison et de tout commerce avec les autres villes, abandonna leurs personnes et leurs biens à tous ceux qui voudraient et pourraient s'en emparer, et ordonna à tous les religieux de sortir de Venise, parce que les Vénitiens s'étaient injustement emparés de Ferrare sur l'Église. Cette ville fut prise et recouvrée au mois d'août, par le légat, le seigneur Arnaud de Pelage, non sans une grande effusion de sang des Ferrarois et des Vénitiens, dans un combat près du Pô. On évalue à cinq mille le nombre de ceux qui furent tués en un seul jour, sans compter ceux qui moururent auparavant et après, en ce lieu ou ailleurs.

L'an du Seigneur 1309, le pape Clément, aux instantes sollicitations du roi de France, et par le conseil public des siens, permit, à ceux qui le voudraient, d'intenter des poursuites à la mémoire du pape Boniface VIII.

L'an du Seigneur 1310, il y eut, pendant presque tout le printemps et l'été, dans les pays de Toulouse, d'Albi et de Carcassonne, de violentes pluies et de grandes inondations; et il s'ensuivit une grande disette de vin et de blé. La cherté des vivres fut telle cette année, dans ce pays, dans presque tout le royaume de France et dans beaucoup d'autres régions, que personne, quelque âgé qu'il fût, ne se souvenait d'en avoir vu ou entendu raconter une pareille; en sorte qu'un quarteau de froment se vendait à Toulouse treize livres de Tours. Ce qu'il y avait de plus malheureux, c'est qu'on ne trouvait pas de blé ni de pain à acheter sur la place publique : les pauvres se nourrissaient d'herbes comme les bêtes, et un grand nombre s'éloignèrent de Toulouse à cause de la disette. L'an du Seigneur 1310, le 15 de mai, cinquante-quatre Templiers furent condamnés, d'après leurs propres aveux, par l'archevêque de Sens et ses suffragans, dans le concile provincial tenu à Paris: comme ils ne se repentaient pas de leurs exécrables pratiques, on les abandonna au bras séculier; le mardi suivant, 10 de mai, ils furent livrés aux flammes et brûlés par les tribunaux séculiers du seigneur roi. Quelques jours après, quatre autres furent également condamnés. Peu après, dans l'espace d'un mois, dans un concile provincial tenu à Senlis, neuf autres Templiers furent condamnés pour la même cause et de la même manière par l'archevêque de Rheims et ses suffragans, et ensuite livrés au bras séculier et brûlés. Ce qu'il y eut d'étonnant, c'est qu'ils rétractèrent tous absolument les aveux qu'ils avaient faits séparément dans le cours de leur procès, sur lesquels ils avaient juré de déclarer la vérité, et ils dirent qu'ils avaient auparavant fait des mensonges et de fausses dépositions, ne donnant d'autre raison de leurs premiers aveux que la violence et la crainte des tourmens. L'an du Seigneur 1310, le fils de Henri, roi d'Allemagne, reçut en mariage la fille du roi de Bohême, et avec elle ce royaume. La même année, dans l'automne, ledit Henri, roi d'Allemagne et des Romains, entra en Italie pour percevoir les droits de l'Empire, et vint d'abord à Turin, ensuite à Ostie, de là à Verceil et à Milan, où, à l'Épiphanie suivante du Seigneur, il reçut la couronne de fer que l'archevêque de Milan lui mit sur la tête. Selon l'ancienne coutume, il devait la recevoir à Modène, mais il la reçut à Milan pour raison; et le jour de la fête de son couronnement il fit deux cents chevaliers de différentes nations; ensuite il somma les autres villes de la Lombardie de lui faire hommage. Les habitans de Parme et de Lodi ne voulurent pas d'abord se soumettre à lui; mais peu après, ne pouvant résister, ils y consentirent. Les habitans de Brescia résistèrent long-temps et avec vigueur, jusqu'à effusion du sang et mort d'hommes des leurs; mais ensuite ils se soumirent à sa volonté et ouvrirent leur ville.

L'an du Seigneur 1311, le 26 avril, avant les calendes de mai, le pape Clément donna publiquement l'absolution, à Avignon, dans un consistoire, au roi de France, Philippe, les envoyés du roi présens, de ce qu'il avait fait contre la mémoire du feu pape Boniface; et il déclara, pour la justification du roi, qu'il avait agi à bonne intention par zèle et volonté droite; et cela fut confirmé ensuite par une bulle. Des deux côtés, tant demandeur que défendeur, on remit au pape Clément toute l'affaire de la querelle qui avait eu lieu avec le pape Boniface, et chacun renonçant de son côté pour le bien de la paix, le pape prit sur lui d'examiner et terminer définitivement l'affaire. Le pape donna l'absolution à Guillaume de Nogaret présent, et qui demandait d'être absous de la sentence d'excommunication dont il était lié pour avoir fait prisonnier le pape Boniface. L'an du Seigneur 1311, dans la terre de Toulouse et surtout dans cette ville et dans les pays environnans, une grande épidémie et mortalité attaqua non seulement les pauvres, mais les riches, si violente qu'à peine trouvait-on une maison où l'on ne pleurât un mort, ou dans laquelle on ne vît les souffrances et les larmes d'un malade. La cherté du blé et du vin fut excessive; mais elle n'alla pas jusqu'au taux de la dernière famine; un quarteau se vendait six livres de Tours. Au printemps suivant, comme d'après l'ordinaire, il paraissait vraisemblable que le prix augmenterait ou serait près d'augmenter; mais le blé commença au carême et au temps de Pâques à se trouver en plus grande abondance, et baissa de moitié; cette diminution affligea beaucoup ceux qui avaient conservé du blé et se voyaient ainsi frustrés dans leur espoir. L'an du Seigneur 1311, aux calendes d'octobre, le pape Clément v convoqua un concile général à Vienne, sur le Rhône. Ce concile s'étant assemblé, le souverain pontife y traita de l'état de l'Ordre du Temple, gravement accusé d'infâmes pratiques, et s'occupa aussi d'une expédition d'outre mer, pour recouvrer la Terre-Sainte. Au mois de mars suivant, dans la semaine sainte, le souverain pontife, ayant convoqué en sa présence, dans un consistoire particulier, beaucoup de prélats et les cardinaux, par voie de prudence plutôt que de condamnation, destitua et abolit complétement l'Ordre des Templiers, se réservant à lui et à l'Église la disposition de leurs personnes et de leurs biens.

Au mois d'avril suivant, l'an de l'Incarnation du Seigneur 1312, on tint un second concile dans lequel fut promulgué par le souverain pontife ce décret des Templiers, en présence du roi de France, Philippe, qui avait cette affaire à cœur; du seigneur Charles, son frère, et de trois de ses enfans vivans, Louis l'aîné, roi de Navarre, Philippe et Charles. Ainsi fut détruit l'Ordre du Temple, après environ cent quatre-vingt-quatre ans, pendant lesquels il avait combattu et s'était engraissé et agrandi excessivement par les nombreuses libertés et priviléges que lui avait accordés le Siége apostolique. Dans ce même concile, les biens des Templiers furent adjugés et accordés, avec certaines conditions et conventions, à l'Ordre de l'Hôpital de Saint-Jean de Jérusalem, dans l'état où les Templiers les possédaient auparavant par toute la terre, excepté dans l'Espagne, la Castille, le Portugal, l'Aragon et l'île Majorque, parce que les biens que les Templiers avaient dans ces royaumes les obligeaient de prendre les armes pour la défense des frontières contre les Sarrasins de Grenade, ainsi que cela fut exposé et prouvé dans le concile. Quant aux personnes des Templiers, il fut ordonné que les évêques diocésains et métropolitains les recherchassent, et punissent ceux qu'ils trouveraient coupables et criminels, prenant en considération la qualité des personnes et du crime; que cependant on ferait donner, sur les biens du Temple, dans les monastères, une nourriture convenable à ceux qui avoueraient leurs crimes, ou à ceux qui seraient trouvés purs et innocens; mais que deux Templiers ne pourraient habiter ensemble dans le même monastère; qu'on adoucirait, selon les conditions des personnes, les peines de ceux que les tourmens avaient forcés à confesser leurs fautes; et qu'on abandonnerait à une cour séculière les relaps qu'on prendrait. Dans ce concile on rendit aussi un grand nombre de réglemens, parmi lesquels en était un sur la déclaration et l'interprétation de la règle des frères Mineurs : sur laquelle et sur l'observation de laquelle une partie des frères Mineurs, appelés spirituels, s'emportant contre l'autre, et la querellant, disputa en particulier et en public, demandant le jugement du Siége apostolique. La même année 1312, Philippe, roi de France, eut entière possession de la ville de Lyon, au moyen d'une compensation donnée à l'archevêque de Lyon pour les revenus qu'il revendiquait au nom de l'église de cette ville; cela se fit par le consentement et l'autorité du pape Clément v, qui tenait alors, à Vienne, le concile du royaume de Bourgogne, et à compter de ce moment, Lyon appartient de plein droit au roi et au royaume de France.

FIN DES GESTES GLORIEUX DES FRANÇAIS.

TABLE DES MATIÈRES

CONTENUES

DANS CE VOLUME.

	Pages.
Notice sur les trois chroniques relatives à la croisade contre les Albigeois comprises dans ce volume.	vij
Histoire de la guerre des Albigeois.	1
Chronique de Guillaume de Puy-Laurens contenant l'histoire de l'expédition des Français contre les Albigeois.	203
Prologue.	205

Chapitre 1er. Du bienheureux Bernard, abbé de Clairvaux, lequel maudit le château de Vertfeuil, parce qu'il repoussa et ne voulut entendre la parole de Dieu. 208

Chap. ii. Comment fut le château de Lavaur assiégé, longtemps avant l'arrivée des croisés, à cause des hérétiques qui s'y trouvaient. 210

Chap. iii. Digression au sujet du songe que fit le vénérable père alors évêque d'Albi. 212

Chap. iv. De la dispute de ce même évêque avec un hérésiarque, au sujet d'une parabole sur l'apostasie dudit Guillaume de Bérens. 214

Chap. v. De la généalogie des très-illustres personnages les comtes de Toulouse, dans les domaines de qui survinrent en dernier lieu les hérétiques, après que les derniers venus eurent dévié de la route tracée par les premiers fidèles. 216

Chap. vi. De Fulcrand, évêque de Toulouse, et de son successeur Raimond de Rabastens, déposé de l'épiscopat, et de l'état misérable du siége épiscopal de Toulouse. 218

Chap. vii. De frère Pierre de Castelnau, légat, et de son collègue maître Raoul, ensemble de dom Foulques, évêque, envoyés pour ressusciter l'épiscopat. 220

Chap. viii. De dom Diègue, évêque d'Osma, et de saint Dominique, son compagnon, envoyés pour prêcher contre les hérétiques. 222

Chap. ix. De la dispute solennelle qui eut lieu à Mont-Réal, et fut soumise par écrit à des juges laïques. 225

Chap. x. Du recours au Siége apostolique après que la prédication n'eut servi de rien à l'expulsion des hérétiques, et de l'origine de l'Ordre des Prêcheurs pour le soutien de la foi. 227

Chap. xi. De Pierre, roi d'Aragon, qui épousa Marie de Montpellier, dont il avait répudié la mère; et de la naissance de son fils Jacques. 228

Chap. xii. Du comte Baudouin, frère du comte de Toulouse, né et élevé en France, et que son frère refusa ensuite de reconnaître. 229

Chap. xiii. Du comte de Toulouse, lequel, après avoir ouï la réponse du roi de France, se rendit près de l'empereur Othon, malgré la défense du roi; et de la prise de Béziers. 230

Chap. xiv. De la capitulation de Carcassonne, et de l'ordre établi pour conserver et conquérir le pays. 231

Chap. xv. De la grande confrérie instituée à Toulouse, et croisée contre les hérétiques et manifestes usuriers. 232

Chap. xvi. Comment Jacques, fils du roi d'Aragon, fut donné en otage au comte de Montfort. Siége et prise du château de Lavaur. 234

Chap. xvii. Comment la confrérie de Toulouse alla au siége du château de Lavaur. 236

Chap. xviii. De la prise du château appelé Casser, où soixante hérétiques furent brûlés. Le château de Mont-

Ferrand est pris. Baudouin, frère du comte de Toulouse, est assiégé et reçu à composition. 237

CHAP. XIX. Comment le comte de Montfort fut assiégé dans Castelnaudary, d'où il sortit au secours des siens, et triompha des ennemis; après quoi il rentra dans la place, et le comte de Toulouse leva le siège. 239

CHAP. XX. Comment le Miramolin, roi d'Afrique, fut pris par le roi d'Aragon, et la ville de Calatrava par les Chrétiens. L'année suivante le comte de Montfort met une garnison dans le fort du Pujol, mais elle y est assiégée par les Toulousains, prise et mise à mort. 240

CHAP. XXI. Le château de Muret est assiégé par le roi d'Aragon. Le comte de Montfort vole au secours de sa garnison. Préparatifs pour une bataille en rase campagne. 242

CHAP. XXII. De l'ordre et issue de cette bataille, en laquelle le roi d'Aragon fut tué, et quantité de nobles avec lui. On fait un grand carnage des gens de Toulouse. 245

CHAP. XXIII. Baudouin, frère du comte de Toulouse, est pris dans son lit par trahison, et condamné par son frère au supplice de la corde. 248

CHAP. XXIV. Comment maître Pierre de Bénévent, cardinal de l'église romaine, fut envoyé légat pour traiter de la paix. Des otages toulousains sont envoyés à Arles, en Provence, et le château de Narbonne est livré. 250

CHAP. XXV. Tradition du château de Foix. 251

CHAP. XXVI. Célébration d'un concile général. Tout le pays est adjugé au comte de Montfort. 252

CHAP. XXVII. Que le comte de Toulouse se retira en Espagne, et que son fils étant venu en Provence, il y fut accueilli par les Avignonnais, et le pays Venaissin se donna à lui. 253

CHAP. XXVIII. Comment le fils du comte de Toulouse assiégea le château de Beaucaire, et fut lui-même assiégé par le comte de Montfort. 255

Chap. xxix. Le comte de Montfort envahit Toulouse, après avoir mis le feu en plusieurs endroits. 256

Chap. xxx. Comment le vieux comte de Toulouse, revenant d'Espagne, récupéra cette ville. 258

Chap. xxxi. Après la mort du comte de Montfort, son fils, Amaury, ayant levé le siége, retourne à Carcassonne, et assiége Castelnaudary. 261

Chap. xxxii. Comment Louis, fils du roi Philippe, après avoir pris La Rochelle, reçut le château de Marmande à composition, et assiégea Toulouse. 263

Chap. xxxiii. Foucaud de Brigier, et Jean, son frère, sont tués dans un combat, et subissent le châtiment de leur méchanceté. 264

Chap. xxxiv. Comment le comte de Toulouse trépassa, saisi de mort subite, excommunié, mais donnant signes de repentance; et que son corps est encore sans sépulture. 266

Chap. xxxv. Louis, roi de France, assiége la cité d'Avignon, et la prend par composition. 271

Chap. xxxvi. Le roi Louis, à son retour en France, meurt à Montpensier, château fort en Auvergne. 273

Chap. xxxvii. Le château d'Hauterive se rend au comte de Toulouse; le château de Bécède est assiégé et pris. 275

Chap. xxxviii. Comment on démantela Toulouse; et des autres dommages qui lui furent faits. 278

Chap. xxxix. Après le démantèlement de Toulouse, on s'en prend au comte de Foix, dont les domaines sont envahis jusqu'au Pas de la Barre. On traite de la paix avec le comte de Toulouse, laquelle est conclue à Paris. 280

Chap. xl. Comment Toulouse fut réconciliée à l'Église, et comment un concile y fut célébré. Inquisition contre les hérétiques et schismatiques. 283

Chap. xli. Après le départ du seigneur Romain, cardinal diacre de Saint-Ange, l'évêque de Tournai est envoyé avec le titre de légat. Mort de dom Foulques, évêque de Toulouse. 288

Chap. XLII. Après la mort de dom Foulques, frère Raimond, prieur provincial de l'Ordre des Prêcheurs, en Provence, est élu évêque. Le comte de Toulouse compose certains statuts, selon qu'il avait été convenu en présence du roi. 290

Chap. XLIII. De l'inquisition, et de quelle manière elle fut ordonnée. L'archevêque de Vienne est envoyé pour légat. Comme on perdit et recouvra le faubourg de Carcassonne. 293

Chap. XLIV. Comment les prélats, se rendant par mer au concile où ils avaient été appelés par le souverain pontife, furent pris par les pirates de l'empereur Frédéric. 299

Chap. XLV. Comment on traita du mariage entre Sancie, troisième fille du comte de Provence, et le comte de Toulouse. 302

Chap. XLVI. Le comte de Toulouse va en cour de Rome et près de l'empereur Frédéric. Dans l'intervalle, le château de Montségur est pris, et environ deux cents hérétiques y trouvés sont jetés au feu. 306

Chap. XLVII. Comment le comte de Toulouse tint une cour en cette ville, et en icelle furent un grand nombre de nobles et plusieurs autres faits chevaliers. Le concile de Lyon est célébré. 308

Chap. XLVIII. Le roi de France assiége, chemin faisant, un certain château ayant nom la Roche, et de là descend à la plage d'Aigues-Mortes. Le comte de Toulouse se met en route vers la mer, et meurt l'année suivante. 312

Chap. XLIX. Comment, après que le roi de France eut dépassé les confins de Damiette, fut tué son frère Robert. 315

Chap. L. Des discordes qui éclatèrent entre le roi d'Angleterre et quelques-uns des siens. Lui-même est pris dans un combat. 321

Chap. LI. Comment le roi de France passa la mer, vint

contre le roi de Tunis, et mourut; et comment, trève étant faite, l'armée revint en arrière. 323

CHAP. LII. Philippe, roi de France, vient au pays de Toulouse avec une grande armée contre le comte de Foix, qu'il ramène prisonnier en France. 326

DES GESTES glorieux des Français de l'an 1202 à l'an 1311. 333

TABLE des matières contenues dans ce volume. 411

FIN DE LA TABLE.